融合新闻

第二版

刘冰 ◎ 著

Convergence Journalism

清华大学出版社
北京

内 容 简 介

本书对融合新闻理论与业务进行了系统研究，论述了融合新闻流程及职业主体配备、新闻价值属性的变化、融合新闻报道原则等问题，对文字、图片、音频、视频等媒介素材的采集与呈现、融合新闻报道中搜索引擎优化与超链接的运用、用户互动与用户创造内容进行了系统阐释，对报道的融合与专题的融合等融合新闻呈现的问题做了集中探索。

本书适合新闻传播学研究人员、新闻传播学专业的师生、新闻工作者以及对互联网新闻研究感兴趣的读者阅读。

本书封面贴有清华大学出版社防伪标签，无标签者不得销售。
版权所有，侵权必究。举报：010-62782989，beiqinquan@tup.tsinghua.edu.cn。

图书在版编目（CIP）数据

融合新闻 / 刘冰著. —2 版. —北京：清华大学出版社，2021.1（2023.8重印）
ISBN 978-7-302-57119-3

Ⅰ. ①融… Ⅱ. ①刘… Ⅲ. ①新闻学—研究 Ⅳ. ①G210

中国版本图书馆CIP数据核字（2020）第 259378 号

责任编辑：邓　婷
封面设计：刘　超
版式设计：文森时代
责任校对：马军令
责任印制：杨　艳

出版发行：清华大学出版社
网　　址：http://www.tup.com.cn，http://www.wqbook.com
地　　址：北京清华大学学研大厦A座　　邮　编：100084
社 总 机：010-83470000　　邮　购：010-62786544
投稿与读者服务：010-62776969，c-service@tup.tsinghua.edu.cn
质量反馈：010-62772015，zhiliang@tup.tsinghua.edu.cn

印 装 者：大厂回族自治县彩虹印刷有限公司
经　　销：全国新华书店
开　　本：170mm×240mm　　印　张：17.75　　字　数：288 千字
版　　次：2017 年 2 月第 1 版　2021 年 3 月第 2 版　　印　次：2023 年 8 月第 5 次印刷
定　　价：59.80 元

产品编号：086102-01

前言 preface

融合新闻研究可以推动新闻报道研究变革性发展，构建融合新闻研究理论新体系，优化数字新媒体的融合报道方法，助力传统媒体新闻业务的转型，满足社会对融合新闻知识的需求。

我将融合新闻界定为一种互联网新闻样式，主要从应用新闻学的视角研究媒介融合课题，努力构建针对融合新闻的论证与阐释体系。本书从理论角度探讨融合新闻价值和报道原则，在实操层面深入解析融合多种媒介元素和技术的报道方法，全面呈现这一新的互联网新闻样式在媒体融合场域内的实践和发展。

融合新闻是运用融合思维与方法采集、呈现事实信息的互联网新闻样式，它建立在媒介融合技术发展的基础上，综合而又灵活地运用文字、图片、音频、视频等多种媒介元素来报道新闻，注重互动设置、关键词、超链接的运用，强调提升新闻服务品质、用户体验和呈现效果。

融合新闻著作需要完成（但不局限于）以下四项任务。

（1）要回答什么是融合新闻、为什么要有融合新闻、融合新闻流程是怎样的、新闻价值与报道原则有什么变化等问题。

（2）要集中力量研究融合新闻采集与呈现所运用的媒介元素，系统分析文字、图片、音频、视频等媒介元素和关键词、超链接的运用问题。

（3）需要重点研究用户互动问题。用户已经成为信息产销者，成为融合新闻生产的重要参与者，必须对用户互动问题做系统研究和论述。

（4）需要研究融合新闻的呈现问题。

本书对上述内容做了比较系统的论述并努力有所创新，具体表现在以下几个方面。

（1）本书对融合新闻界定、融合新闻报道原则、新闻价值变迁等问题做了比较深入的研究与论证，着眼于新媒体报道环境下的理论变迁，具有较强的理论创新性。

（2）将搜索引擎优化理念引入新闻业务研究，拓展了新闻业务研究的视野。

关于融合新闻报道中关键词运用、超链接等技术问题的探索体现了一定的创新性，可操作性强，具有比较明显的实用价值。

（3）将融合新闻呈现分为报道的融合与专题的融合，这种区分比较清晰，便于把握，并从方法与策略层面对报道的融合与专题的融合进行了理论探索和总结，观点体系完整并具有一定的创新意义和可操作性。

本书在写作过程中还注意了可读性问题，尽量不作枯燥的表述，希望读者能够拥有好的阅读体验。应当说，这种写作态度是符合新媒体时代精神的，也充分践行了融合新闻的理念。另外，本书对微信写作、社交媒体里新闻的变化等问题做了及时的探索，提出了一些自己的见解，或许能给读者带来一些启发。

融合新闻的论证体系聚焦于新闻生产本身，有较为严密的内在逻辑性，但它同时也是一个开放的体系，随着时代的发展，会有新鲜内容和观点不断补充进来。

学术研究需要理论创新，对于融合新闻的研究，新闻界更需要在理论创新基础上的论述通透的研究成果，融合新闻研究应当致力于为新闻界提供有效的理论指导和切实可行的操作技术与方法。融合新闻研究需要秉持务实的态度，既要注重理论体系的构建，更要注重可操作性和实用价值。本书是国内较早集中探讨融合新闻课题的专著，希望本书的论述能够有益于这个领域的发展。

作　者

目录 contents

第一章 融合研究的进路 1

一、简要发展背景 1
（一）媒介融合探索肇始于美国 1
（二）报业拐点与中国网络发展 2
（三）媒体融合上升为国家战略 3

二、融合概念溯源 5
（一）早期预言 5
（二）后续界定 6

三、国内研究进程 7
（一）融合新闻研究检索数据 7
（二）媒介融合研究成果推进 10

四、融合新闻研究成果 11
（一）论文部分 12
（二）著作部分 13

五、反对融合的声音 14

第二章 理解融合新闻 18

一、概念界定及特征分析 18
（一）多媒体化呈现新闻信息 19
（二）媒介元素运用具有交融性 20
（三）注重互动、服务和用户体验 21

二、与旧媒体新闻的区别 22

三、采用融合新闻的原因 24
四、选用适宜的媒介元素 26
五、面向未来的融合新闻 30

第三章 融合新闻流程 35

一、一个循环的过程 36
 （一）持久循环过程 36
 （二）互联网的胜利 37
 （三）流程再造的大势 37

二、传播主体的融合 38
 （一）全员转型 38
 （二）平等主体 39
 （三）互动即创造 39
 （四）新角色配置 40

三、融合新闻的采集 41
 （一）多媒介素材采集 41
 （二）采访仍是基本功 41
 （三）互联网信息的采集 42

四、合与分的统一体 42
 （一）细分产品的整合 43
 （二）细分新闻的互联网烙印 43
 （三）合与分共生共荣 43
 （四）融合与细分的补益 44

第四章 职业主体配备 45

一、全能的背包记者 45

  （一）背包记者的含义 45

  （二）工作价值的突出表现 47

  （三）任务情况与报道类别 48

 二、背包记者的局限 50

 三、超级团队的规模 51

  （一）小团队与大团队 51

  （二）成员数量的控制 52

  （三）小团队运作案例 52

 四、团队成员的选择 54

第五章　重识新闻价值 56

 一、时新性极致化发展，呼唤报道新思维 57

 二、重要性内涵拓展，关注用户微观需求 58

 三、接近性超越传统理解，全面贴近用户 60

  （一）远距离未必不接近 61

  （二）地域接近性更加精准 61

  （三）接近性对于新闻搜索的意义 61

  （四）触碰用户内心世界，实现无缝对接 62

 四、显著性有所突破，关注度成衡量指标 62

 五、趣味性地位提高，愉悦体验成为关键 64

第六章　融合报道原则 66

 一、真实：新技术影响与逼真再现 67

  （一）新技术环境下的老话题 67

  （二）造假出现媒介融合特征 68

  （三）从信息操纵到深度伪造 69

  （四）新技术逼真再现的优势 70

二、客观：人的努力与技术的优势 71
　　（一）融媒时代客观原则凸显珍贵 71
　　（二）自媒体的繁华及规范重生 72
　　（三）从客观理念到客观方法 73
　　（四）融合新闻呈现的客观性 74
三、公正：从职业伦理到文明互动 75
　　（一）重视新闻伦理问题 76
　　（二）采集中的伦理规范 77
　　（三）设定文明互动规则 78
四、生动：融合新闻呈现引人入胜 78
　　（一）信息模式与故事模式的融合 79
　　（二）充分利用数字媒体先进技术 79

第七章　文字 81

一、文字的诞生与演化历程 82
二、作为新媒介技术的文字 83
三、融合新闻呈现中的文字 85
　　（一）文字提高了沟通的效率 86
　　（二）文字带给用户更多主动 87
　　（三）文字具有更强的独立性 87
　　（四）文字具有主导作用优势 88
四、屏幕阅读对文字的要求 88
五、与其他视觉元素的融合 91
　　（一）文字与图片的融合 92
　　（二）文字与视频的融合 92
　　（三）文字与特效图像的融合 92
六、最广泛的素材采集途径 93

七、人工智能代替人工生产 94
 （一）新闻写作机器人的能量 94
 （二）从信息筛选到节目直播 96
 （三）新闻机器人的持续演化 97

第八章 图片 99

一、新闻照片 99
 （一）数码让摄影变得简单 100
 （二）手机摄影的强势发展 101
 （三）全民摄影 104
 （四）摄影画面融合 105
 （五）拒绝残酷呈现 106

二、新闻图表 106
 （一）统计图表 106
 （二）新闻地图 107
 （三）新闻仿真图 108
 （四）复合图表 109

三、新闻漫画 113

四、图片运用 115
 （一）相关与相符 115
 （二）不要滥发图片 116
 （三）允许的图片处理操作 116

第九章 音视频 119

一、音频 120
 （一）音频的特性认知 120

（二）音频颇具亲密感 ··· 121
　　（三）音频用于融合新闻 ·· 121
　　（四）音频的采集 ··· 123
二、视频 ··· 125
　　（一）形象与融合优势 ·· 125
　　（二）视频的采集 ··· 126
　　（三）网状的眼睛 ··· 128
三、距离与角度 ··· 129
四、短音频、短视频的好处 ·· 131
五、音视频 UGC ··· 132
六、短视频与直播 ··· 133
　　（一）短视频运营 ··· 134
　　（二）视频直播热潮 ·· 135
　　（三）问政直播的威力 ·· 136

第十章　搜索引擎优化 ·· 138

一、引论：倡导、分类与疑问 ··· 138
　　（一）加强搜索引擎优化的倡导 ·· 138
　　（二）核心关键词和长尾关键词 ·· 139
　　（三）搜索引擎优化的相关疑问 ·· 140
二、SEO 及关键词运用的价值 ·· 140
　　（一）SEO 有效促进融合新闻的传播 ·· 141
　　（二）关键词意味着用户对新闻的关注 ·· 142
　　（三）关键词是报道策划的重要参考指标 ····································· 142
三、关键词确立的原则与策略 ··· 143
　　（一）遵循诚实、具体和有效原则 ·· 144
　　（二）注意新闻的个性化要求 ··· 144

四、借助网络工具确立关键词 145

 （一）事先问自己一些问题 145

 （二）运用网络工具搜集关键词指标数据 146

 （三）参照网络工具提供的数据，确立合适的关键词 147

五、新闻关键词的分布与运用 149

 （一）关键词的分布：金字塔结构 150

 （二）关键词在新闻页面中的具体运用 150

六、新闻关键词的使用注意事项 152

 （一）适度运用，掌握分寸 153

 （二）反对"伪原创" 153

 （三）不要拘泥于关键词的使用 153

第十一章　超链接 155

一、如何看待超链接的价值 155

 （一）超链接具有参考文献功能 155

 （二）超链接让新闻报道在时空中穿梭 156

 （三）超链接改变了新闻叙事方式 156

二、怎样运用超链接 157

 （一）超链接的方式 157

 （二）设置关键词搜索链接 158

 （三）更加广泛的搜索链接 158

 （四）提防死链接 159

三、基于 SEO 策略的链接技术 159

 （一）高度重视内部链接 160

 （二）积极寻求外部链接 160

四、能否链接到别的网站 161

五、展示关键词新闻链接条目 163

第十二章　互动 165

一、互动的效用 166
（一）互动是高关注度新闻的标志 166
（二）互动将用户纳入生产体系 167
（三）互动有利于提升访问流量 169

二、将用户创造内容融入新闻生产 170

三、网上调查与表情反馈的设计 174

四、游戏与新闻的融合 176

五、社会化资源利用与及时反馈 178
（一）社会化资源利用 178
（二）及时反馈的必要性 180

六、使用二维码：联结与延伸 180

第十三章　社交分享 182

一、社交分享是人的天性 182

二、评价新闻的重要指标 183

三、网络分享代码的生成 185

四、留下新闻工作者的痕迹 187

五、社交媒体优化促进分享 188
（一）创造分享性内容 190
（二）让分享更容易 190
（三）奖励参与 191
（四）主动分享 191
（五）鼓励混搭 192

第十四章　社交媒体 194

一、社交媒体的使用 195

（一）社交媒体账号 195

　　（二）内容发布与传播 196

　　（三）互动与社交 197

　　（四）互动的新尝试 198

二、微信写作与编排 199

　　（一）新媒体标题 199

　　（二）快节奏表达 202

　　（三）增强亲和力 202

　　（四）公众号的编排 203

三、微信朋友圈发布 204

　　（一）格式 205

　　（二）配图片 205

　　（三）字数限制 205

　　（四）推介有诀窍 206

四、社交媒体里的新闻变化 206

　　（一）从新闻生产到知识生产 206

　　（二）对时间问题的处理 208

　　（三）转型发展的启示 208

第十五章　融合新闻呈现 210

一、亮点前置 210

二、分层报道 212

三、板块组合 214

四、新闻策展 215

第十六章　报道的融合 218

一、新闻元素的组合 218

（一）媒介元素的组合 218
　　（二）呈现形式的探索 220
　　（三）与评论的组合 223
二、基本的操作措施 225
　　（一）内容类别与添加方式 225
　　（二）案例解析 226
三、报道融合的操作 229

第十七章　专题的融合 231

一、专题融合的特征 231
二、选题判断与策划 232
　　（一）选题判断 232
　　（二）整体策划 233
三、专题融合的实施 235
　　（一）确定名称 235
　　（二）架构设计 235
　　（三）添加与维护 236
四、编辑含量的提升 237
五、专题融合案例 238

第十八章　融合新闻教育 243

一、专业设置及跨学科培养 244
　　（一）专业设置 244
　　（二）跨学科培养 246
　　（三）因材施教 247
　　（四）以我为主 248

二、新闻伦理培养与教育 248
（一）将伦理教育扩展到非职业群体 249
（二）注重新闻传播伦理的普适性 250

三、作为职业教育的新闻教育 251
（一）如何看待转型职业教育 251
（二）务实的教育观：重视业务课程 253
（三）实践能力与理论能力的融合培养 253

四、需要强调的研究方法 254
（一）实践体验 255
（二）文献研读 256
（三）案例研究 256

参考文献 258

后记 267

第一章
融合研究的进路

媒介融合与融合新闻既有联系又有区别,媒介融合是一个大概念,融合新闻是一个小概念,媒介融合包含着融合新闻。媒介融合涉及传媒体制、传媒所有权、媒体运营与管理、媒介组织结构、新闻业务等各方面的融合,几乎囊括了大传媒业各个方面的融合变革。融合新闻则是从应用新闻学的角度对媒介融合问题展开的研究,主要涉及新闻采集与叙述呈现的融合。融合新闻是媒介融合的有机组成部分,是媒介融合在新闻传播层面的具体落实。

一、简要发展背景

(一)媒介融合探索肇始于美国

从互联网的诞生到媒介融合的实践,人类信息传播的方式发生了巨大的变化。互联网肇始于 1969 年美国国防部建设的实验性网络阿帕网,阿帕网于 1986 年发展成全国广域网 NSFNet,后来又发展成因特网。20 世纪 90 年代中后期,互联网在世界范围内迅速铺开,1994 年 4 月 20 日中国全功能接入国际互联网络,传统媒体逐渐被数字化改造。数字技术和网络技术的发展为媒介融合提供了技术条件,对经济利益的追逐成为媒介融合的核心组织动力。

美国的媒介融合实践探索走在了世界前列。2000年，媒介综合集团在坦帕市建造了"坦帕新闻中心"大厦，将《坦帕论坛报》（The Tampa Tribune）、坦帕湾在线（TBO.com）、WFLA电视台（WFLA-TV）汇合在一起，采取"合作操作模式"从事新闻生产，当年即获得了成功。

新闻媒体在媒介融合实践过程中推出了一批融合新闻作品，如2007年8月，明星论坛报业集团网站上推出了《8月的13秒——35号州际公路大桥的倒塌》，2012年12月20日纽约时报网站上推出了《雪崩》，2013年11月1日英国卫报网站上发布了《解密美国国安局档案》等，这些作品为研究融合新闻业务提供了借鉴。

（二）报业拐点与中国网络发展

2005年中国报业遭遇拐点，一些主要大报广告经营业绩下滑严重。2005年8月26日，作为"中国传媒海外第一股"的北青传媒公布，上半年净利润17万元，较2004年同期6630.9万元下跌了99.7%。"报业寒冬论"一时广泛流传，京华时报社社长吴海民撰文说，报业的冬天提前到来了，中国传统报业遭遇历史性拐点。[①]

在中国互联网发展史上，2005年是个关键年份，这一年之后中国人真正统治了中国互联网。2002年互联网泡沫破灭之后，"中国公司走上了一条与美国同行完全不同的商业运营之路"，"到3年后的2005年左右，他们的努力在本土市场上得到了检验，在几乎所有的细分领域里，如C2C（Customer to Customer）、B2C（Business to Customer）、网上书店、搜索、邮箱、游戏、新闻门户等，中国公司几乎完胜所有的美国竞争对手"[②]。

对于媒体融合的研究来讲，2005年也是一个关键的年份。这一年，媒体融合理念系统引进到了中国。2004—2005年，中国人民大学新闻学院教授蔡雯到美国进行富布莱特项目研究。2005年9月，蔡雯在《新闻战线》杂志发表文章《培养具有媒体融合技能的新闻人才——与美国密苏里新闻学院教授的对话》，开始系统引进美国的媒介融合观，引发了后来的媒介融合与融合新闻研究热潮。

2008年3月，烟台日报传媒集团组建了"全媒体新闻中心"，国内媒介融合

[①] 吴海民. 媒体变局：谁动了报业的蛋糕？——关于报业未来走势的若干预测[J]. 中国报业，2005（11）.
[②] 吴晓波. 腾讯传：1998—2016：中国互联网公司进化论[M]. 杭州：浙江大学出版社，2017：153.

实践进入实际运作阶段。在实践探索过程中，人民日报、南方都市报、宁波日报等媒体积极探索实施全媒体运营战略，腾讯、网易、新浪等网络公司在新闻专题的融合实践方面积累了比较丰富的经验。

互联网应用飞速发展，2010 年开始互联网进入 Web 3.0 时代[①]，微博、微信、App 成为人们使用频率非常高的网络应用。尤其是腾讯公司于 2011 年 1 月推出的微信，到了 2013 年 11 月其注册用户就超过了 6 亿，深刻影响了中国人的社会生活。互联网已经深深嵌入了人们的日常生活，人们依赖网络完成购物、社交、游戏和新闻消费。社会发展也已经进入了移动互联网时代，手机成为人体的一部分，上网不再受固定地点的限制，人们的工作与生活越发紧密地与互联网捆绑在一起。互联网的飞速发展深刻影响了人们的新闻消费习惯，新闻媒体必须面对这样的现实，探索融合发展的道路，提供融合新闻服务，优化用户体验，满足用户新的需求。

任何组织或个人都很难与社会发展的大趋势相抗衡，即便原来没有转型意愿的一些新闻媒体，在传统广告经营受挫的压力下，也不得不顺应互联网发展的大趋势，开始考虑媒介融合发展的问题。

（三）媒体融合上升为国家战略

国家层面高度重视媒体融合，这对媒介融合及融合新闻的发展具有深远意义，在很大程度上促进了中国媒介融合与融合新闻实践的发展。2014 年 8 月 18 日，习近平总书记主持召开中共中央全面深化改革领导小组第四次会议，审议通过《关于推动传统媒体和新兴媒体融合发展的指导意见》。这标志着中国的媒介融合大业已经由新闻传播学界的研究倡导、媒体的实践探索，发展到了国家行政层面的直接干预，媒体融合正式上升到国家战略层面。国家顶层设计对于媒体融合研究和实践的推动作用十分强大，此后媒体融合研究与实践出现爆发式增长。

2015 年 12 月习近平视察解放军报社，2016 年 2 月习近平主持召开党的新闻舆论工作座谈会，都对推动媒体融合发展提出了明确的要求。习近平指出了媒体融合从"相加"发展到"相融"发展的路径。

2016 年 2 月 19 日，习近平到人民日报社开展调研并听取了人民日报中央厨

[①] 中国互联网初始阶段：1994—1998 年；Web 1.0 时代：1999—2004 年，典型代表为网站；Web 2.0 时代：2005—2009 年，典型代表为博客、播客；Web 3.0 时代：2010 年至今，典型代表为微博、微信、App。参阅：闵大洪．从边缘媒体到主流媒体：中国网络媒体 20 年发展回顾[J]．新闻与写作，2014（3）：5-9．

房建设情况的汇报，习近平充分肯定建设"中央厨房"大平台推进融合发展的路子是对的。2017年1月5日，中共中央政治局委员、中央书记处书记、中宣部部长刘奇葆在推进媒体深度融合工作座谈会上发表讲话，指出推进媒体深度融合，要重点突破采编发流程再造这个关键环节，以"中央厨房"（即融媒体中心）建设为龙头，创新媒体内部组织结构，构建新型采编发网络。①

2017年10月18日，习近平在党的十九大报告中明确提出"加强互联网内容建设，建立网络综合治理体系，营造清朗的网络空间"。

2018年8月21日至22日，全国宣传思想工作会议在北京召开。习近平总书记出席会议并发表重要讲话，明确指出"要扎实抓好县级融媒体中心建设，更好引导群众、服务群众。"9月20日，中宣部部署，明确要求到2020年年底在全国基本实现县级融媒体中心全覆盖。11月14日，习近平总书记主持召开中央全面深化改革委员会第五次会议并发表重要讲话，会议审议通过了《关于加强县级融媒体中心建设的意见》。这标志着中国媒体融合的进程迈入第二个阶段，即中国媒体融合2.0版本时代。在以2014年"8·18指导意见"颁布为标志的媒体融合第一阶段，重点对人民日报等大型新闻媒体"中央厨房"模式及其建设进行了探索；在以2018年8月全国宣传思想工作会议为标志的媒体融合第二阶段，重心则转向了县级融媒体中心建设。

2019年1月25日，中共中央政治局在人民日报社就全媒体时代和媒体融合发展举行第十二次集体学习。习近平总书记在主持学习时强调，推动媒体融合发展、建设全媒体成为我们面临的一项紧迫课题。习近平提出了"四全媒体"概念，他强调全媒体不断发展，出现了全程媒体、全息媒体、全员媒体、全效媒体，信息无处不在、无所不及、无人不用，导致舆论生态、媒体格局、传播方式发生深刻变化，新闻舆论工作面临新的挑战。②学界对"四全媒体"概念做了探究："全程媒体"是指新闻事实发生的整个过程都处在传播链条中，事物运动发展的整个过程都会被信息技术捕捉、记录和传播，新闻生产全方位、全流程，能够实现空间零距离、时间零差距传播；"全息媒体"是指新闻传播方式数据化、沉浸化，实现新闻报道的

---

① 坚定不移推进媒体深度融合[EB/OL]. [2017-01-06]. http://politics.people.com.cn/n1/2017/0106/c1001-29002378.html.
② 习近平在中共中央政治局第十二次集体学习时强调 推动媒体融合向纵深发展 巩固全党全国人民共同思想基础[N]. 人民日报，2019-01-26（01）.

立体感、多维度、全视角呈现;"全员媒体"是指信息传收关系多元化、协作化,人人都是记者,用户与职业新闻工作者全员参与内容生产;"全效媒体"是指信息传播效果精准化、聚合化,媒体将内容、社交、服务等多种功能集于一身,实现传播效果的最大化。① 业界人士认为,全媒体是所有媒介载体形式的总和,传统媒体与新媒体融合发展形成全媒体。② 从这个意义上讲,媒体融合是一个过程,全媒体是传统媒体与新媒体融合发展的结果,是推动媒体融合发展要形成的目标媒体形态。

2020年6月30日,中共中央总书记习近平主持召开中央全面深化改革委员会第十四次会议并发表重要讲话,会议审议通过了《关于加快推进媒体深度融合发展的指导意见》。会议强调,推动媒体融合向纵深发展,要深化体制机制改革,加大全媒体人才培养力度,打造一批具有强大影响力和竞争力的新型主流媒体,加快构建网上网下一体、内宣外宣联动的主流舆论格局,建立以内容建设为根本、先进技术为支撑、创新管理为保障的全媒体传播体系,牢牢占据舆论引导、思想引领、文化传承、服务人民的传播制高点。③

二、融合概念溯源

(一)早期预言

1977年,法伯(Farber)和巴冉(Baran)提出"计算机和通信系统的聚合",这是目前已知的关于融合技术的最早研究。

1978年,麻省理工学院的尼古拉斯·尼葛洛庞帝(Nicholas Negroponte)用三个分别代表计算机工业、出版印刷工业和广播电影工业的相互交叉的圆环来演

---

① 宋建武. 全媒体传播体系的内涵与媒体整合趋势[J]. 青年记者,2020,9(下):12-13. 李鲤,吴瑾."四全媒体":2019主流媒体的创新实践[J]. 中国记者,2020(1):62-66. 方提,尹韵公. 习近平的"四全媒体"论探析[J]. 马克思主义研究,2019(10):116-121.
② 谢方,彭茵. 融合发展的全媒体思维与实践[M]//姚远. 让思想晒晒太阳:芒果融合发展的思考与实践. 北京:中国广播影视出版社,2019:127.
③ 习近平主持召开中央全面深化改革委员会第十四次会议[EB/OL]. (2020-06-30). http://www.xinhuanet.com/politics/leaders/2020-06/30/c_1126179095.htm.

示不同工业趋于重叠的聚合过程，预示传媒业将和数字技术融合。

1983 年，麻省理工学院政治科学家伊锡尔·德索勒·普尔（Ithiel de Sola Pool）在哈佛大学出版社出版《自由的科技：论电子时代的言论自由》（Technologies of Freedom:On Free Speech in an Electronic Age），普尔在书中说："一种可称为'形态融合'的过程正在模糊媒体之间，甚至是点对点传播与大众传播之间的界限。"麻省理工学院比较传媒研究项目创建者亨利·詹金斯认为，《自由的科技》"可能是第一部把融合概念当作媒体业内变革力量来展开叙述的著作"，他将普尔看作"媒体融合的先知"。①

1990 年，美国著名未来学家阿尔文·托夫勒在《权力的转移》一书中对媒体融合做了预言，他说："新的媒体体系则互相联结并融合，彼此互通资料、音像和象征符号""未来我们所见不再是音像统治，而是媒体融合"。②

（二）后续界定

2001 年，美国新闻学会媒介研究中心主任安德鲁·纳齐森（Andrew Nachison），将媒体融合界定为"印刷的、音频的、视频的、互动性数字媒体组织之间的战略的、操作的、文化的联盟。"③这个定义比较经典，也能够给人带来启迪。

2003 年，美国西北大学教授李奇·高登（Rich Gordon）在论文"Convergence Defined"中详细论述了媒体融合的类别，他将融合分成了五个方面，即媒体所有权的融合（Convergence：Ownership）、媒体战术的融合（Convergence：Tactics）、媒介组织结构的融合（Convergence：Structure）、信息采集的融合（Convergence：Information Gathering）以及故事叙述呈现的融合（Convergence：Presentation/Storytelling）。④

李奇·高登教授的这一研究成果经常为后来研究者所引用，成为媒体融合研究引用频率很高的定义，为融合新闻研究提供了良好的分类基础和理论依据。融合新闻研究比较关注新闻实务的研究，侧重李奇·高登关于媒体融合分类中的后

---

① 詹金斯. 融合文化：新媒体和旧媒体的冲突地带[M]. 杜永明，译. 北京：商务印书馆，2012：40.
② 托夫勒. 权力的转移[M]. 吴迎春，等，译. 北京：中信出版社，2006：310.
③ NACHISON Good business or good journalism? lessons from the bleeding edge[M] //石长顺. 融合新闻学导论. 北京：北京大学出版社，2013：8.
④ RICH GORDON. Convergence defined[EB/OL]. （2013-12-16）. http://www.ojr.org/ojr/business/1068686368.php.

两个——信息采集的融合和故事叙述呈现的融合。

2005 年以后，中国学者开始系统引进和研究媒介融合问题并很快形成一股热潮。中国人民大学新闻学院教授蔡雯参照并综合了国外专家的界定，对媒体融合概念做了如下阐释："媒体融合是指在以数字技术、网络技术和电子通信技术为核心的科学技术的推动下，组成大媒体业的各产业组织在经济利益和社会需求的驱动下通过合作、并购和整合等手段，实现不同媒介形态的内容融合、传播渠道融合和媒体终端融合的过程。"①

三、国内研究进程

融合新闻是新闻传播领域革命性的进化趋势或过程，业界的融合新闻实践和学界关于融合新闻的讨论已经逐步成为热点，融合新闻渐渐成为了显著之学。

（一）融合新闻研究检索数据

本书作者在中国知网数据库进行检索，以"融合新闻"为检索词，采取高级检索、精确方式，检索范围为总库，检索项分别为"主题""题名"，使用中国知网可视化分析功能，对全部检索结果展开分析②。数据表明，2005 年是我国融合新闻研究成果发表的一个关键年份。2005 年之前研究成果发表数量少，增速极其缓慢；2005 年之后相关研究成果发表数量明显增多，从整体上看增速较快，如图 1.1 和图 1.2 所示。

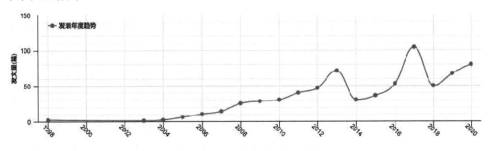

图 1.1　融合新闻研究发文量（主题检索）

---

① 蔡雯. 媒体融合与融合新闻[M]. 北京：人民出版社，2012：6.
② 主题检索文献总数：727 篇，题名检索文献总数：334 篇，检索时间：2020-06-09.

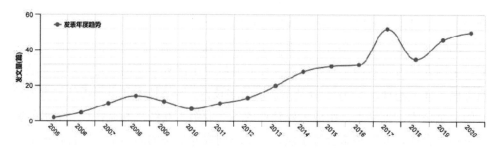

图 1.2　融合新闻研究发文量（题名检索）

按主题检索，文献总数为 727 篇；按题名检索，文献总数为 334 篇。

按主题检索，相关研究成果主要主题分布在媒介融合（183 篇）、融合新闻（139 篇）、媒介融合背景（65 篇）、媒体融合（41 篇）、新闻传播（38 篇）、全媒体（17 篇）等方面，如图 1.3 所示。

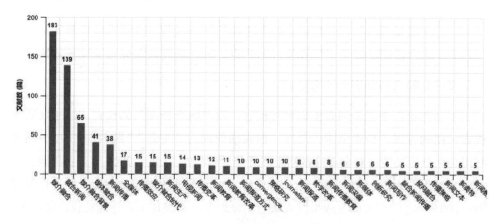

图 1.3　主要主题分布（主题检索）

按题名检索，相关研究成果主要主题分布在融合新闻（134 篇）、媒介融合（36 篇）、新闻传播（24 篇）、媒介融合背景（20 篇）、传播效应（18 篇）、媒体融合（16 篇）、策略研究（10 篇）、融合新闻报道（9 篇）等方面，如图 1.4 所示。

中国作者分布数据分析结果表明，按主题检索，发文量处于前列的作者主要包括刘冰（山东大学，11 篇）、蔡雯（中国人民大学，8 篇）、刘涛（暨南大学，7 篇）、宋宣谕（吉林大学，4 篇）、石长顺（华中科技大学，3 篇）等，如图 1.5 所示。

按题名检索，发文量处于前列的作者主要包括刘涛（暨南大学，9 篇）、刘冰（山东大学，9 篇）、彭兰（中国人民大学，7 篇）、蔡雯（中国人民大学，5 篇）、于洋（中国人民大学，4 篇）、韩士皓（中国人民大学，4 篇）、王君超（清华大学，

3篇）、邵鹏（浙江工商大学，3篇）等，如图1.6所示。

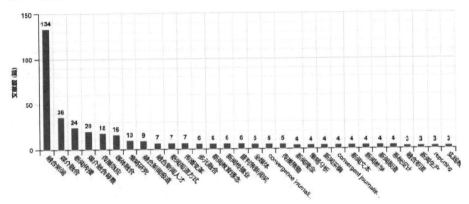

图1.4 主要主题分布（题名检索）

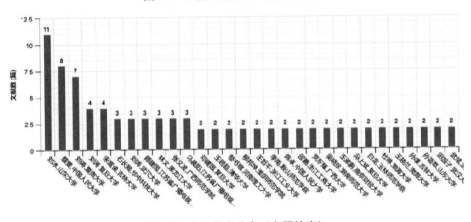

图1.5 中国作者分布（主题检索）

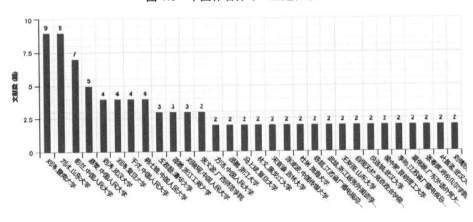

图1.6 中国作者分布（题名检索）

(二) 媒介融合研究成果推进

学界普遍认同，融合新闻理念是蔡雯在 2005 年从美国系统引进中国的。但公正地讲，在此之前已经有学者提出或论述过融合问题，只是这些论述在系统性或影响力方面未能达到足够的高度而已。"2005 年蔡雯引入的媒介融合观，在适当的时间提供了超越传统逻辑的系统化思路，从而引发了后续的研究热潮"①，正是从这个角度考虑，我们必须承认恰恰是蔡雯将媒介融合与融合新闻研究的大旗牢固地插在了中国大地上。

1999 年，时任南京师范大学新闻与传播学院副教授的崔保国在《技术创新与媒介变革》一文中说："目前，媒介变革有两个最显著的特征：一是各种媒介的相互融合与渗透，二是不断涌现各种新的媒介，即媒介的融合与裂变。"②

1999 年，许必华主编的《新闻摄影学概论》注意到 20 世纪末国际传播业涌动着融合潜流，关注了"传播业融合对新闻摄影的影响"，其中提到："媒体间彼此合作，结成联盟，共趋强化，传媒之间的界限显得模糊了。在各国大力建设的信息高速公路上，通讯社、报刊、广播和电视功能正在相互交融，形成新的传播方式。各种传播手段日益融合，多媒体传播融文字、音响、图像于一体，听觉、视觉和阅读能力综合运用。"③

2002 年，清华大学新闻与传播学院教授李希光提出了媒体的融合与跨媒体记者问题，李希光在《新闻学核心》一书中说："网络媒体象征着内容的大集合，而报纸象征着内容的大分送""跨媒体指的不仅是媒体本身的融合……也包括媒体功能的融合或趋同""未来的新闻编辑部很可能会成为一个各种媒体融合的大本营""成功的记者应该是跨媒体的"。④

2002 年，庞亮在《关于我国网络媒体与传统媒体融合发展的几点思考》中提出，网络一定要跟传统媒体融合发展。⑤

2005 年是中国研究媒介融合与融合新闻的关键时间点，这一年，中国互联网发展进入 Web 2.0 时代，蔡雯教授开始系统引进融合新闻理念。蔡雯发表了《培

---

① 杨溟. 媒介融合导论[M]. 北京：北京大学出版社，2013：40.
② 崔保国. 技术创新与媒介变革[J]. 当代传播，1999（6）：23-25.
③ 许必华. 新闻摄影学概论[M]. 北京：新华出版社，1999：298，301.
④ 李希光. 新闻学核心[M]. 广州：南方日报出版社，2002：263-265.
⑤ 庞亮. 关于我国网络媒体与传统媒体融合发展的几点思考[J]. 中国广播电视学刊，2002（3）：37-38.

养具有媒体融合技能的新闻人才——与美国密苏里新闻学院教授的对话》(《新闻战线》2005 年第 8 期)、《新闻传播的变化融合了什么——从美国新闻传播的变化谈起》(《中国记者》2005 年第 9 期)、《"专家型"记者和"融合型"编辑——浅谈美国新闻人才培养模式的变化》(《今传媒》2005 年 10 月)等论文,产生了较为深远的影响。

2006 年 6 月,密苏里大学新闻学院副院长布莱恩·布鲁克斯和章于炎博士到中国人民大学新闻学院做有关媒介融合的讲座,指出媒介融合是新闻学的一个假设。高钢、陈绚结合讲座内容,探讨了坦帕带来的启示和问题、新闻采写与传播方式如何变革等问题,指出坦帕是有关媒介融合研究的科学实验,是对新闻学假设的求证,而这个求证才刚刚开始。[①] 2006 年 7 月,彭兰对媒介融合走向问题做了论述,她说媒介融合发展的阶段主要包括业务形态融合、市场融合、载体融合和机构融合等。[②]

2007 年 3 月,高钢教授阐释了媒体融合的发展趋势特征,辨识了媒体融合的本质,论述了媒介融合时代的变革诉求。他认为:"媒体融合本质上不是抑制和同化个性信息需求,而是培植和满足个性信息需求;不是排斥传统媒体,而是优化传统媒体的功能;不是一个定态目标,而是一个动态进程。"[③]

2019 年 3 月,浙江大学传媒与国际文化学院院长韦路教授对媒体融合做了风格清新的界定:"将媒体融合定义为人类传播活动诸要素内部界限模糊的一种状态,这些要素包括技术、经济、主体、内容、规范等。"[④]

四、融合新闻研究成果

目前从事融合新闻研究的人员主要可分为两类,即各类媒体的职业新闻工作者和高等院校或科研院所的新闻教育工作者。新闻从业经历对于融合新闻研究实

[①] 高钢,陈绚. 关于媒体融合的几点思索[J]. 国际新闻界,2006(9):51-56.
[②] 彭兰. 从新一代电子报刊看媒介融合走向[J]. 国际新闻界,2006(7):12-17.
[③] 高钢. 媒体融合:追求信息传播理想境界的过程[J]. 国际新闻界,2007(3):54-59.
[④] 韦路. 媒体融合的定义、层面与研究议题[J]. 新闻记者,2019(3):32-38.

际操作价值的提升作用明显，新闻教育工作经历对于研究成果的理论体系化作用比较突出。

一些研究者，尤其是西方国家的一些融合新闻研究者还同时具有新闻从业经历和新闻教育工作经历，有的身兼新闻记者和新闻学教授双重身份。例如，澳大利亚新闻学教授斯蒂芬·奎恩（Stephen Quinn）就是这样，他曾在澳大利亚报业、澳大利亚广播委员会、曼谷邮报、英国记者协会、BBC电视台、英国独立电视新闻公司、卫报、中东广播网以及TVNZ等多家媒体工作，职业新闻工作经历长达二十年之久，并先后在澳大利亚、阿联酋、美国和中国的高校新闻院系任教，曾担任过诺丁汉大学宁波校区国际传播学院院长。

下面简要梳理一下融合新闻研究方面有代表性的文献成果。

（一）论文部分

一些青年学者发表的有关融合新闻的论文操作性比较强，注重考察美国融合新闻实践案例，颇有见解，给人不少启发。方洁的《如何报道融合新闻——从四个美国报道案例谈起》[①]、《美国融合新闻的内容与形态特征研究》[②]和许颖的《多媒体报道的组织与整合——以"马航客机失联事件"中的一则消息为例》[③]等文章值得仔细阅读。

庄捷、邓炘炘对纽约时报《雪崩》报道项目在"融合性"传播方面的创新尝试做了比较系统的分析，提供了关于融合新闻报道实际操作的生动案例，给人以启迪。庄捷、邓炘炘认为，当前的多媒体新闻报道"物理式堆砌处理者多，化学式内在融合者甚少"，"此次《雪崩》项目的创新尝试，具有跨越性和超越性，所瞄准的是未来融合式多媒体新闻服务新模式的探索"[④]，《雪崩》在"化学式"和"融合式"方面的表现非常优秀，"运用了文字、图片、幻灯、视频、动画和网页效果等多媒体技术和手段，以新颖的编排手法和呈现方式进行组合，逼真、细致、多角度和深入地报道和再现了雪崩灾难的前情后况"。[⑤]

---

① 方洁. 如何报道融合新闻——从四个美国报道案例谈起[J]. 新闻与写作，2009（8）：83-85.
② 方洁. 美国融合新闻的内容与形态特征研究[J]. 国际新闻界，2011（5）：28-34.
③ 许颖. 多媒体报道的组织与整合——以"马航客机失联事件"中的一则消息为例[J]. 新闻与写作，2014（5）：67-70.
④ 庄捷，邓炘炘. 体验式特稿传播 Snow Fall[J]. 新闻战线，2013（8）：112-114.
⑤ 庄捷，邓炘炘. 体验式特稿传播 Snow Fall[J]. 新闻战线，2013（8）：112-114.

笔者较早将搜索引擎优化理念和技术引入新闻学研究领域。关键词的运用是搜索引擎优化（SEO）过程中至关重要的环节，可以有效促进融合新闻的传播。在 2013 年发表的一篇论文中，笔者阐释了融合新闻报道中运用关键词的价值，论述了融合新闻关键词确立的原则、个性化要求及方法，并对融合新闻报道中关键词的分布、使用及注意事项做了系统的探索。①此后，笔者还陆续发表了一系列有关融合新闻的论文，对超链接②、融合新闻报道原则③、新闻价值的变迁④、融合新闻流程⑤、文化的融合⑥、融合新闻教育⑦等问题做了较为系统的研究。

（二）著作部分

2005 年，斯蒂芬·奎恩在美国出版了《融合新闻导论》和《融合新闻：多媒体报道基础》。2009 年，奎恩、费拉克在中国出版《媒介融合：跨媒体的写作和制作》。该书主要论述了媒介融合及其影响、多媒体任务编辑和制作人、文字写作与表达、广播电视写作与讲述、网络写作、跨媒体的图片融合、数字静态摄影、摄像与视频编辑、多媒体新闻内容整合、融合的未来走向等内容，有关融合新闻报道技能的论述比较全面。⑧另外，该书还论述了多媒体广告、多媒体公共关系，虽然增加了观察媒介融合问题的视角，但从专业主义新闻学角度看，多媒体广告与多媒体公共关系没有必要放在一本集中论述融合新闻的著作之中，这样安排内容显得过于宽泛。

2015 年，斯蒂芬·奎恩所著的《融合新闻报道》在北京大学出版社出版。该书立足于媒介融合的发展历史、现状以及成因，探讨了媒介融合背景下全媒体新闻报道在理念和操作层面的变迁，讲述了融合新闻报道与传播的业务要领，考察了媒介融合给新闻报道带来的多种可能。该书比较重视文化问题，有关媒介融合文化的论述散见多处。

杰弗瑞·S. 威尔克森等人合著的《融合新闻学原理》主要论述了以下内容：

---

① 刘冰．融合新闻关键词确立与运用[J]．中国出版，2013（24）：8-13．
② 刘冰．融合新闻编辑中超链接的价值及其运用[J]．编辑之友，2014（4）：83-85．
③ 刘冰．坚守与发展：融合新闻报道原则[J]．中国出版，2014（18）：3-6．
④ 刘冰．融媒时代新闻价值新思考[J]．编辑之友，2015（1）：60-63．
⑤ 刘冰．融合新闻流程探析[J]．中国出版，2017（8）：20-23．
⑥ 刘冰．文化的融合：媒体融合进程中的文化因素考察[J]．编辑之友，2018（1）：65-68．
⑦ 刘冰．融媒时代新闻教育变革与实践[J]．中国出版，2018（12）：14-19．
⑧ 奎恩，费拉克．媒介融合：跨媒体的写作和制作[M]．任锦鸾，译．北京：人民邮电出版社，2009．

融合新闻学及其未来、融合新闻编辑部的基本技能与规则、从印刷媒体到互联网、从广播电视到互联网（重新设置内容、内容的新类型）、广播电视基础、印刷媒介基础、互联网新闻、网络多媒体融合、其他新媒体的融合。[①]

雷蔚真所著的《跨媒体新闻传播理论与实务》对新型融合媒介产品形式、自媒体与新闻业的融合、个人跨媒体与团队跨媒体、用户体验、融合媒体环境与新闻价值挖掘等内容做了清晰的论述，相关成果对于融合新闻的研究具有启发价值。[②]

蔡雯的专著《媒体融合与融合新闻》主要回答了以下问题：媒体为什么会走向融合？媒体融合如何影响了新闻传播？"融合新闻"是什么？如何改造新闻编辑部？是"全能型"还是"专家型"？如何面对"公民报道者"？这本书是蔡雯教授近些年对媒体融合与融合新闻问题思考成果的一个集成，系统论述了新媒体时代媒体融合的动因、融合进程中新闻传播的变化、新闻传播模式变革、融合进程中的媒介组织重构、新闻工作者在媒介融合中面临的挑战、公民新闻对媒体的挑战及应对策略等问题[③]，值得关注。

詹新惠所著的《新媒体编辑》将新媒体分解为网络媒体和移动媒体两大类型，对网络新闻整合编辑、多媒体新闻编辑、动态新闻编辑和网络互动编辑进行了论述[④]，注重操作性，相关成果对于融合新闻业务的研究具有借鉴意义。

2017年，刘冰所著的《融合新闻》第一版在清华大学出版社出版。该书集中论述了融合新闻理论与业务，出版后连续多次印刷并于2020年启动再版，还通过了英国一家出版社的匿名专家评审，有望推出英文版。复旦大学新闻学院李良荣教授评价认为，"刘冰的《融合新闻》是极具重大现实意义的前沿论题研究成果，对融合新闻进行了真正的全方位研究"。

五、反对融合的声音

虽然当前"媒介融合论"已经成为主流观点，但反对融合的声音也是有的。

[①] 威尔克森，格兰特，费舍尔. 融合新闻学原理[M]. 郭媛媛，贺心颖，译. 北京：中国时代经济出版社，2011.
[②] 雷蔚真. 跨媒体新闻传播理论与实务[M]. 北京：中国人民大学出版社，2012.
[③] 蔡雯. 媒体融合与融合新闻[M]. 北京：人民出版社，2012.
[④] 詹新惠. 新媒体编辑[M]. 北京：中国人民大学出版社，2013.

张立伟在其著作《传媒竞争法则与工具》中就明确表达了反对"媒介融合"的观点。张立伟在著作中说道："内容生产无法融合""新媒体满足小众则是完全不同的内容生产制度,想想百度的搜索、网易的游戏、腾讯的 QQ,你让新老媒体怎么融合?""服务大众与服务小众,不同的价值取向如何融合?""通则是融合媒介不会成为主流!"①

张立伟信奉"报业春天论",他看好传统媒体的发展前景,认为新旧媒体将长期存在竞争关系,传统媒体要打一场持久战。张立伟是"媒介融合论"和"报纸消亡论"的反对者,他主张传统媒体要冷静应对新媒体。他认为新媒体是小众媒体,传统媒体是大众媒体,二者之间的主要关系是竞争,而不是融合,媒介融合不会成为传媒业发展的趋势和主流。

张立伟明确反对了媒介组织结构融合的主张,但对信息采集的融合和故事叙述呈现的融合并不完全反对:"媒介融合技能的其他项目,如科技融合、战术联合、采访技能或叙事形式借鉴倒是可能的。"②不过,他又补充说,因为媒介组织结构是内容生产制度核心,"核心无法融合,就不能对其他融合抱过高的期望,更不能轻信什么'大趋势''大汇流'。"③

2019 年 8 月,张立伟还在《青年记者》上发表文章,力陈报纸"去纸化"的惨痛教训。他说,纸是报纸的物质壁垒,构成了报纸信息同其他信息的天然区隔,是保护纸上增值的充分条件,"那张纸砍不得!媒体融合也罢,新型主流媒体也罢,总有基础和主体"。④

张立伟虽然反对媒介融合论,但我们研究媒介融合、融合新闻等这样的热点课题,也并非不能从中受益。至少媒介融合论者可以听到不同的声音,有利于保持一个清醒的头脑,不至于迷失了自我。从这个角度讲,反对媒介融合的声音也是具有关注价值的。

陈国权也是一位明确反对媒介融合论的学者。2010 年 12 月,陈国权在《新闻记者》杂志上发表《市场机制比融合更重要——以美国在线—时代华纳为例反

---

① 张立伟. 传媒竞争法则与工具[M]. 北京:清华大学出版社,2011:96-99.
② 张立伟. 传媒竞争法则与工具[M]. 北京:清华大学出版社,2011:98.
③ 张立伟. 传媒竞争法则与工具[M]. 北京:清华大学出版社,2011:98-99.
④ 张立伟. 再谈如何办好报纸?[J]. 青年记者,2019(22):47-50.

思传媒集团化》，力陈"赢利模式无法融合""经营业务无法融合""融合以失去专注为代价""融合错误地理解了兼并的价值"。2011年1月，陈国权在《中国记者》上发表《香港报业：慎做新媒体》。文章从中国香港社会人口环境、媒介体制机制、报纸影响力等方面分析了香港报纸不重视新媒体的原因，指出香港报纸的版式特点是大图片、大标题、大提要，少文字、少主题，香港报纸信息精简，从报纸上获取信息比从网络上轻松得多，香港的新媒体只是对报纸影响力的一种辅助。

2012年1月，陈国权在南方日报出版社出版了《新媒体拯救报业？》一书，以专著形式与媒介融合论者唱起了反调。看看这些章节题目就能体会到作者鲜明的态度，"取长补短的败笔""分化是传媒发展的趋势""用新媒体提升报纸影响力""适应报纸分化趋势""适应新媒体分化趋势""新媒体要跟报纸拉开点距离"等，作者主张的是媒介分化，而不是时下成为热点的"融合"。

陈国权任职于新华社新闻研究所，是《中国记者》杂志值班编辑。从2010年8月起在《中国记者》策划了"报业竞争与新媒体征程"专栏，走访调查了北京、成都、广州、武汉、上海、南京、福州、厦门、西安、济南、青岛、烟台、香港等城市的六十余家报社，对报社运作新媒体问题进行了系统的调研。陈国权是张立伟的弟子，2002年开始他在四川省社会科学院新闻传播研究所攻读硕士研究生学位，在张立伟的指引下，他将逆向思维导入研究实践中。陈国权同样研究报业竞争，他与导师张立伟的观点可谓一脉相承，认为传媒发展的趋势是分化，而不是融合。

除了张立伟、陈国权，还有一些学者对媒介融合提出过异议。徐沁曾刊文介绍质疑媒介融合的声音：破坏了新闻的多样性和新闻的民主化，损害了新闻采集的质量，从业人员欠缺融合素质和技能，面临失业恐慌等。[①]王瀚东认为在媒介融合研究过程中需要有批判精神，"新媒体技术系统又并非是多种功能的复合体，对许多消费者而言，它的多功能往往是冗余和强制性的"。[②]周建青认为"融合"类似化学反应，"聚合"是指"聚集到一起"，类似物理反应，"媒介融合"并不存在，

[①] 徐沁. 国际媒介融合发展的瓶颈[J]. 中国广播电视学刊，2008（7）：44-45.
[②] 秦瑜明，舒权斌. 媒介融合视野中的广播电视学学科体系建设：中国广播电视学研究分会2009年会暨媒介融合与广播电视学学科体系建设学术研讨会综述[J]. 现代传播，2009（4）：129-131.

仅是一种理想,"媒体聚合"发展迅速。①

  当前媒介融合的实践可谓如火如荼,相关研究成果也在不断涌现,但关于媒介融合的完整清晰的理论架构仍有待确立,媒介融合和反对媒介融合的见解都还有待实践来检验。反对媒介融合的声音有变弱的趋势,但作为一种与融合相对立的观点,其独立思考的价值仍然值得尊重。

---

① 周建青. 对"媒介融合"的质疑[J]. 华南理工大学学报(社会科学版),2012(3):70-74.

第二章
理解融合新闻

一、概念界定及特征分析

融合新闻概念的界定是研究融合新闻的理论起点，新闻研究者对融合新闻概念做了见仁见智的界定和阐释。

美国南加州大学安利伯格传播学院的拉里·普里瑟教授说："融合新闻发生在新闻编辑部中，新闻从业人员一起工作，为多种媒体的平台生产多样化的新闻产品，并以互动性的内容服务大众，通常是以一周7日、每日24小时的周期运行。"[1]

美国新闻学者杰弗瑞·S.威尔克森等人则认为："真正的融合并不仅仅限于在作为信息发布平台的互联网上的融合。相反，融合新闻学建立在新闻可以通过包括平面、广播电视、网络媒体以及手机、信息平台等在内的多种新媒体渠道发布的基础上。"[2]

---

[1] 蔡雯. 从"超级记者"到"超级团队"：西方媒体"融合新闻"的实践和理论[J]. 中国记者，2007（1）：80-82.
[2] 威尔克森，格兰特，费舍尔. 融合新闻学原理[M]. 郭媛媛，贺心颖，译. 北京：中国时代经济出版社，2011：3.

方洁认为，广义的融合新闻是指"由于数字技术发展，媒介之间彼此的界限逐步消解，新闻传播业务走向融合的状态"，"从狭义上看，'融合新闻'就是'Multimedia Stories'，指在媒介融合背景下新产生的一类新闻报道方式"。①如果依据这一思路，将"Multimedia Stories"翻译成"融合新闻"，那么美国背包记者先驱 Jane Stevens 的下列文字就可以看成是对融合新闻的一种有效界定：它是文字、照片、视频段落、音频、图表和互动设置的集合体，它以非线性结构呈现在网络上，各种媒介元素呈现的内容互相补充但并不冗余。②

中国人民大学的蔡雯教授认为，融合新闻"是从应用新闻学的角度对媒体融合发展的研究"，与媒介融合研究相比，"'融合新闻'的实践探索与理论研究脉络更为清晰"。③中央电视台新闻中心的黄成、花凯认为，融合新闻是"与传播平台融合相对应的新的新闻传播方式"，具有"多媒体采集、统一平台加工、多媒体发布和与受众互动等特点"。④

基于对融合新闻的理解和思考，参考和综合相关学者的定义，笔者认为可以对"融合新闻"做如下界定：融合新闻是运用融合思维与方法采集、呈现事实信息的互联网新闻样式，它建立在媒介融合技术发展的基础上，综合而又灵活地运用文字、图片、音频、视频等多种媒介元素来报道新闻，注重互动设置、关键词、超链接的运用，强调提升新闻服务品质、用户体验和呈现效果。

融合新闻并不是刻板地追求媒介元素运用得多，而是同时意味着应该选用适宜的媒介元素进行报道。狭义上的融合新闻是多媒体化的新闻，广义上的融合新闻则同时包含着细分新闻的运用和传播，它是分与合的统一体。

融合新闻具有以下重要特征，这些特征对于我们理解融合新闻非常关键。

（一）多媒体化呈现新闻信息

从最明显的特征来看，融合新闻是多媒体化的新闻，融合新闻是充分而又灵活地运用多媒介元素加以报道的新闻。

---

① 方洁. 美国融合新闻的内容与形态特征研究[J]. 国际新闻界，2011，33（5）：28-34.
② JANE STEVENS Tutorial: multimedia storytelling: learn the secrets from experts[EB/OL].（2015-04-06）. https://multimedia.journalism.berkeley.edu/tutorials/starttofinish/.
③ 蔡雯. 媒体融合与融合新闻[M]. 北京：人民出版社，2012：47.
④ 黄成，花凯. 试论媒介融合对电视新闻采编业务的影响[J]. 电视研究，2010（3）：30-32.

融合新闻是互联网新闻，但它又不仅仅是互联网新闻，它是在互联网平台上高度重视多媒体化呈现的新闻样式。互联网新闻并不全是融合新闻，那些没有充分运用多媒介元素、没有运用融合思维与方法报道的新闻仅仅是互联网上的新闻，并不是融合新闻。融合新闻将多种媒介元素充分交汇在一起报道新闻，它强调的是多种媒介元素的有机融合，而不是无机堆砌。

融合新闻能够把多媒体化呈现做到最大化，将所有的媒介元素都充分运用到新闻报道中。融合新闻在多媒体化呈现新闻信息方面追求极致，多媒体化呈现是融合新闻的显要特征。

多媒体化呈现新闻信息的一个重要价值表现为，融合新闻不仅仅提供给用户新闻信息，更重要的是它还为用户提供了多媒体享受。融合新闻使得新闻收受过程更加轻松愉快，更富有人性化和趣味性。融合新闻综合运用文字、图片、音频、视频以及互动设置等网络元素完成新闻表达，让新闻收受者可以在同一个报道产品中接触到多种形式的媒介元素，享受多媒体新闻大餐。"在内容传达上丰富多样、形象生动，打开了用户的看、听、视等多种感觉器官，调动用户立体式地浏览新闻，从而降低了用户接受新闻信息的费力程度而体现出人性化与简易化。"[1]

（二）媒介元素运用具有交融性

交融性是指用于呈现融合新闻的媒介元素或媒介技术有机融合在一起，而不是简单地堆砌在一起。换言之，融合新闻发生的是媒介元素或媒介技术运用的化学变化，而不是物理变化。融合新闻将文字的深度价值、音视频的形象亲和力、互动设置的沟通便捷优势完美聚合在一起。

数字新媒体为融合新闻的实现提供了技术保障，在数字新媒体平台上文字、图片、音频、视频、互动设置、超链接等媒介元素或媒介技术充分融汇，多种媒介元素的地位相当，共同完成了对新闻信息的呈现。

融合同时意味着使用合适的媒介元素进行合适的报道，融合不是机械地将文字、图片、音频、视频、互动设置、超链接等媒介元素一股脑儿用到所有的新闻报道中，而是应该根据实际情况决定到底采用哪些媒介元素。融合追求的不是媒介元素多得眼花缭乱，而是追求媒介元素运用的适宜性、新闻呈现效果的优良性。

---

[1] 詹新惠. 新媒体编辑[M]. 北京：中国人民大学出版社，2013：28.

媒介元素运用的交融性还要求我们应该辩证地看待融合新闻的"合"与"分"。在融合新闻业务操作过程中既有"合"的一面,又有"分"的一面。信息采集时是从各个方向聚拢信息,逐渐交融成为一个融合报道页面或融合新闻专题,这表现为"合"。同时,融合新闻又不仅仅局限于这种单一的呈现形式,融合新闻报道理念中同时包含着一种实用主义思想,它天然地追求传播效益的最大化,强调将新闻原材料打磨成多种形式的新闻产品,通过各个渠道输送出去,这就是"分"。但即便是拆分之后的报道,也已经不同于传统新闻报道。拆分之后的新闻报道有着深刻的交融印迹——它们是从融合之中细分出来的新闻,属于广义的融合新闻范畴,它们与狭义的融合新闻一起致力于实现新闻产品价值最大化。

(三)注重互动、服务和用户体验

融合媒体平台具有传统媒体所不具备的强烈互动特性。互联网媒体技术应用中的留言、论坛、微信、微博、博客、一键分享等,为用户发表意见、生产内容、分享信息提供了便利条件。新媒体重视用户互动过程中的信息增值,强调用户对内容的创造,新媒体技术也使得用户从信息收受者到内容生产者的身份转变非常容易,这从技术上保证了用户创造内容的实现。

新媒体时代"受众"已经变成了"用户",地位得到了显著提升。用户成为与新闻工作者地位平等的收受主体,甚至是创造主体,地位已是今非昔比。看什么全由用户自己说了算,"受众"观念的转变促使我们必须将新闻工作看作一项服务,融合新闻业务操作必须注重提升服务品质,让用户拥有更加满意的信息收受体验。

传统媒体新闻工作者容易产生自我精英认知的幻觉,为用户周到服务的意识不强。新媒体传播环境下则需要提升服务意识,一切都要围绕用户的需求和体验出发。过去常讲"为人民服务",这句话用在新媒体内容生产上是再合适不过的了。融合新闻工作者应该经常问自己:我这样做方便用户收受信息吗?

重视用户体验是指将为用户服务放在首位,而不是将与竞争对手的抗衡放在首位。要时时处处为用户着想,充分考虑用户的感受,力争让媒介服务超越用户预期,而不是只顾眼前利益。

周鸿祎于 1998 年创业时开发了互联网产品 3721,价值点是帮助中国人用中文上网,免去记忆和输入英文域名的烦恼。这款产品利用插件方式将软件下载、安装与运行捆绑在一起,用户一键点击就可全盘搞定。这种安装方式省去了很多烦琐的环节，将操作过程简单化，在当时是一种超前之举，有利于提升用户体验，值得肯定。

但后来3721犯了一个严重的错误，它将重心放在了与竞争对手的抗衡上，忽略了用户体验。为了与百度竞争，3721采取了两点只顾眼前利益的做法：一是频繁弹窗试图强迫用户安装软件；二是将软件做得很难卸载。这两点做法带有典型的流氓软件特征，完全没有顾及用户的体验与感受，令人厌烦，也最终导致了用户的离去和3721的失败。周鸿祎事后总结道："这个价值百亿美元的失败让我认识到，忽视用户利益，忽视用户体验，最终会被用户抛弃，会自食恶果。"[1]

融合新闻必须注重提升新闻服务品质，高度重视用户体验问题。服务品质体现在一切细节之中，应该切实考虑不同用户的身心状况特点，改进和优化新闻信息的呈现。例如，针对老年用户，在新思维的指引下，无论是新媒体，还是旧媒体，都应该多加考虑老年人的身体实际情况。腾讯推出QQ视频桌面版，界面更加简洁，并列的大窗口更容易满足老年用户的需求。搜狗专为老年人开发了老年输入法，字号加大，还有手写功能，方便了老年用户输入。风行影视在2012年1月推出了方便老年用户的"亲情版"，版式布局更加简洁清晰，字号增大，容易辨认，并在首页上推荐老年人感兴趣的影片，新增"求片"功能，帮助老年人更快地寻找到想看的影片。

这种着眼于用户的做法应该成为传媒工作者的共识，我们关心了用户也就等于关心了我们自己，用户体验优化了，传媒事业的发展才能真正受益。

二、与旧媒体新闻的区别

融合新闻属于新媒体新闻类别，与报纸、广播、电视等旧媒体新闻有着技术层面质的区别。我们所讲的新媒体是指互联网新媒体，报纸、广播、电视都曾是"新媒体"，但这种曾经的"新媒体"不是数字新媒体，并不能与互联网新媒体相提并论。

---

[1] 周鸿祎. 周鸿祎自述：我的互联网方法论[M]. 北京：中信出版社，2014：148.

互联网新媒体技术是融合新闻得以实现的前提，互联网作为一种新技术，带来了全新的表达元素和全新的表达形式。这种全新的表达元素主要是指在线互动设置，全新的表达形式则是指各种媒介元素的融合呈现，上述两点是旧媒体新闻所不具备的，也是融合新闻与传统媒体新闻的关键区别所在。

表达元素包括文字、图片、音频、视频及互动设置等多种媒介元素，旧媒体新闻无法将所有的媒介元素都同时应用到报道中，作为新媒体报道形式的融合新闻却可以灵活地做到这一点。

在旧媒体当中，报纸的表达元素主要是文字和图片；广播的表达元素非常单一，主要是音频这一种媒介元素；电视运用文字、图片、音频、视频等来传达信息，却缺少了在线互动设置这一关键的媒介元素。公正地讲，在上述传统媒体当中，电视在多种媒介元素的运用方面已经表现出了很强的融合特征。电视新闻报道在容纳影像、声音、文字、图片的时候非常容易操作，具有黏合多种媒介元素得天独厚的技术优势。但即便如此，传统意义上的电视新闻仍然不能归属于融合新闻报道的范畴。其原因主要在于，作为旧媒体的电视虽然能够综合运用音频、视频、文字、图片等多种媒介元素呈现新闻信息，但它却欠缺互动设置这一关键性媒介元素。这里的互动设置是指在线互动设置，它是数字新媒体与旧媒体的关键区别，它让用户可以随时随地参与内容生产和传播，分享自己的见解；它联结着UGC（User Generated Content，用户生产内容）和PGC（Professionally Generated Content，专业生产内容），彻底改变了新闻传播与收受关系，将用户的地位提升到内容创造主体的高度，提供了传播主体与收受主体平等对话的无限可能性。

互联网在线互动不同于旧媒体的互动。罗振宇在《一切产业皆是媒体》中说："在互联网上跑的仍然是文字、图片、音频、视频；互动是电话创造的，跟互联网没有一毛钱的关系。互联网只干了一件事，就是把所有传统媒体承载信息的那些样式拿到一个全新的基础上，击破了它的时间阻碍和空间阻碍，进行无限制的互动。它就干了这么一件事。"

互联网新技术还带来了全新的表达形式：融合呈现。它在文字、图片、音频、视频等媒介元素表达基础上，将互动设置纳入进来，共同致力于新闻信息呈现的效果最优化。正是从这个意义上，我们将融合新闻归属于互联网新媒体报道类别之中。作为传统媒体的电视在新闻报道方面即便具有融合性特征，却依然不能与互联网时代意义上的融合新闻相提并论，更别说报纸和广播了。

融合新闻与旧媒体新闻区别的根源在于媒介技术，融合新闻得以实现的技术前提是网络媒介技术的发展，没有网络媒介技术，就没有融合新闻。正如麦克卢汉所讲的"媒介即讯息"，媒介本身才是真正有意义的讯息，人类只有在拥有了某种媒介之后才有可能从事与之相适应的传播活动。融合新闻根植于互联网技术，人类也恰恰是在掌握了互联网科学技术之后，才能创造、运用和发展融合新闻报道的操作技术。

追根溯源，融合新闻与传统新闻的区别实质上还是媒介技术、媒介平台的区别。融合新闻只有依托互联网媒介技术并在互联网媒介平台上才能实现，传统媒体囿于媒介技术的局限，是无法达到融合新闻的效果要求的。

媒介平台非常关键，以柴静的《穹顶之下》为例，如果处于传统媒体时代，其播出平台是作为旧媒体的电视，我们至多可以将其看成样式新颖的解释性调查报道，其引起的关注和争议恐怕要远远低于现在。但《穹顶之下》诞生于融媒时代，并在互联网上正式发布，增加了互动设置这一关键的互联网媒介元素，便于评论、分享、传播和保存，它就不再是传统意义上的电视新闻片了，它已经变成了典型的新媒体作品，甚至也可以将其归属到融合新闻的类别中了。

三、采用融合新闻的原因

为什么要采用融合新闻来报道？直观地讲，当然是为了优化新闻传播效果，让新闻报道更加快捷、生动、深刻和全面。任何媒介技术手段的运用都会追求好的传播效果，具体到互联网新闻传播的效果优化问题，运用融合新闻则是为了全方位地呈现新闻事实发展的全过程。

这里有两个关键词：一是全方位；二是全过程。所谓全方位，是指融合新闻既注重外在事实的描述，又注重内在真相的阐释，它对新闻内容实施从现象呈现到本质揭示的全面报道。所谓全过程，是指融合新闻注重对新闻事实发展过程中的重要节点、关键细节的描述和阐释，融合新闻不是事无巨细地做报道，而是通过对重要节点、关键细节的报道来展现新闻事实发展进程的全貌。

融合新闻绝非是新媒介时代的花拳绣腿，它对新闻工作者职业技能的要求不但没有降低，反而还提高了。全方位呈现新闻事实发展的全过程，需要新闻工作者具备采访调查的多种技能，需要新闻技能的全面融合，它向新闻人提出了更高的职业技能要求。

采访调查得深入和全面，呈现才能深刻和全面。人类积累的采访调查经验在这个时代并没有过时，记者同样需要具备扎实的调查功底。在此基础上，融合新闻还向新闻工作者提出了新的技能要求。融媒时代一方面要求新闻工作者要注重对传统采访调查技能的传承和掌握，另一方面还要求新闻工作者必须研究新的媒介技术手段，运用融合思维和技能来完成新闻报道。

全方位呈现新闻事实发展的全过程，需要在数字新媒体平台上把各种媒介元素（如文字、图片、音频、视频、超链接、关键词、互动设置等）配置到最佳位置上，让每一种媒介元素的优势都发挥出来。每一种媒介元素都做到了极致，新闻的融合自然会完美地实现。融合新闻采用多媒介元素报道新闻，优化了新闻传播效果。表 2.1 展示了一些相关研究成果，有助于我们理解融合新闻采用多媒介元素呈现新闻信息的效用。

表2.1 部分学者研究成果[①]

学　　者	研　究　成　果
Hoban（1949）	传播媒体的力量由信号的丰富性来决定
Miller（1957）	来自不同通道的讯息可能互相帮助，但也可能彼此干扰，关键在于这些讯息是否引导出相同的反应
Severin（1967）	（1）不同通道之间相关的讯息之总和使得多通道优于单通道的教学 （2）结合文字及相关的视觉媒体的多通道优于单通道的学习 （3）多通道的呈现若是包含不相干的讯息，势必引起学习干扰
Hsia（1969）	（1）影音的结合比单是影或音的呈现有较深广的幅度 （2）多通道的讯息处理很容易有超载的现象 （3）比较学习者不同的特性，对幼儿及学习能力有限的人而言，听觉较有帮助；对于能读能写的人，视觉的呈现方式较佳

---

① 任悦. 视觉传播概论[M]. 北京：中国人民大学出版社，2008：151.

续表

学　者	研　究　成　果
Nugent（1982）	不同的通道若呈现相同的内容，这样的模式最有利于学习
Rolandelli（1989）	视觉模式比听觉模式重要，但是视觉模式要容易让人了解且和学习主题有关联，否则就会不利于对听觉模式的回忆
Lunishaine and Galdstone（1958）	图画的或是图文结合的信息比单是文字信息的呈现更有效
Reynolds and Baker（1987）	交互式的及生动的呈现方式可以增加注意力

　　采用多种媒介元素呈现新闻信息，比单一媒介元素呈现新闻信息更有利于信息的有效传达。"多通道传输的研究成果在教育学领域被广泛采纳，文字信息与视觉信息以及听觉信息等多种手段相结合的教育模式，被证明是一种有效的信息传播模式。这些研究成果同样适用于大众传播学研究，现代媒介本身就是多通道传输的媒介，如电视、计算机，因此为了追求信息的有效到达，从单一的文字传播转向多媒体传播，已经成为当今信息传播的一个发展趋势"[①]。融合新闻采用多种媒介元素呈现新闻信息，优化了新闻传播效果，有助于全方位呈现新闻事实发展的全过程，这才是融合新闻报道的真正价值所在。

四、选用适宜的媒介元素

　　融合新闻综合运用文字、图片、音频、视频、互动设置等多种媒介元素报道新闻，但并不是说只要是报道新闻就要把全部的媒介元素都要用尽才行。我们研究融合新闻应该有一个基本的理念，那就是应该注意媒介元素运用的适宜性问题，媒介元素的运用要适可而止，既不要不足，又不要过度。不要单纯地陷入媒介技术形式的陷阱里，为了融合而融合，从一个极端走向另一个极端。使用媒介元素过多过滥，反而会损害新闻传播的效果。

　　对于融合新闻的理解必须有多个层次的包容性。将所有媒介元素都充分地运用到报道中去自然符合融合新闻报道理念，但媒介元素运用得少一些的恰当报道

---

① 任悦．视觉传播概论[M]．北京：中国人民大学出版社，2008：152.

形式也可归属于融合新闻范畴。

融合新闻操作应该注意媒介元素与报道题材的适宜性问题——用适宜的媒介元素报道适宜的新闻题材，选择适宜的媒介元素做报道符合融合新闻理念，反之，则是违背融合新闻理念的做法，如表 2.2 所示。

表 2.2　媒介元素的适宜性

媒介元素	事实信息类别
文字	各种事件及非事件信息，观念，时政、教育、社会问题，不宜直接展示的场面或情境
照片	人物、事件、自然
图表	经济与社会发展、复杂数据
漫画	新闻模拟（灾难、事故、警事、科技、航空），暴力或血腥场面、时政、国际、体育等
音频	演讲、直接引语、有特色的声音，不愿意露面的消息来源
视频	冲突事件、灾难、事故、人物、风貌、动物、体育赛事、文艺演出
互动	用户评论、意见调查，用户创造内容
链接	新闻背景、相关新闻

使用文字报道文艺演出通常不如使用视频来得直接，而在深度报道方面视频有可能不如文字来得痛快；残忍血腥的场面不宜用视频直接展示，可以用文字做笼统的交代；图表可以整合复杂的统计数据，照片可以直接展现人物面貌；超链接便于将用户导向相关背景材料，动画可以模拟无法拍摄的新闻场景。

融合新闻的操作需要考虑效果、伦理等诸多问题，媒介元素不是越多越好，恰当运用才是最好的。

2013 年 3 月 29 日，中国人民大学环境学院发布了《中国城市空气质量管理绩效评估》报告。这个报告以 2005—2010 年的数据为基础，对 281 个数据比较完整的城市进行研究，认为空气质量差的城市占 75.80%，空气质量极差的城市占 13.52%。很多新闻媒体在报道的时候往往注重进行文字描述，却很少列出城市表格，给读者一个更加明白的交代。有的报道正文中堆砌了一些数据，显得枯燥无味，可读性比较差。

对于类似的有关城市空气质量的报道，除一般的文字叙述外，记者最需要考虑的就是应该采用列表的形式，将全国主要城市空气质量的相关数据呈现出来，一目了然。

仅仅让读者了解一个大概的新闻是不够的，还要考虑读者更加具体的信息需求，让他们能够便捷地查询自己所在城市的情况。只有这样才能够提供令用户满意的新闻服务。如果思维模式还停留在旧媒体时代，以版面篇幅有限等为借口来做数字新媒体的报道，那就会令读者感到失望，这样的报道就是有缺陷的报道或失败的报道。

和讯新闻转载《光明日报》报道的时候列出了排名前十和排名后十的城市名单①，相对来讲，还算是一个进步，如表 2.3 所示。报纸尚能提供一个城市列表，那么多的网络媒体却做不到，这不能不说是一个遗憾。对于更多的网络媒体来讲，版面篇幅限制的问题显然是不存在的，如果我们能够更多地考虑读者的方便，不妨就采用列表的形式甚至采用数据库的形式加以报道。

表 2.3　2010 年二级天数和三种污染物年均值排名两极十名（均由好到差）

2010 年排名前十				2010 年排名后十			
二级天数	PM10	SO_2	NO_2	二级天数	PM10	SO_2	NO_2
阳江	三亚	丽江	临沧	安阳	济南	焦作	成都
茂名	河源	海口	梅州	北京	延安	包头	佛山
郴州	梧州	拉萨	安顺	延安	北京	太原	广州
黄山	梅州	汕尾	赣州	武汉	陇南	石嘴山	宁波
池州	阳江	福州	定西	盐城	盐城	柳州	苏州
梧州	海口	黄冈	朔州	乌鲁木齐	乌海	金昌	杭州
六盘水	丽江	大庆	白城	七台河	西宁	攀枝花	北京
河源	池州	梅州	阜阳	兰州	西安	昭通	武汉
贺州	汕尾	三亚	三亚	陇南	乌鲁木齐	乌鲁木齐	温州
梅州	伊春	深圳	湛江	辽源	兰州	淄博	乌鲁木齐

再看一个例子，新浪微博发布消息称，唐山农民舞者排练《农村 style》，受邀参加 CCTV "2012 三农记忆" 晚会录制。②农民朴实的形象与《江南 style》的流行时尚混搭，唐山农民的《农村 style》自然能够吸引不少网友的关注，如图 2.1 所示。

---

① 实施 "日" 管理　改善空气质量[EB/OL]. [2013-04-01]. http://news.hexun.com/2013-04-01/152693357.html.
② 唐山迁安版《农村 style》唱响央视（图）[EB/OL]. [2012-12-26]. http://hebei.sina.com.cn/news/yz/2012-12-26/152324807.html.

@燕赵身边事V

【唐山迁安版《农村style》唱响央视】身穿小花袄、骑上小毛驴，和着风靡全球的style舞曲，融合唐山皮影、跑驴等地方民间舞蹈元素……迁安市沙河驿镇红庙子村的12位农民舞者，将迁安版《农村style》，跳进了中央电视台"2012三农记忆"晚会。http://t.cn/zjlEmVu 唐山的亲们，走起~

今天16:53 来自专业版微博 (1) | 转发(21) | 评论(11)

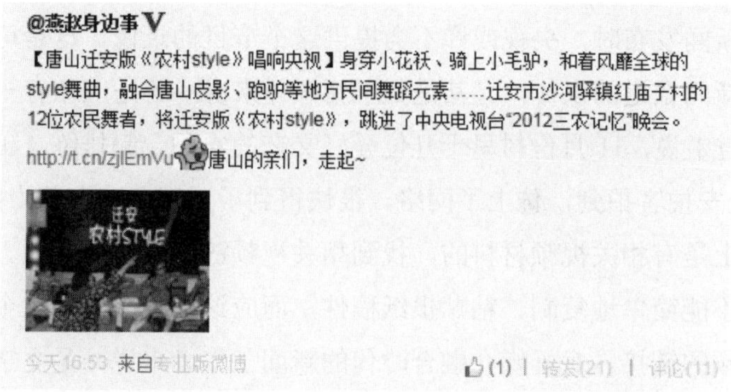

图 2.1　唐山迁安版《农村 style》唱响央视微博截图

看到这条微博，网友通常都会满心欢喜地点击链接，希望看到这些农民跳的“江南 style”。但是实际情况却让网友有些失望，它仅仅是一个报纸稿件的复制而已。点开链接，可以看到新浪网的全文报道，稿件转自《唐山晚报》的报道，如图 2.2 所示。

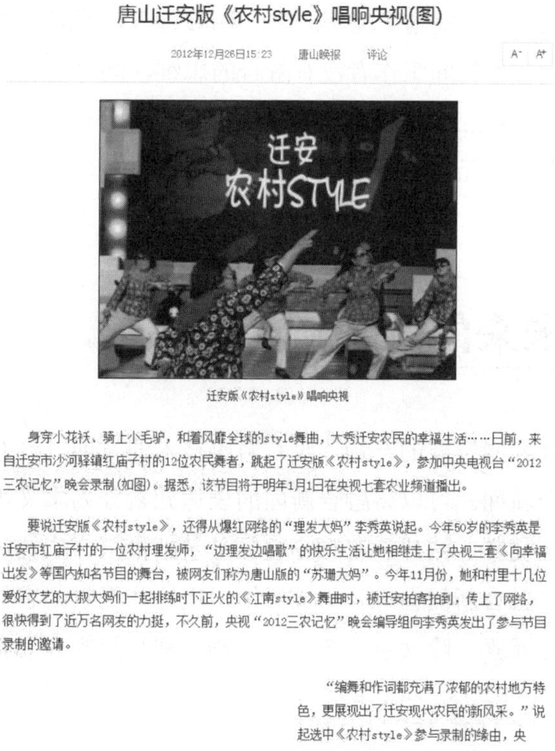

唐山迁安版《农村style》唱响央视(图)

2012年12月26日15:23　唐山晚报　评论　A⁻ A⁺

迁安版《农村style》唱响央视

身穿小花袄、骑上小毛驴，和着风靡全球的style舞曲，大秀迁安农民的幸福生活……日前，来自迁安市沙河驿镇红庙子村的12位农民舞者，跳起了迁安版《农村style》，参加中央电视台“2012三农记忆”晚会录制(如图)。据悉，该节目将于明年1月1日在央视七套农业频道播出。

要说迁安版《农村style》，还得从爆红网络的“理发大妈”李秀英说起。今年50岁的李秀英是迁安市红庙子村的一位农村理发师，“边理发边唱歌”的快乐生活让她相继走上了央视三套《向幸福出发》等国内知名节目的舞台，被网友们称为唐山版的“苏珊大妈”。今年11月份，她和村里十几位爱好文艺的大叔大妈们一起排练时下正火的《江南style》舞曲时，被迁安拍客拍到，传上了网络，很快得到了近万名网友的力挺，不久前，央视“2012三农记忆”晚会编导组向李秀英发出了参与节目录制的邀请。

“编舞和作词都充满了浓郁的农村地方特色，更展现出了迁安现代农民的新风采。”说起选中《农村style》参与录制的缘由，央

图 2.2　《农村 style》唱响央视报道缺少视频

在这条新闻发布时，央视或许不会提供这个节目的录像，这是可以理解的。但对于从事新闻报道的媒体，尤其是数字新媒体来讲，还是应该有一个融合新闻的思维。报道中说，11月份村里十几位爱好文艺的农民一起排练《江南style》舞曲时，"被迁安拍客拍到，传上了网络，很快得到了近万名网友的力挺"[①]。这就说明，网络上是有相关视频材料的，找到相关视频链接也并非很难。在网络上做这个报道就不能简单地复制、粘贴报纸稿件，而应该试着去寻找这个视频，至少要加一个视频的链接。对于媒介融合时代的新闻工作者来说，是文字记者，同时也需要具备摄影和摄像技能，也应该配备这些采录设备。文艺演出报道，再多的文字也比不过音频、视频来得直接。记者应该到现场去为这个节目录一段视频，它所花费的时间应该不会太长。即便是记者当时没有去现场，也可以事后联系这些农民，为他们做一次拍摄，或者找到以前拍客传到网上的视频，对其做链接处理。这样的话，既有文字和图片报道，又有视频元素的直接呈现，这条新闻的传播效果就会更好。融合新闻需要发挥多种媒介元素的优势作用，找到最适宜的媒介元素来呈现新闻事实，就这个案例来讲，视频元素是不应该缺少的。

媒介融合时代就怕新闻工作者没有融合的思维，同时它也需要新闻工作者的敬业精神。新闻工作者应该增强自己的职业素养，熟悉不同媒介元素的特点和优势，懂得发挥重点媒介元素的作用，不要让最适宜的媒介元素缺位。

五、面向未来的融合新闻

融合新闻是互联网发展的产物，没有数码技术的发展，没有互联网平台的支撑，也就没有融合新闻。可以将融合新闻的表达元素分为本义媒介元素和网络媒介元素两大类别，文字、图片、音频、视频是包括报纸、广播、电视等传统媒体也要使用的元素，融合新闻会综合而灵活地运用这些元素，它们可统称为融合新闻运用的本义媒介元素。除文字、图片、音频、视频等媒介元素外，融合新闻的

---

① 唐山迁安版《农村style》唱响央视（图）[EB/OL]. [2012-12-26]. http://hebei.sina.com.cn/news/yz/2012-12-26/152324807.html.

表达还突出地表现出了互联网特征，它会运用互动设置、超链接、关键词技术等网络媒介元素。

新闻的采集与呈现从技术手段上看会有一个继承和发展的过程，融合新闻不是要彻底抛弃人类过去创造的符号手段，不是要重新创造一套别样的符号表达体系，相反，融合新闻会采取开放的态度对待传统媒体惯用的媒介元素，将所有的媒介元素都融入其中，为我所用。

融合新闻对本义媒介元素和网络媒介元素的运用是一个叠加的过程，过去适用于某种媒体的元素会被吸收到融合新闻的表达之中，同时，融合新闻又会充分运用互联网新技术完成新闻信息的采集与呈现。

融合新闻的发展是一个开放的过程，新科技、新成果会不断地应用到融合新闻报道中去。目前融合新闻运用的文字、图片、音频、视频以及互动设置、超链接、关键词技术等主要表现为传达某种视觉和听觉信息，或许将来随着科技的发展，一些新的元素会运用到融合新闻报道中来，给用户带来触觉的、嗅觉的信息感受。

麻省理工学院媒介实验室可触媒介小组对触觉技术做了一个很好的解释："凭借可触摸的物体和放大的界面，将物体、界面和空间当作数字信息的互动，使之成为可以触摸到的体现，借以利用人的触觉和动觉。"[①]现在一些科研机构已经开始了触觉技术和嗅觉技术的研发，并取得了不少成果。除麻省理工学院的成果外，路易斯安那州立大学在触觉技术方面开发了一套维基软件，受到关注；数字嗅觉公司则开发了一款名为"我嗅"的机器产品，只要将其连入计算机，用户就能获得多种多样的气味。[②]随着触觉技术和嗅觉技术的不断发展和完善，未来融合新闻报道所运用的媒介元素也将更加丰富。

媒介技术将进一步延伸人类的触觉器官和嗅觉器官，这也为融合新闻的采集与呈现提供了一个更大的想象空间。现在虚拟现实技术、可穿戴技术设备以及互动游戏已经开始与新闻发生融合，面向未来的新闻故事生产方式已经初露端倪。

在写完上述文字不久，我看到南加州大学互动媒体实验室推出了"叙利亚项目"——它是一个带给用户全方位体验的沉浸式新闻作品，可以作为支持上述判

[①] 洛根. 理解新媒介：延伸麦克卢汉[M]. 何道宽，译. 上海：复旦大学出版社，2012：303.
[②] 洛根. 理解新媒介：延伸麦克卢汉[M]. 何道宽，译. 上海：复旦大学出版社，2012：303.

断的一个例证,如图 2.3 所示。该作品采用虚拟现实技术再现了内战中的叙利亚,"砰地一声巨响,体验者立刻能感受到身边腾起了烟雾以及爆炸特有的硫磺味。短暂的耳鸣和近乎晕厥的体验让每一个体验者仿佛亲临了爆炸现场。""体验者可以看到慌乱中奔走的大人和儿童,甚至可以闻到受伤者血液的腥味混杂着焦土特有的阵阵恶臭。"①

图 2.3　采用虚拟现实技术的新闻作品"叙利亚项目"

但是不管科技如何发展,新闻的精神不会变,真实、客观、公正仍然是新闻报道的重要原则,不容践踏和亵渎。

新冠肺炎疫情期间,一些新闻媒体权威遭遇的挑战主要并非来自媒介科技层面因素,而是来自新闻专业精神的缺失。新闻媒体报道的缺陷和不足集中表现在以下几个方面:过度迎合网民,触及严肃议题下公众的情感底线;专业问题把控乏力;突出强化极端"个案",忽略新闻议题的社会价值导向;宣传引导失当,加剧次生舆情。②疫情信息的传播,自媒体抢在职业新闻媒体前面,评论抢在事实前面,党报正面宣传"感恩"却收到负面效果,甚至还有省级电视台不加鉴别发布武汉红十字会相关领导被处分的"乌龙"事件,一些官媒的表现难以给人信任感。

---

① 全媒派. 虚拟现实报道来了,不只技术变革这么简单[EB/OL]. (2015-07-20). http://news.qq.com/original/dujiabianyi/xunixianshi.html.

② 矫志欢. 疫情期间新闻媒体的报道隐患及应对[EB/OL]. [2020-03-09]. https://mp.weixin.qq.com/s/TqfROUHz1OWbpg8XQfkoXQ.

我国自 2014 年将媒体融合确立为国家战略以来,传统新闻媒体转型发展的速度非常快,目前县级融媒体的发展也已经推进到了 2.0 阶段。从硬件建设角度来看,我国的媒体融合已经在世界范围内居于先进行列,但从内容建设方面来看,我国的媒体融合仍有很长的路要走。

新冠肺炎疫情期间新闻媒体表现乏力,实际上释放了一个重要的信号——媒体融合需要在内容生产层面加大力度,关键是要尊重新闻专业规律,采取更为开放包容的新闻政策,做好舆论监督。对于新闻业的发展,技术虽然重要,但一味迷信技术,而忽略了新闻专业精神,却是不可取的。新闻媒体的立身之本在专业,这是新闻媒体与自媒体相区分的最为宝贵的财富,也是新闻媒体的价值所在。

"融合文化属于未来,但是现在它正在形成。"①融合新闻的发展面向未来,它会随着媒介科技的发展进步而呈现出目前尚无法想象的图景。但不管融合新闻怎样发展,它都要紧密围绕为用户服务这个核心。

这个时代,我们新闻人会面临很多困惑,我们容易怀疑自己正在从事的新闻学专业。互联网改变了传媒生态,网络传媒科技成果层出不穷,那么多有价值的创造却很少是新闻传播学人研究出来的,这多少会让我们显得有些尴尬和被动。

媒介科技的研究其实向来不是新闻人的擅长,我们应该平和地看待这个问题,不要在本不是我们擅长甚至实际上本就不属于我们研究的领域里较劲。我们努力的方向不是互联网科技研发,而是要研究如何将互联网科技应用到新闻工作中。

当前新闻业的边界正在被重塑,科技公司正在入侵传统新闻行业,新闻与媒介科技当然无法绝缘。新闻机构也在积极拓展边界,将科技纳入新闻生产,只是这种将科技纳入生产也仍然是应用,而非新闻人的直接研发。从媒介发展及新闻传播历史来看,谁也不能要求报纸记者去研发印刷机,广播记者去研发收音机制造技术,电视记者要会造摄像机、电视机。互联网时代,记者的本职工作使命并没有变。记者的工作是用这些科技成果科技设备采集呈现新闻,而非变成科技人、计算机软件开发专家。的确,越来越多的新闻岗位要求从业者掌握计算机领域的相关知识,只是这种知识的掌握也还是对科技的应用。互联网应用与互联网科技当然有联系,但我们不能因此而误判新闻人的定位,新闻人是互联网科技成果的

---

① 詹金斯. 融合文化:新媒体和旧媒体的冲突地带[M]. 杜永明,译. 北京:商务印书馆,2012:374.

受益者，而非科技研发者。新闻人当然也要关注媒介科技，但如果因此就将媒介科技的研发重任压到新闻人身上，将新闻人当成科研人，新闻人将不可承受其重，这也背离了新闻人的职业使命与社会期待。

互联网、大数据和人工智能技术是当今决定新闻媒体发展全局的战略技术，新闻业的发展必须善于使用这些技术，与之深度融合，只有这样才能获得全局性胜利。融合新闻业的发展需要建设好新媒体，需要将新媒体技术应用到融合新闻生产中。新媒体的核心是强大的内容推送引擎，主要技术包括算法语言、用户大数据处理、内容信息自动分类、深度学习、智能推送等①，新闻人的主要任务不是越俎代庖，直接去开发这些技术，而是应当及时将这些技术应用到融合新闻传播中，把这些技术转化为新闻生产力。

融合新闻本身就是一种互联网应用，我们应该把新闻学与互联网融合起来，重在研究如何在互联网发展的背景下为用户提供更好的新闻服务，树立和传播打造互联网新闻服务品牌的理念。我们应该秉持务实的研究态度，密切观察，积极参与，努力探索，让研究成果更多地服务于新闻实践，而不是束之高阁。

---

① 谢方，彭茵. 融合发展的全媒体思维与实践[M]//姚远. 让思想晒晒太阳：芒果融合发展的思考与实践. 北京：中国广播影视出版社，2019：130-131.

第三章

融合新闻流程

流程是指新闻生产中各个业务环节的运行与衔接以及新闻产品的传递过程，传统媒体时代新闻生产和传播的流程主要包括四个环节，如图 3.1 所示。

（1）记者采访，收集素材。

（2）记者制作初级新闻产品，如报社记者撰写并提交新闻稿。

（3）再加工——编辑对记者提交的新闻作品进行选择、修改与编辑，制作成新闻成品；

（4）向受众传播。

图 3.1　传统媒体新闻流程图

为了便于比较，笔者在描述融合新闻流程时也将其分为四个环节，如图 3.2 所示。

（1）记者与用户完成多媒体素材采集。

（2）将采集来的素材存入多媒体素材库，同时制作多媒体新闻初级产品。

（3）深加工成为融合新闻和细分新闻。

（4）用户收受新闻并参与互动。

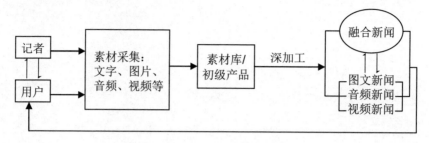

图 3.2 融合新闻流程图

融合新闻流程是一个循环过程，用户的主体地位得到了实质性提升，素材采集具有典型的多媒体特征，新闻的合与分辩证统一起来。融合新闻流程与传统媒体新闻流程相比发生了很大的变化，这些变化是融合新闻流程再造的关键，值得我们深入探究。

一、一个循环的过程

融合新闻流程是一个循环过程，这个流程既包含了融合新闻生产流程，又包含了融合新闻传播流程，它将生产与传播有机结合在一起，生产与传播处于连续状态，循环往复，没有明确的终结点，不会因为一次传播而结束这个过程。

（一）持久循环过程

传统媒体新闻流程是单向的，大多数传统媒体新闻的生产与传播是从记者开始，历经编辑制作过程，走向受众而结束。融合新闻基于互联网平台，用户自始至终都会参与新闻的生产与传播，新闻成品加工制作完成后，用户在新闻收受的过程中会及时发表自己的见解，继续参与新闻的生产。在融合新闻传播活动中，"播出只是一个节点，后面还有一长串断续的或完整的传播流程。这是一个多层次交互的过程，交互能完成信息的传递、补充、修正乃至反转，在交互中不仅有事实，还有情绪、态度、立场、意志等主观因素的渗入"[①]。

融合新闻存在于互联网，长期有效，便于搜索和多次传播，旧媒体新闻在长

---

① 课题组. 多级式融合发展渐入佳境 全媒体传播体系磅礴欲出：2018—2019 年中国媒体融合发展总报告[A]//宁华，支庭荣. 中国媒体融合发展报告 2020[C]. 北京：社会科学文献出版社，2020：21.

期保存和方便查询方面明显不如融合新闻。融合新闻流程不会因为新闻成品制作完成、用户收受后便宣告终结，用户互动会延续新闻的生命，使得新闻的生产与传播变成一个持久循环过程。

（二）互联网的胜利

传统媒体单向的新闻流程模式已经明显不适应互联网时代的要求，传统媒体将彻底融入互联网的海洋之中，所有的传统媒体都将注入互联网基因，转型为互联网新闻媒体。这不是说报社、电台、电视台将消失，而是说这些传统媒体应该彻底转型为互联网新闻媒体，打破原有功能界限，业务形态趋于融合。报纸、广播、电视的优势可以保留，但这种优势均是在互联网平台上的优势，如在互联网上报纸新闻工作者更擅长图文叙事，广播新闻工作者更擅长音频播报，电视新闻工作者更擅长视频传达。

传统媒体转型为互联网新闻媒体，要求我们必须转变思维，从新闻业务的操作细节入手，按照互联网新闻媒体的运作要求改进操作，优化用户体验。传统媒体时代，电视机没有回看功能，用户只好被动收受电视节目，电视节目常用重复手法，以方便那些中途收看节目的人，让他们跟上报道的节奏。而到了互联网时代，重复手法的必要性就大打折扣了。我们现在做的是互联网电视，即便是摆在客厅的电视机也已经变成了智能电视机，用户可以回看，可以方便地控制播放进程。我们如果依然按照电视时代的规矩做节目，大量采用重复手法，就太不合时宜了。重复手法浪费了用户的时间，它给用户带来了并不美好的体验。

对于融合新闻的研究，人们经常会问，融合新闻研究的立足点是服务于报社、电台、电视台等传统媒体，还是服务于互联网媒体？这个问题有时候会令人纠结，因为在人们的印象中传统媒体才是正宗的新闻生产机构，很长时期内网络媒体甚至并不享有采访权，何谈真正意义上的新闻媒体。但我们应该清楚，所谓网络媒体采访权的剥夺本身并不符合新闻媒体发展的规律，而在实践中也并不能真正彻底地执行。一切传统媒体都将转型为互联网新闻媒体，从长远来看，网络媒体的新闻采访权也应该逐步放开。另外，融合新闻本身就属于互联网新闻，融合新闻的研究成果当然也是立足于为互联网新闻媒体服务的。

（三）流程再造的大势

应该将新闻媒体转型或者直接定位为互联网新闻媒体，新闻媒体的顶层设计必须紧紧围绕互联网媒体定位展开,再造融合新闻流程,将新闻的生产与传播变成一个循环往复的过程,最大程度上释放新闻生产与传播的力量。如果不依据融合新闻流程生产和传播新闻,融合新闻就不会真正实现。

同时,在互联网环境下运营新闻业务,传统媒体在发挥原有优势特长时,新闻流程的改造也将被互联网发展的大势所推动。任何组织和个人都无法与社会发展的趋势抗衡,互联网就是当前社会发展的一个大的趋势,并且势不可挡。

传统媒体时代的单向流程模式将日渐衰落甚至逐渐消亡,融合新闻的循环流程模式将会强势占据新闻生产与传播的主导地位。

二、传播主体的融合

融合新闻流程中,传统媒体新闻工作者全员转型是基础。传播主体被界定为记者与用户组成的共同主体,融合新闻流程就起始于此。这里的记者采取广义记者概念,是指包括从事新闻采访工作的狭义记者、摄影师或摄像师、新闻编辑、主持人等在内的所有职业新闻工作者。共同主体意味着传播主体的融合,用户与记者融合成为融合新闻生产的主体力量,用户的主体地位得到了实质性提升。

(一)全员转型

如前所述,传统媒体将彻底融入互联网的海洋之中,所有的传统媒体都将注入互联网基因,转型为互联网媒体。媒体转型大势必然要求人员转型与其相适应,传统媒体新闻工作者应该全员转型为互联网媒体新闻工作者。

全员转型解决的是人力资源基础问题,只有解决了这个基础问题,融合新闻流程再造才有可能成功。全员转型是融合新闻流程再造的关键,做不到全员转型,融合新闻流程的再造就是个半拉子工程,很难取得彻底的成功。

澎湃新闻是上海报业集团于 2014 年 7 月 22 日正式推出的融合媒体项目,它脱胎于东方早报,实行的就是全员转型,将东方早报原有的 300 名记者、编辑全部转型为新媒体工作者,同时为东方早报和澎湃新闻提供服务。[1]澎湃新闻的上述

---

[1] 陈昌凤. 媒体融合中的全员转型与生产流程再造:从澎湃新闻的实践看传统媒体的创新[J]. 新闻与写作,2015(9):48-50.

做法顺应了互联网发展的大势，符合融合新闻流程再造的规律要求，为澎湃新闻的后期运作奠定了成功的基础。

（二）平等主体

融合新闻生产的主体是多元的，而传统媒体新闻生产的主体却是单一的。传统媒体新闻生产的主体是职业新闻工作者，受众并没有被看成平等的传播主体，仍然处于新闻传播过程中被动接受的地位。融合新闻生产的主体是职业新闻工作者与用户组成的共同主体，用户的概念代替了受众的概念，用户成为新闻产销者，既是新闻生产者，又是新闻消费者，具有与职业新闻工作者平等的主体地位。这一变化非常关键，由此用户成为新闻传播过程中的主动介入者，创造着新闻叙事崭新的意义。"读者对阅读过程的主动介入，不是一个叙事意义的消解，而是其意义的创造。"[1]与此类似，在融合新闻收受过程中也存在用户的主动介入问题，或者说在融媒时代用户的主动介入表现得更为强烈和突出。正因为有了用户的主动介入，新闻叙事才真正有了崭新意义的产生。由于新闻报道需要遵循客观原则，所以从理论上讲，新闻叙事意义的创造也应该由用户来完成。

（三）互动即创造

新闻传播主体的融合成为新闻融合的首要之义，用户成为融合新闻生产主体中的重要成员，用户创造内容成为融合新闻生产的一个重要机制。传播主体的融合还意味着用户的团结与协作，新闻众筹、新闻众包得以成为新闻生产的一种可能方式。用户具有无穷的智慧和才华，众筹新闻、众包新闻甚至可以超越职业新闻工作者的作品。

互动即创造，互动的过程就是用户创造内容的过程。用户主体地位的提升也使得用户互动问题成为融合新闻运作的一个关键，融合新闻对用户互动的重视也远远超越了传统媒体新闻，用户互动成为即时的、永续的、大规模的运作过程。虽然即便在传统媒体时代，报纸、广播、电视在新闻运营过程中也注重读者、听众、观众的意见反馈问题，但由于没有互联网技术平台的支撑，大多数传统媒体新闻的传播是一个单向过程，新闻到达受众即告结束。传统媒体新闻即使有一些

---

[1] 泓峻. 文艺缀思录[M]. 合肥：安徽文艺出版社，2015：15.

受众反馈,也很难达到融合新闻所要求的互动强度和水准。

(四)新角色配置

传播主体的融合过程中诞生了一些新的职业角色,融合新闻编辑部职业角色也需要重新配置。新的职业角色包括全能型记者、新闻流主编、融合新闻建构编辑、新闻产品总监、技术总监与网络工程师等。

全能型记者可看成报社记者、电台记者、电视台记者的融合体,全能型记者熟练掌握新闻采访与写作、摄影与摄像、录音及编辑等全媒体采访报道技能,是融合新闻职业角色的典型代表。

新闻流主编负责分配多媒体新闻报道任务,调动新闻工作人员投入新闻报道与编辑的具体业务当中,安排融合新闻的具体生产以及图文新闻、音频新闻、视频新闻等细分新闻的生产与传播。

融合新闻建构编辑负责挑选多媒体新闻素材,综合运用多媒体手段,实施专题的融合或报道的融合,将融合新闻呈现出来。

新闻产品总监负责整个融合新闻产品及细分新闻产品的开发与运营。

技术总监与网络工程师负责网络及媒介工程技术的保障。网络工程师是融合新闻编辑部的重要成员,融合新闻业务的开展离不开工程师的支持。与传统编辑部大都由文科背景的新闻工作人员构成不同,融合新闻编辑部对网络工程师的需求会明显增加,记者、编辑与网络工程师合作完成融合新闻作品将成为一种常态。

融合新闻编辑部需要重新配置职业角色,将传统媒体时代报社、电台、电视台的职业角色设置综合起来,消除媒体的界限区别。

在融合新闻编辑部里,除全能型记者、新闻流主编、融合新闻建构编辑、新闻产品总监、技术总监与网络工程师等外,还有撰稿人、新闻主持人/出镜记者、摄影/摄像记者、视频编辑、网络编辑、网页设计、产品经理等职业角色。这些角色应该根据媒体的具体情况而设置,如果媒体规模比较小,也可由一人身兼数职。但不管怎么说,媒体的发展最终依靠的是人才,延揽具有高超专业技能的新闻人才仍然是管理者必须重视的头等大事。

三、融合新闻的采集

传统媒体采集的素材通常都是比较单一的，主要用于满足特定媒体的需要，并不考虑其他类别媒体的需求。传统媒体不存在刻意采集多媒体素材问题，报纸记者采集图文素材，广播记者采集音频素材，电视记者更多还是采集视频素材。

（一）多媒介素材采集

融合新闻生产在采集阶段就要考虑文字、图片、音频、视频等多媒体素材的搜寻问题，它对多媒体素材采集的要求非常高。如果前期没有采集到充足的多媒体素材，后期的融合呈现也就无从谈起。

融合新闻采集强调记者对机器设备的灵活运用，"工欲善其事，必先利其器"，现在的问题是，光有先进的机器设备仍然不够，新闻工作者还要善于使用这些设备。

能够灵活地运用不同的采录设备，才有可能采集到多媒介新闻素材。如果连录音、摄影与摄像等机器设备都操作不好，采集不到足够多、足够好的多媒介新闻素材，后续的融合新闻报道也就无从谈起了。

（二）采访仍是基本功

作为职业工作的融合新闻采集主要包括两种方式：一是记者采访；二是对用户创造内容的筛选。

记者采访牵涉与人的直接交往，采访的基本理念、方法与技术在很大程度上可以继承传统。不管媒介融合的进程如何推进，采访仍然是新闻工作者的基本功，采访的重要性不会因为媒介融合的发展而有任何的降低。

融合新闻重视用户创造内容，但用户创造内容并不是要削弱记者的采访工作，而是要促进记者采访工作的发展与提高。新闻人的理想、正义感、好奇心、调查研究能力、对人性与社会的洞察力和判断力仍然是新闻工作最为宝贵的财富，职业新闻工作对推动社会的健康发展仍然具有不可替代的作用。

目前新闻业的发展虽然面临挑战,但新闻人不应该唱衰新闻业,而应该重拾信心,看到新媒体技术为新闻业发展带来的机遇,苦练基本功,走向下一个成功。新闻采访是记者的基本功,是融合新闻采集的重要途径和方式。记者应该搜集优良的故事素材,为融合新闻的讲述提供新鲜生动的原材料。

(三)互联网信息的采集

对用户创造内容的筛选主要表现为互联网信息的采集,它与传统媒体新闻采访相比具有新颖特征,需要在实践中不断探索。

用户与职业新闻工作者具有平等的地位,具有不可限量的创造力。另外,有的时候用户与职业新闻工作者的身份也是可以互相转化的。例如,有的记者辞去了媒体新闻工作,改行从事其他工作或赋闲在家成了所谓的用户。这样的用户具备专业新闻工作技能,其创造的内容或产品可以达到很高的水平,甚至可以创造出完美的融合新闻产品。

融合新闻采集环节应该高度重视对用户创造内容的筛选工作,可以通过对网络关键词指标数据、社交媒体内容的监看等方式来寻找和筛选高质量的作品。

互联网信息还可以表现为用户网络行为的数据轨迹,这种数据不是抽样获得的数据,而是全体网民基于网络生活的数据生成,完全代表了网民的网络行为。数据也是新闻,数据是精确新闻的原料,对这种数据的采集和挖掘也应该成为新闻工作的重要内容。

四、合与分的统一体

融合新闻流程是合与分的统一体,合与分的统一集中表现在融合新闻和细分新闻的加工与传播上。

融合新闻既有合的一面,又有分的一面,合是根本,分是策略。既要合,又要分,那就只能是融合了。融合新闻生产在深加工阶段要对多媒体素材进行重新组合,生产制作成融合新闻作品。另外,我们不能因为研究融合新闻就忽略了细分新闻的价值。图文新闻、音频新闻、视频新闻等细分新闻是新闻传播不可或缺的组成部分，它们与狭义的融合新闻一起构成了新媒体时代新闻生产与传播的图景。

（一）细分产品的整合

细分产品的整合非常关键。蜻蜓 FM 专门提供音频产品服务，整合了全国各地广播电台直播节目及其他音频点播节目；魔力视频致力于视频产品服务，整合了全国各地电视台直播节目及其他视频点播节目。蜻蜓 FM 和魔力视频将细分产品再度整合，虽然表面上看它们仅仅提供品种较为单一的音频或视频服务，但这种整合之后的细分产品服务却具有非常明显的价值，便于选择收听或收看，提高了对特定细分产品收受的效率，满足了不同媒介情感偏好的用户需求，具有不可替代性。

每一种媒介元素都有自己独特的情感价值，用户对其会有不同的情感偏好，这也致使文字、图片、音频、视频等细分新闻产品仍然会有各自庞大的用户群体。

不能因为个人偏好而无视融合新闻的重要性，也不能因为强调融合新闻的重要性而恶意贬损细分新闻的价值。互联网逻辑下，合中有分，分中有合，这才是完整的融合概念。

（二）细分新闻的互联网烙印

细分新闻所使用的媒介元素似乎与传统媒体非常相似，但究其实质，细分新闻并不等同于传统媒体新闻。图文新闻不与报纸新闻画等号，音频新闻不与传统电台新闻画等号，视频新闻也并不与传统电视新闻画等号。细分新闻是互联网平台上的细分新闻，即便通过传统媒体渠道传播，也已经打上了互联网的烙印。

是否打上互联网的烙印，其传播效果会大不相同。同样一本纸质图书，依托互联网销售可将其打造成互联网图书品牌，给纸质图书插上会飞的翅膀，其营销传播效果也会远远超越传统营销传播模式。新闻产品也是如此，细分新闻属于互联网新闻产品，打上互联网的烙印就等于插上了会飞的翅膀。

（三）合与分共生共荣

融合新闻生产流程中包含了细分新闻的生产，细分新闻的主要生产技术可以继承传统新闻报道技术的精华，但也有个性化问题值得探讨。我们在整体上把握融合新闻流程时不可忽视细分新闻在融合新闻生产和传播中的作用，在具体业务层面则需要加强对文字、图片、音频、视频等的研究。

融合新闻流程再造中既要注意合的一面——新闻信息以专题融合或报道融合的样式呈现在世人面前，还要注意分的一面——新闻信息以适应不同媒体介质的样式出现在多种多样的传播渠道中，实施全面覆盖，力争将新闻生产与传播的效益最大化。

合与分，看似是一对矛盾，但它们实际上是同一个事物的两个方面，相反相成。没有分也就无所谓合，没有合也就无所谓分。融合新闻与细分新闻不是取代的关系，而是共生共融的关系。合与分统一在融合新闻流程之中，共同致力于为用户提供优质高效的新闻服务。

（四）融合与细分的补益

融合新闻流程中的一个重要环节是将多媒体素材或新闻初级产品深加工为融合新闻和细分新闻，这个环节联结着新闻生产流程与新闻传播流程，十分关键。融合新闻与细分新闻之间存在补益关系，融合新闻可以从细分新闻中获取有益的信息，反之亦然。

融合新闻生产必须顾及多种媒介渠道传播的要求，创造出适应不同媒介渠道的新闻产品。融合新闻对获取的新闻素材进行多次加工，生产出多种版本的新闻产品，充分利用了新闻素材，扩大了新闻覆盖面，提升了新闻传播效率。融合新闻流程追求的是新闻产品的多次传播或销售，而不是传统媒体新闻产品的一次传播或销售。

第四章

职业主体配备

融合新闻报道中职业主体可分为背包记者和超级团队。背包记者在记者主导型融合新闻报道中发挥主导作用，派驻国外的记者、战地记者和小型媒体的记者可多设置背包记者岗位。超级团队人员构成数量是融合新闻操作过程中应该考虑的问题，对团队成员的主要要求是技术互补，成员还须具备良好的团队合作意识和公平偏好。

一、全能的背包记者

（一）背包记者的含义

背包记者又被称为超级记者、全能型记者，记者个人全面掌握文字、图片、音频、视频采集与呈现技能，在采访报道过程中，一个独立的记者个体能够身兼文字记者、摄影记者、摄像记者、广播记者等数种角色，熟悉多种媒介采编设备与编辑软件，后期胜任文字编辑、图表编辑、音视频编辑工作，能够快速加工相关材料，及时发回融合新闻报道及相关素材。

背包记者在装备上有一个形象的做法,即将与互联网方便连接的笔记本电脑、数码相机、数码摄像机、录音笔等新闻采录设备集中装在一个背包里,记者可以迅速带上这样的背包奔赴新闻现场采集多媒体信息。烟台日报传媒集团就为全媒体中心记者配备了这样的装备,"每人一台笔记本电脑,移动、联通两种无线上网卡,一台照相机,一台摄像机,一部智能手机,可以同时满足手机报、水母网、电子纸移动报、纸媒文字图片需求以及网站、户外视屏的视频需求。"[①]

背包记者的工作任务主要是采集与发布包括融合新闻在内的多媒体新闻。融合新闻与多媒体新闻是两个相互关联但是又有区别的概念——融合新闻是个高级概念,多媒体新闻是个初级概念;融合新闻是升级版的多媒体新闻,多媒体新闻未必就是融合新闻。多媒体新闻强调的是利用多种媒介元素呈现新闻信息,但不强调媒介元素的融合,也不特别强调与用户的互动。融合新闻则注重不同媒介元素的相互联系,强调整体的融合性,强调与用户的互动。背包记者的诞生是多媒体新闻报道的需要,同时也是融合新闻报道的需要。

2015年8月5日,天津泰达国际心血管病医院为辽宁省罕见P型血先天性心脏病(简称先心病)患儿于文昊做手术,天津今晚报社何欣以"今晚全媒体专职记者"身份做了采访报道。下面让我们通过何欣的讲述来感受一下背包记者紧张的工作节奏,并看一下这位背包记者是如何运用多媒体报道技能的:

11:00,我开车赶到天津南站等候从南京运送P型血的高铁列车进站,当时月台上已经云集了来自天津、辽宁、江苏等地的各媒体记者几十人。

12:06,列车准时抵达天津南站,5分钟后,我"抢"到了第一手的视频、图片资料,找到月台上一个相对安静的角落开始"现场办公":视频剪辑加字幕、修图,根据视频内容和采访笔记整理出500字的消息,快速传回今晚网。一条题为《300毫升罕见P型血顺利抵津》的视频新闻即刻发布。

顾不上吃午饭,我马不停蹄地开车60多千米从天津南站赶到了位于滨海新区的泰达国际心血管病医院。

13:00,于文昊已经进入手术室等待手术,我马上联系院方负责宣传的院长及相关工作人员。经过近半个小时紧张的"协调",我穿戴好手术室"专用服装",

---

① 郑强. 从传统报业到全媒体的探索之路[J]. 中国传媒科技, 2008 (10): 37-39.

包括携带的摄录设备在内先后进行了两次严格的消毒,终于被"特批"允许进入手术室拍摄,但时间只有3分钟。

利用这宝贵的3分钟,我先拍视频再拍图片,趁着主刀医生休息的片刻"聊"了一会儿,然后就被"请"出了手术室。

接下来,在采访患儿父母、院方负责人等常规内容后开始编辑视频、整理图片、写消息。医院里有Wi-Fi,我将全部内容打包传回今晚网待命。

15:10,在泰达国际心血管病医院宣布手术成功的同时,专题新闻《罕见P型血先心病患儿于文昊手术成功》在今晚网及今晚报微博、微信同步发布。

第二天上午,今晚报相关后续报道版面上配发了该专题新闻的视频二维码。[①]

(二)工作价值的突出表现

背包记者在记者主导型融合新闻报道中占据核心位置,发挥主导作用,其工作价值突出地表现在以下几个方面。

(1)减少沟通协调成本,提高传播效率。

(2)更为迅速地提供多媒体素材报道。

(3)减少人力资源成本,提高运营效益。

媒介综合集团女记者Jackie Barron的一段工作经历可以很好地说明,超级记者具有令人惊叹的工作效率和工作价值。Jackie Barron曾经用四个星期的时间报道了一个重要案件,其工作日程相当紧密,具体如下。

(1)6:00为网站撰写一篇介绍案件情况的稿件。

(2)之后去法院采访案件最新情况,10:00打电话将最新报道发给电视台。

(3)14:30—15:00,就案件进展情况编制晚间电视节目并传给电视台。

(4)之后赴法院继续采集案件进展信息,一般要工作到19:00。

(5)末了,为次日出版的报纸撰写新闻报道。[②]

从Jackie Barron的工作日程来看,她是一个工作成效显著的全能型记者,是一个超级记者。在一天时间里,Jackie Barron同时为网站、电视台和报纸工作,

---

[①] 整理自:何欣. 记者转型,"改造更靠谱"[J]. 青年记者,2015(31):32-33.

[②] 蔡雯. 从"超级记者"到"超级团队":西方媒体"融合新闻"的实践和理论[J]. 中国记者,2007(1):80-82.
另见:蔡雯. 媒体融合与融合新闻[M]. 北京:人民出版社,2012:114.

并发表了 4 篇（条）报道，其中网站 1 篇、电视台 2 条、报纸 1 篇。Jackie Barron 的工作内容涵盖了新闻信息采集、电视节目编制与报道、电视节目口述报道、文字稿件撰写。Jackie Barron 一人身兼数职，投入人力成本低，但产出却很高。

按照一天发表 4 篇报道来算，Jackie Barron 这样的超级记者一个月里能够发表 120 篇报道。我任燕赵都市报记者时，每个月的任务量是发表 12 篇达到要求的稿件，一些机关报记者的发稿量通常会更少。在这个案例的数据计算中，超级记者发稿量是传统媒体记者的 10 倍，从中不难看出其工作效率之高。

显而易见，背包记者提高了工作效率，节省了新闻工作需要支付的费用。2001 年 5 月，微软全国广播公司派普雷斯顿·门登霍尔到阿富汗报道原教旨主义者，普雷斯顿·门登霍尔携带磁带录音机、数码相机、胶片相机、笔记本电脑和移动卫星电话做了一系列全媒体报道。门登霍尔一个人用了两周的时间去做报道，花费约为 7100 美元，"如果派一组专业记者携带设备去报道同样的内容，花费可能要在十倍以上"[①]。

（三）任务情况与报道类别

新媒体时代赴国外采访、战地采访的任务可以更多地交由背包记者承担。媒体通常不愿意同时派出文字记者、摄影摄像记者、广播记者驻外采访或战地采访，在类似情况下，背包记者可以大大节省采访的人力资源成本，发挥更大的作用，提高多媒体新闻信息的采集成效。

背包记者在小型媒体里也将有一番大的作为。小型媒体记者资源有限，一个人同时肩负几项工作任务的情况比较常见，背包记者在这样的媒体里可以大展身手，更有一番作为，也更会受到媒体组织管理者的欢迎。另外，小型媒体的记者学习和实践多种媒体技能的机会也更多。在大型媒体里，一个职业记者往往容易固守一个职位角色，每个职位也都有相关工作人员占据和把握，通常并不欢迎其他人干预。相比较而言，小型媒体的开放性和包容性更强，记者可以更加自由地尝试和发展多种媒体的采制技能。

背包记者采制的融合新闻报道多见于突发新闻、特稿、调查性报道等新闻报

---

① PASCUAL M. The path towards convergence becoming more clear, in newspaper techniques[M]//奎恩. 融合新闻报道. 张龙，侯娟，曾嵘，译. 北京：北京大学出版社，2015：117.

道类别或形式。

突发新闻是典型的硬新闻，对报道的时间要求极高，需要记者对突发事件做出快速反应。突发新闻发生后，媒体若一时无法派出更多记者前往新闻现场采访，可充分利用背包记者轻便灵活、高效快捷的优势完成融合新闻采集与报道任务。对于突发新闻的采访与报道，背包记者可以迅速赶往新闻现场，以一当十，采集多媒体新闻素材，快速及时地发回融合新闻报道和相关素材。

特稿是故事化新闻报道，它运用讲故事的方法与技巧来报道新闻，注重故事情节的展现，强调生动、细致的叙事，追求文学品质和可欣赏性。调查性报道是一种通过深入调查以揭露事实真相的新闻报道，调查性报道的内容通常是被调查者竭力掩盖、不愿为世人知晓的负面信息，相关信息的调查比较艰难，并有一定的危险性。

背包记者在特稿、调查性报道等融合新闻采制中也能大有作为，背包记者熟悉多媒体新闻采集与呈现技术，熟悉报道内容，"一般此类报道记者在报道之初就拟订制作融合新闻的计划，在报道过程中收集各种便于呈现的信息"[1]。在特稿、调查性报道信息采集结束后，背包记者可以按照制作融合新闻的原定计划做融合报道，以适宜的媒介元素呈现新闻信息，增强新闻传播效果。

2012年2月，美国特纳尔溪地区发生雪崩，几名滑雪爱好者遇难。纽约时报记者约翰·布兰奇前往特纳尔溪地区调查，采集素材，发回信息与报道。纽约时报通过后期多个部门的融合努力，最终于12月20日成功推出了融合新闻力作《雪崩》。2013年4月，《雪崩》还荣获了普利策特稿奖。《雪崩》是一部体验式特稿作品，发布几天之内就吸引了290万人次访问。[2]在《雪崩》新闻信息采集与前期报道中，约翰·布兰奇扮演了背包记者角色，他独自完成了前期融合新闻素材的采集工作，其勇敢精神与不俗的职业能力令人赞叹。如果没有这位超级记者的前期努力，如果约翰·布兰奇没有赶赴新闻现场调查并采集到足够的信息，发回量质俱佳的多媒体素材与报道，纽约时报各个部门后期再怎么努力也是无法推出影响力那么大的融合新闻作品的。

---

[1] 方洁. 美国融合新闻的内容与形态特征研究[J]. 国际新闻界，2011（5）：28-34.
[2] 庄捷，邓炘炘. 体验式特稿传播 Snow Fall[J]. 新闻战线，2013（8）：112-114.

二、背包记者的局限

背包记者集文字采写、图片采制、音视频采编等多种技能于一身,是融合新闻报道的重要职业主体,也是融媒时代传统媒体记者转型发展不可回避的技能模范和学习参照对象。我们应该重视背包记者在融合新闻采制过程中的作用与价值,背包记者是融合新闻工作者培养的一个必要方向,但这并不意味着融合新闻报道的职业主体模式就只能固守于此。

除背包记者单独作战外,融合新闻的采制还有团队组合方式。从业界融合新闻实践来看,团队作战的重要性也显得越发重要。2013年8月,《杭州日报》成立了全媒体新闻中心。该中心建立了一支全媒体采编队伍,发布体系整合了报纸、网络与手机客户端三种媒体渠道。"在全媒体中心,团队作战上升到前所未有的重要程度"[①],全媒体报道工作模式受到足够重视。

即便我们崇尚背包记者工作的高效能,我们也要明白融合新闻报道不可能完全依赖背包记者。一方面,有的新闻采集与编制还离不开团队的力量,还有很多融合新闻的采制需要超级团队的共同努力;另一方面,并非所有记者都能转型成为背包记者,即使做出了很多努力,一些人还是更擅长某种媒介元素的运用,而对其他媒介元素的运用则要逊色得多。

密苏里大学新闻学院教授Daryl Moen说:"我个人并不认为会有很多人能成为'背包记者',但是这种人才在某些地方会有用武之地。"[②]具有15年新闻工作经验的澳大利亚新闻学者奎恩(Stephen Quinn)和美国新闻学者费拉克(Vincent F. Filak)也认为,"所有记者变成一个人的观念是荒谬的,因为一个人跨平台制作顶级水平节目是不可能的"。中国人民大学新闻学院教授彭兰也认为,背包记者只是媒介融合时代的一种记者模式,这种模式既不是唯一的,也不是最理想的。[③]融合

[①] 王翔,等. 都市新闻眼《杭州日报》全媒体报道展示[J]. 中国记者,2014(8):31-33.
[②] 蔡雯. 培养具有媒体融合技能的新闻人才:与美国密苏里新闻学院教授的对话[J]. 新闻战线,2005(8):84-86.
另见:蔡雯. 媒体融合与融合新闻[M]. 北京:人民出版社,2012:116.
[③] 彭兰. 如何从全媒体化走向媒介融合:对全媒体化业务四个关键问题的思考[J]. 新闻与写作,2009(7):18-21.

新闻采集必须重视将在不同领域各有所长的记者组合起来，周密部署，通力协作，取长补短，发挥团队作战的优势，取得融合采制的更大成功。

三、超级团队的规模

（一）小团队与大团队

团队规模有大小之分，超级团队人员构成数量问题也是融合新闻操作过程中应该考虑的问题。小的团队不超过 5 人，大的团队在 5 人以上，甚至会有数十人。

最小的团队是二人团队，这种团队小巧紧凑，便于协作，可以快速完成对音视频、文字信息的采集和后期报道的制作传播工作。二人团队的这两位成员必须具备完全的互补性，分别主导不同媒介元素素材的采制，"其中一个人作为出镜记者，对现场进行接入报道，并负责后期的视频制作；另一个人主要负责摄像与文字稿写作，在摄像的同时可以兼顾观察现场的细节"。[①] 小团队节约成本，分工明确，灵活高效，比较适宜于日常报道和普通事件报道。

汤姆森基金数字新闻和社会化媒体特别顾问 Dan Manson 认为，"一个核心团队结构应以 4～5 个人为基础"[②]，这样的小团队很容易实现紧密协作，若需要大规模的团队来报道大的新闻，则可以将多个这样的小团队组合成大团队。

大团队人员构成在 5 人以上，被称为"交响乐团队模式"的豪华超级团队成员则多达 7 人甚至更多[③]。《纽约时报》为了完成融合新闻项目《雪崩》，前期采集的任务主要由一个超级记者完成，后期制作则依赖多个部门的 16 名新闻工作者团队合作。大团队成员数量多，阵容豪华，成员之间的协作相对复杂，需要注意配合的默契性及领导指挥的权威性、有效性，更要注意做好融合新闻采制前期的筹

---

① 人民日报社新闻协调部、《新兴媒体》版主编王舒怀的构想，参见：麦尚文. 全媒体融合模式研究：中国报业转型的理论逻辑与现实选择[M]. 北京：中国人民大学出版社，2012：236.
② 钱进，尹谜眉. 社会化媒介时代的新闻编辑部转型：对话英国汤姆森基金数字新闻和社会化媒体特别顾问 Dan Manson[J]. 新闻记者，2014（5）：10-17.
③ 麦尚文. 全媒体融合模式研究：中国报业转型的理论逻辑与现实选择[M]. 北京：中国人民大学出版社，2012：236.

划工作。

（二）成员数量的控制

团队成员数量影响着团队合作效果，管理学研究表明，规模适中的团队合作程度更高[①]。融合新闻超级团队人员数量上的控制非常必要，应该根据新闻选题的具体情况配备适当数量的新闻工作者组建团队。

大多数的融合新闻报道以小团队作战为主，人员数量可以控制在 2 人或 3 人；非常规报道、特别重大的事件报道可考虑大团队作战，人员数量适当增加。

大团队作战尤其需要对人员数量的掌控，既不要由于过度节约成本，导致了人员数量的不足，影响了正常的新闻采制工作；也不要由于人员配备过多，造成了资源浪费，削弱了团队合作的效果。

借鉴互联网公司的经验，新闻组织适宜"扁平化"，新闻团队建设适宜"小而美"。从这个角度讲，融合新闻的运作应该注重组建更多的小团队，采取产品小组或项目制模式运作，把小团队的创造潜能充分挖掘出来。

（三）小团队运作案例

采用小团队运作的新媒体项目比较多见，微信公众号"唐山大事我先知"（微信号：tsbignews）就是一个小团队运作新媒体项目的成功案例。该公众号项目运作团队由 4 名成员构成，团队成员均是唐山广播电视台的职业新闻工作者，他们自 2015 年 3 月 15 日开始利用业余时间来正式运营这个公众号，每天通常推出 4～5 条资讯，粉丝增长速度很快，半年之内就成了当地大号。

与该公众号合作的客户很多，除当地商家外，还有秦皇岛、杭州、广州等外地商家投放广告。当地一位从事房地产全案推广的传媒公司业务负责人说，很多商家在投放广告时已经不再选用报纸、电视等传统媒体了，甚至也不在房地产网站上投放广告了，而是首选"唐山大事我先知"公众号，足见这个公众号在当地的影响力。

从内容原创的角度看，现在新媒体的原创能力已经远远超出了人们的想象。过去媒介系统的内容生产与传播大体上是传统媒体原创，互联网复制粘贴传统媒

---

① 魏光兴，余乐安，汪寿阳，等. 基于协同效应的团队合作激励因素研究[J]. 系统工程理论与实践，2007（1）：1-9.

体的内容。现在却已经开始了反转,新媒体增大了原创投入,加之其快速发布的优势,一些传统媒体甚至反过头来要参考和复制新媒体的内容了。

"唐山大事我先知"公众号创始人舒红对我说,她的团队崇尚提供真实、客观、有用的本地原创新闻,经营上强调"只为对脾气的人做品牌推广",不会为了拉粉丝而搞活动,注重保持自己的定位和风格。舒红强调,她的团队非常注重内容的原创,即便别的媒体有现成的稿件,他们通常也不愿意图省事拿来就用。这个团队的版权维护意识非常强,他们甚至会有意规避现成的报道,而调动团队成员的力量重新采集信息、寻找新的角度,制作原创资讯产品。

该团队成员都是职业新闻工作者,分别从事线索提供与管理、采访写作、新闻编辑和新媒体技术等工作,分工明确,互相支撑,合作紧密。该团队充分发挥了小团队便于沟通协调、运作灵活高效的优势,取得了不错的成绩。

新榜监测数据显示,"唐山大事我先知"公众号排名居于第200名至第500名之间(9月23日至9月29日),最高日排名为第93名(9月5日),文章阅读量平均为10 440,头条阅读数平均为18 470。[①]以9月30日推出的5条内容为例,次日中午阅读数分别为23 174、14 908、6967、12 320和2847(该条内容为活动推广/广告),这些数据比较好地代表了该公众号的传播效果情况。另外,值得一提的是,7月1日该公众号推出的5篇稿件中有两篇阅读数均达到了100 000+,点赞数分别为3234和532。对于一个仅仅由4名成员构成的小团队而言,在半年的业余时间里就能取得这样的成绩,真是值得称赞。

"唐山大事我先知"公众号项目是小团队运作的成功案例,它同时还说明了新闻专业技能或职业新闻工作经验的重要性。与成员不具备新闻专业素养或职业新闻经验的团队相比,舒红的团队成员均是职业新闻工作者,他们在新闻传播原则的遵循、新闻选题及新闻操作方面凸显了专业优势,从一开始就注入了内容竞争的成功基因。

应当说,一方面传统媒体受到新媒体挑战,另一方面传统媒体的新闻操作经验和技能却又可以很容易迁移到新媒体项目的运作中,继续贡献专业力量。"虽然传统媒体记者对新闻的理解和思维方式上有些传统甚至保守,但传统媒体记者拥

[①] http://www.newrank.cn/public/info/detail.html?account=tsbignews,2015-10-01.

有从业经验、对新闻的把握能力以及敬业精神。所以，只要稍加'改造'，再培养、勤'充电'，在全媒体时代，传统媒体记者更加靠谱。"[1]新闻学专业技能、职业新闻工作经验依然是新媒体团队运作中最为宝贵的精神财富，具有强大的能量，我们应该重拾专业信心，组建专业化团队，为用户提供高质量的服务。

四、团队成员的选择

从新闻专业技术角度讲，对团队成员的主要要求是技术互补。

也就是说，必须确保团队成员足以胜任不同媒介介质的采集与呈现任务，不同的成员均有在某个方面的出色表现，有自己的专业特长，从总体上确保文字采写、摄影摄像、图文编辑、音视频编辑、融合呈现均有擅长的成员主导。媒介专业技术上的成员差异程度要足够大，方能显示团队合作取长补短的效用，凸显团队作战的优势，释放更大的能量。

除专业技术的差异要求外，还应注意对团队成员个性因素的考察。专业技术过硬，而合作意识淡薄，这样的新闻工作者加入融合新闻团队，容易给团队合作带来障碍，反而不如让其单兵作战效果更好。

超级团队的成员必须具备良好的团队合作意识，新闻记者的个性因素差异较大，未必每个人都适合加入超级团队。以员工风险厌恶程度作为指标，测量新闻工作者的团队合作意识是一种值得尝试的做法。

管理学者的研究表明，员工风险厌恶程度越高，团队合作程度也会越高。[2]可以通过性格测试来了解和确认新闻工作者的风险厌恶程度，吸收风险厌恶程度较高的新闻工作者加入超级团队，协同完成融合新闻的采集与呈现工作，鼓励风险厌恶程度低的记者成为背包记者或从事其他合作要求低的工作。

还应注意对新闻工作者公平偏好的考察，选择公平偏好强的记者，让他们成

---

[1] 何欣. 记者转型. "改造更靠谱"[J]. 青年记者，2015（31）：32-33.
[2] 魏光兴，余乐安，汪寿阳，等. 基于协同效应的团队合作激励因素研究[J]. 系统工程理论与实践，2007（1）：1-9.

为融合新闻团队成员。从职业角度讲，公平、公正本身就是新闻传播的原则要求，理应成为每个新闻工作者安身立命的职业素养。但现实情况未必完全吻合理论要求，记者自身对公平的偏好情况也存在个体差异，这一点在组建融合团队时应当引起注意。"应采用性格测评等方法，并辅以多层次、多方向的面试环节，以最大程度地选择公平偏好较强的员工，因为这样的员工会形成更大的同事压力，更可能选择合作性的行为方式。"①

---

① 魏光兴，张茜. 内在心理偏好、外在文化规范与团队合作[J]. 企业经济，2013（7）：40-43.

第五章
重识新闻价值

在对新闻事实进行专业判断的过程中,记者主要依据新闻价值标准加以权衡。关于新闻价值的界定学界有不同的看法,我认为可以对新闻价值做以下理解:价值的本来含义是作用或用处,它是指客体对主体的作用与影响。新闻价值则是指新闻客体对新闻主体的作用,也即事实——事实信息的属性在新闻传播学意义上对收受主体(读者、观众、听众、用户)的作用。更具体地讲,新闻价值是指事实信息满足读者新闻欲求的情况。事实信息能够满足读者的新闻欲求,它就具有新闻价值,值得报道;事实信息不能够满足读者的新闻欲求,则不具有新闻价值,不值得报道。

事实能否满足读者的新闻欲求从而成为新闻事实,关键要看事实是否具有以下论述的新闻价值属性:时新性、接近性、显著性、重要性、趣味性。事实所具备的新闻价值属性越多越充分,就越能够满足读者的新闻欲求,其新闻价值也就越大,越能够引起人们的关注,越容易被报道。

融媒时代传统媒体受到以网络为代表的数字新兴媒体的冲击,这种冲击正使得新闻业的根基——新闻价值发生变迁,新闻价值属性的内涵或新闻价值取向发生了很大变化,需要引起严正关切。"万维网并不是在旧的生态系统里引入新的竞争者,而是创造了一个新的生态系统"[1],我们应该正确认识新闻价值在这个新的

---

[1] 舍基. 未来是湿的:无组织的组织力量[M]. 胡泳,等,译. 北京:中国人民大学出版社,2009:42.

生态系统里的内涵变化,这是做好融合新闻报道的必要前提和基础。

一、时新性极致化发展,呼唤报道新思维

时新性指的是时间上的新近性,事实发生和公开报道之间的时间差越短,新闻的时新性就越强,新闻价值就越大。"时新性"所处的层次要比其他所有的新闻价值属性都高,它是新闻得以成为新闻的前提,一个事实只有具备了时新性才有可能成为新闻。甚至我们也可以说,一个事实具备了时新性,再加上重要性、接近性、显著性、趣味性中的一个属性,这个事实就可以被称为新闻事实了,就有被报道的可能。

自有新闻以来,时新性一直是传播者追求的首要价值属性,新闻工作者竭尽全力用尽快的速度报道新闻,以实现新闻价值的最大化。

融媒时代时新性得到了极致化发展,时新性的内涵正向着实时性、即时性方向转变。杂志的新闻周期是一个星期、半个月甚至一个月,报纸的新闻周期是24小时。广播电视虽然也可实现直播,但就新闻播报的总体情况来看,直播却并非广电媒体的常规之举,更多的情况下,其新闻周期是数个小时。互联网新闻报道将新闻播报周期大大缩短,即时传播轻而易举,新闻传播得以发展成实时性传播、即时性传播。数字技术使得网络新闻、融合新闻能够实现即时传播,时新性价值得到了极致化发展。对时新性的要求,融合新闻的采制显然远远高于传统新闻的采制。

媒介融合背景下时新性在新闻搜索引擎优化方面具有重要的意义。在传统媒体环境下不用考虑新闻搜索,但在网络媒体环境下新闻搜索却是一个必须面对的问题。在网络传播环境下媒体越先发布新闻,新闻的时新性越强,就越有可能在新闻搜索方面占据有利位置。

互联网传播赋予时新性以不同的内涵和不同的操作要求,融合新闻报道的时新性要求对于背包记者的独立操作和超级团队的协作具有不同的业务启示。

背包记者的独立操作是指一个记者独立完成文字、图片、音频、视频等元素

的所有采集编制工作，这就需要背包记者练就一身硬功，熟练掌握传统媒体环境下分属于报纸、广播、电视等不同媒体记者和编辑的工作技能，将不同的媒介采制技能集成于一身，唯有如此才能保证报道的迅速高效，才能成就融合新闻的时新性价值。

而对于超级团队来讲，融合新闻的采制不是单独依赖一个记者，而是需要组建一个记者团队来实现，这就要求超级团队必须加强协作，唯有通力协作、取长补短，不内耗，不掣肘，方能提高记者团队的工作效率，也只有如此才能真正保证融合新闻报道时新性价值的实现。

另外还要注意，现在不但报纸、广播、电视等传统媒体不能自诩可以用最快的速度播报新闻，就连新闻网站在播报新闻的速度方面也已经失去了优势。就传播新闻的速度来讲，社会化媒体在提供时新性信息方面的能量不可小觑。融媒时代，在抢新闻方面一个职业记者可能比不过一个普通的网民，许许多多的新闻并不是由新闻记者最先发表的，而是由遍布在社会各个角落的网民抢先公布的，这多多少少让职业新闻记者感到有些尴尬。

新闻随时随地都在发生，具有很大的不确定性，不管是传统媒体记者，还是网络媒体记者，都很难保证第一时间出现在新闻现场。融媒时代要求新闻传播工作者具有融合思维，注重交融与合作，重视社会化媒体的作用，积极借助社会化媒体的力量来共同完成新闻报道。

借助社会化媒体的力量就是借助社会化媒体背后所有用户的力量，就是重视和依靠公民记者共同完成新闻传播工作——融媒时代用户已经成为共同的新闻传播者，而不再仅仅是被动的受众——只有如此，才能确保时新性价值的最大化，我们才能提供更有竞争力的新闻信息。

二、重要性内涵拓展，关注用户微观需求

重要性是指事实具有重大影响或意义、能够造成重大后果的特性，传统新闻学对重要性的理解更多地看重事实在最大范围内的影响力，通常将重要性的理解

上升到事实能够影响到国计民生的高度，对国计民生的影响越大，事实就越重要。说某个新闻事实重要，通常是因为事实对更多受众的切身利益造成了影响，这种影响在传统媒体时代更多来自国家政策层面的变动，这也使得重要性带有某种宏观色彩。重要的事实往往还带有抽象的意味，这样的新闻也往往不够有趣，更多地需要调动读者的理性思维才能引起关注。

互联网传播环境下，对重要性内涵的理解变得宽泛起来。

首先，过去认为不重要的现在却具有了重要性。传统媒体时代，受版面、时段的限制，新闻报道更加注重对新闻事实本身的报道，而对历史资料、背景信息、旧闻的关注要明显少得多。互联网具有海量存储空间，对新闻报道所需空间的限制几乎可以被忽略，过去认为不重要的资料、旧闻，现在却被看成重要的报道材料，给予充分的价值挖掘。

其次，互联网传播增强了个人事物的重要性。传统媒体时代很多个人事物通常并不怎么被看重，但在数字新媒体传播环境下此类个人事物却变得重要起来。微博、博客、论坛等非专业媒体组织的用户每时每刻都在生产大量的信息内容，当一些个人事物在利益冲突特征极度明显时就有可能引发网络围观，个人事物就有可能变成公共事件或群体事件。本来只是限于当事人利益冲突的个人事物就会释放更大的意义，变成了影响更大范围内公众利益之争的事实象征，其重要性就变得明显起来。

最后，重要性在新媒体传播条件下出现细分倾向。"在互联网环境下，新闻受众是个人化的或至少是分群的，因此他们对于重要性的把握是不一致的。"[①] 对重要性的把握不能泛泛而谈，融媒时代的重要性更强调对用户微观层面需求的关注。

传统新闻学对重要性的判断是基于普遍意义上的综合考量，它无法照顾到不同受众的不同情况，无法顾及每一位读者的具体感受。而事实上重要性既有公众整体层面的考量需要，又有个体层面差异的关照需要。甲认为重要的乙可能觉得并不怎么重要，对用户来讲，需要的才重要。数字媒体技术可以做到对重要性的精确判断，通过对用户媒介接触行为的考察和计算，为不同的用户推送关联度更高的重要新闻。

---

① 杜梅萍. 网络新闻对新闻价值的消解与延伸[J]. 新闻与写作，2011（5）：35-37.

另外，重要性的内涵还有复杂的一面，其地位相对独特一些。新闻价值属性虽然都有各自独立的内涵，但是这些价值属性并不是互相隔离的，而是有所关联。重要性并不像时新性、趣味性等新闻属性那样单一，它在某种意义上还可以看成对其他多种价值属性的包含。其中，重要性与接近性、显著性的联系更加密切，事实重要通常也是因为事实接近用户、具备显著性的特征。事实与更多人在利益上具有接近性，具有对特定用户的显著意义，这样的事实才变得重要起来。

三、接近性超越传统理解，全面贴近用户

事件发生的地点离受众用户越近，新闻价值越大。但是，从严格意义上讲，将接近性的内涵仅仅界定为地理区域上的接近却存在明显的不足，心理上的接近、利益上的接近、经历上的接近、年龄上的接近、兴趣爱好上的接近等都是接近性的应有之义。

换言之，地理区域上不接近未必能够代表在其他方面不具有接近性，而对于具体的新闻收受者来讲，其他方面的接近性可能比单纯的地域接近更有价值和意义。但是，由于技术原因，即便认识到接近性的丰富内涵，传统媒体也不好实现对接近性丰富内涵的追求，只能转而求其次，具体到操作环节则主要是关注本地新闻。

新闻本地化或采用本地视角报道新闻，可以在很大程度上拉近新闻与用户的距离，是新闻报道的有效方法。总体上看，单一的传统媒体大都将接近性界定为地理区域上的接近性。对于中国媒体来讲，这种接近性在地域范围上往往具有一定之规，它通常就是新闻媒体事先设定的传播范围或运营范围内的接近性，媒体追求接近性更多地是通过关注这一地域范围内的新闻事实来实现的，它很难根据收受者具体情况的不同而灵活地进行地域范围的变换，否则就容易打破新闻报道的既有秩序，造成业务操作的混乱。

总体上看，传统媒体的接近性大多是泛泛的接近性，它是就新闻收受群体大体情况而言的，不能更加具体地照顾到新闻收受者的个性化信息需求。融合新闻

对接近性的追求却与此不同，它可以最大限度上满足新闻收受者的个性化信息需求，它突破了机械的地域接近性束缚，得以全方位接近用户，近距离触碰用户的内心世界。我们可以这样理解融合时代的接近性。

（一）远距离未必不接近

对远离家乡的人来讲，遥远的地方发生的事情也具有接近性，网络媒体可以很好地满足远距离用户的接近性需求。从这个意义上讲，接近性的内涵发生了改变，仅从地理区域上看，也不能固守距离的远近，所谓"远距离未必不接近"。

互联网传播环境下真正实现了"天涯若比邻"，当然也有可能是"比邻若天涯"，接近性远远超越了地理距离远近的限定。传统媒体无法顾及这种接近性的实现，融合媒体则必须注重这种接近性。融媒时代没有固定的、局限的传播范围，传播者应该具备全球传播思维，新闻用户已经不再局限于传媒所在地区了。

（二）地域接近性更加精准

融合媒体突破了机械的地理区域限制，接近性在地域上也成了一个可以变化的概念。不过，融合媒体并不是要彻底颠覆地域接近性，而是能够提供更为精准的地域接近性。

LBS（Location Based Service）即基于位置的服务，它是通过电信移动运营商的无线电通信网络或外部定位方式获取移动终端用户的位置信息，在地理信息系统平台的支持下，为用户提供相应服务的一种增值业务。LBS 技术为融合新闻实现精准的地域接近性提供了技术支撑，这项技术可以锁定用户的位置，提供特定地域范围内的信息服务，"LBS 是新媒体环境下融合报道地域接近性的内在驱动力，其存在机制使得新闻报道的地域接近性有了新的运作模式"。[①]

（三）接近性对于新闻搜索的意义

对于融合新闻来讲，地域上的接近性仍然具有价值，但是实现这种价值的形式却发生了一些变化。新闻发生后，很短的时间内各个地方的新闻网站就会报道或者转载，即便这些网站都被搜索引擎纳入了新闻源，但在搜索排名上还是当地的新闻网站占据优势，这是搜索引擎对地域接近性判断的体现。

[①] 雷蔚真. 跨媒体新闻传播理论与实务[M]. 北京：中国人民大学出版社，2012：173.

从融合新闻的表达角度看，注明时间、地点的消息头将有助于搜索引擎判断新闻的时新性和地域接近性，这对于提高新闻的搜索排名、增加点击量是有积极作用的，这是在互联网环境下重新理解和利用"接近性"的一个方面。

（四）触碰用户内心世界，实现无缝对接

用户更加关注发生在自己身边的事情，关注牵涉个人生存状况的变化。融合新闻的一个操作理念是注重用户对内容的创造，用户发布的很多新闻都是源于自己的现实生活，是用户对自身事物变动信息的传播。社会化媒体关注人际关系，提供更具亲近感的私人化内容，这样的接近性完全超越了传统新闻学的想象。

数字新媒体具有便捷的互动功能，跟帖、留言、一键转发新闻，用户得以便捷地发表自己的意见，抒发自己的感情，这种互动拉近了新闻与用户之间的情感距离，增强了新闻接近性。网络技术还可以针对用户的具体情况推送更加贴近用户的新闻信息，此种接近性完全突破了地域的限制，全方位触碰用户内心世界。数字技术让用户可以灵活定制新闻产品，融合媒体给予新闻推送服务，增强了新闻传播的针对性，有利于用户获取最具接近性的新闻信息。

四、显著性有所突破，关注度成衡量指标

显著的主要含义是"明显、著名"，无论是过去还是现在，声名显赫的人与事物总是容易受到关注，人们对名人、大公司、大国总是容易产生兴趣。显著性这一新闻价值属性在新媒体环境下仍然重要，名人效应依旧发挥着积极作用，发生在著名人物或机构身上的事情很容易受到关注。但与传统媒体时代不同，新媒体环境下普通人物被关注的概率有了翻天覆地的变化，按照传统标准无法被报道的普通人物，在融媒时代却越来越多地被报道和传播。

融媒时代对人物显著性的要求降低了，普通人做的稍微有些不寻常的事情都能成为新闻。过去只能在家庭、邻里范围内说说的一些小事，现在甚至也可以被报道了，显著性已经完全突破了名人限制，普通人做的很多事情也可以具有新闻价值。媒体对新闻当事人的知名度要求已经降低了，更加关注新闻事实本身的

价值。

德国一个 12 岁的男孩拿走曾祖母的汽车钥匙，开了数千米送弟弟上学，然后安全返回家里，这条新闻登上了中国广播网的国际频道。类似的报道对人物显著性的要求已经变得很低了。值得一提的是，在这条新闻所在页面的下方有一个网友跟帖，这个帖子延伸了新闻报道，它是用户创造的内容。这位网友运用了短小而又规范的句子写作，颇有职业新闻人的风范，如图 5.1 所示。

图 5.1 中国广播网用户创造内容

在传统媒体环境下，对显著性的评判主要依赖记者的个人判断，这种判断虽然是由记者依据新闻专业标准做出的，但每个记者的知识积累和生活阅历不同，导致了对显著性的判断带有很大的主观成分。互联网传播环境下，对显著性的量化判断变得轻而易举，用户关注度已经成为衡量显著性的十分有效的量化指标，对显著性的判断有了科学依据。

具体地讲，用户关注度就是页面点击量、跟帖评论数、点赞数量、分享数量等量化指标，我们可以通过查看这些指标来评判显著性的大小。数字新媒体的运行机制使得记录用户媒介接触行为的操作准确、可靠、有效，对用户媒介接触行为的调查不再依靠抽样统计获得，不需要额外的事后推断，这些指标是对全体用户媒介接触行为的真实记录，是伴随着用户媒介接触过程的数据生产。

融媒时代新闻显著性的判断有了量化依据，更加精确化，页面点击量、跟帖评论数、点赞数量、分享数量等量化指标越高，说明用户对新闻的关注度越高，新闻的显著性也越高。如果一条信息还没有被记者报道，但用户关注度指标却很高，记者也可以根据这些指标数据做出显著性判断。

从这个意义上讲，新闻价值属性的判断在互联网环境下的确发生了很大的变化，用户关注度提供了精确的量化依据。面对互联网海量的信息，通过搜索工具及量化指标的排序，记者考察事实的显著性也会变得相对容易，用户关注度正是融合新闻报道中记者判断新闻价值大小的一个有力工具。

五、趣味性地位提高，愉悦体验成为关键

传统媒体虽然也注意到趣味性因素的新闻价值，但总体上将其置于一个比较次要的位置，这一点对于中国的传统新闻业来讲更是如此。传统媒体从价值取向上往往更加强调重要性、显著性等新闻价值属性，"传统媒体仍然遵循传统的新闻价值观念，关注宏大主题、全国或者国际范围的事件等"①，并注重以硬新闻的形式加以报道，而对趣味性这一新闻价值属性的关注却是从骨子里就比较轻视的。

从新闻类别上看，对趣味性这一新闻价值属性主要是以软新闻的形式加以呈现的，软新闻不强调时新性和重要性，更为看重趣味性因素的把握与表现。以网络为代表的数字新媒体在新闻价值取向上发生了很大的变化，它们高度重视趣味性价值，注重趣味性因素的挖掘，惯于采用软新闻技巧加以报道。"网络新闻在价值取向上与传统媒体相比具有不同的侧重点，这在我国也许是更为根本性的变革"，"网络媒体对于软新闻的重视和突出，事实上反映了新闻价值取向的变化"，"网络媒体对软新闻的重视和突出，就是对趣味性的侧重"，"形形色色的社会新闻、娱乐新闻，自然主要是具有趣味性价值的新闻"。②

数字媒体在新闻价值取向上发生了很大变化，这种变化的根源在于用户需求的改变，对趣味性的侧重也是媒体对用户需求变化做出的准确把握和及时调整。融媒时代用户对趣味性的需求有了显著提高，融合媒体必须积极应对用户的这种需求变化。

事实上，用户对趣味性的需求是没有止境的，同时用户本身也在创造着无穷

---

① 秦露. 互联网时代如何执政与为官[M]. 北京：党建读物出版社，2012：21.
② 董天策. 网络新闻价值取向的变化及其影响[J]. 新闻与传播评论，2003（1）：193-199. 另见：董天策. 问题与学理：新闻传播论稿[M]. 北京：中国传媒大学出版社，2012：86.

的趣味价值，这一点甚至远远超过了职业记者的想象。"当公民新闻将它们的故事性、趣味性与民间智慧结合在一起，加上丰富多彩的发布形式和互动形式时，传统新闻媒体在这方面的努力就显得相形见绌。在这个问题上，人民的智慧和想象力总是无穷的，而新闻媒体则总是苍白的。"[1]记者应该充分认识到趣味性因素的意义，善于发现趣味性元素，提升表达的技巧，增强新闻报道的生动性。

现代社会生活节奏在逐步加快，人们感受到的压力也在逐渐加大，愉悦的体验变得越来越珍贵。趣味性的意义在于为用户提供轻松愉快的新闻收受体验，让生活变得更加轻松有趣，缓解人们的精神压力。从这个角度讲，我们也应该重视趣味性的价值。

融合媒体在新闻操作层面给予趣味性以高度重视，相对传统媒体而言，融合媒体也更容易实现对新闻报道趣味性元素的展现，更容易增强用户收受新闻的愉悦体验。

趣味性与娱乐性是两个有关联的概念，趣味的本义是使人愉快、让人感到值得品味，娱乐的本义则是欢娱、使人快乐，二者都有令人快乐的含义，但新闻学更倾向于使用趣味性概念。融合媒体应该充分发挥先天优势，增强用户对融合媒体的趣味性或娱乐性的感知。

新闻收受者对融合媒体的趣味性或娱乐性感知越强烈，他们使用这种媒介的态度就会越积极。"结合媒体本身的娱乐性特征，受众在媒体使用过程的快乐愉悦程度直接影响其对媒体的态度，娱乐性是影响使用态度的重要因素。"[2]提升新闻报道的趣味性或娱乐性将有助于增强用户黏性，有利于新闻价值的实现。

融合新闻在趣味性或娱乐性表现方面具有先天的优势，这种优势得益于融合媒体的传播技术先进性。融合新闻可以综合运用文字、声音、影像、动画、照片、图表、超链接等手段展现新闻事实，用户可以实时评论，将新闻报道一键分享到各类社会化媒体上，迅速、有效地扩大新闻传播覆盖面，增强新闻传播的冲击力和趣味性。

---

[1] 胡翼青. 自媒体力量的想象：基于新闻专业主义的质疑[J]. 新闻记者，2013（3）：6-11.
[2] 刘强. 融合媒体受众采纳行为研究[M]. 上海：上海交通大学出版社，2012：140.

第六章
融合报道原则

"互联网创新有一个最大的特点,它从来不是颠覆性的,而是一种渐进的创新。不是把原来的东西推倒重来,而是在原有基础上创造新东西,丰富和多样化互联网服务。"① 作为互联网新闻业务的融合新闻同样具有这种特点,融合新闻并不排斥传统媒体时代积淀下来的新闻学理念精华,融合新闻报道是在继承传统新闻学基础上的华丽转身,它是一种专业的进化,而不是一种完全的颠覆。融合新闻报道同样需要遵循专业规范,这些专业规范的基本精神理念根深蒂固,但其具体内容发生了新鲜的变化和改进。在新媒体时代新闻报道原则不但不过时,反而显得更加珍贵。

不但专业新闻工作者需要重新审视这些新闻报道原则,社会公众同样需要学习和理解这些新闻理念。"新闻工作的原则不仅属于新闻工作者,也属于公民","这些原则的来源不是某种职业精神,而是新闻在人民生活中的功能。"② 新闻与每一个社会成员息息相关,公民本身也已经参与到新闻生产中,成为新闻报道者中的一员,相对于受过专业训练的新闻工作者而言,他们更需要掌握这些新闻报

---

① 于洋,张婷樾. 胡启恒院士入选"互联网名人堂",本报进行专访:互联网发展呼唤开放诚信融合[N]. 人民日报,2013-07-04.

② 科瓦齐,罗森斯蒂尔. 新闻的十大基本原则[M]. 刘海龙,连晓东,译. 北京:北京大学出版社,2011:222-223.

道原则或理念。

对于融合新闻报道来讲,真实、客观、公正、生动是居于核心层面的指导原则,非常重要,无论是专业新闻工作者,还是参与新闻生产的公民,都应该深刻理解这些原则,将其融汇在新闻活动中。

一、真实:新技术影响与逼真再现

互联网为融合新闻的实现提供了先进的技术支撑,但同时也为虚假信息的传播提供了便捷路径,传言、谣言、谎言借助互联网可以更加迅速地传播。我们在关注新媒体技术发展、融合新闻报道技巧的同时,务必需要牢记真实报道原则,媒介技术、呈现形式永远只能为内容服务,技巧只有在新闻真实实现的前提下才有正面的价值和意义。对于融合新闻报道来讲,再怎么强调真实的重要性都不为过。

(一)新技术环境下的老话题

真实是新闻报道的底线,不可逾越,它是新技术环境下的老话题。融合新闻报道工作者要注重研究数字媒体技术环境带来的新变化和新情况,有效驾驭和运用新技术,让技术为真实再现新闻事实发挥正面作用。

要警惕融合新闻报道中有可能出现的"合理想象"问题。"合理想象"违背了新闻真实原则,所谓的"合理想象"实际上往往并不合理。新闻报道中应该力避新闻工作者的"合理想象",这一点对于融合新闻报道来讲也不例外。

为了增强新闻呈现的生动性,融合新闻可以采用数字技术模拟再现新闻事实发展过程,但需要警惕"合理想象"问题。新闻模拟必须建立在足够的、可靠的信息数据基础上,并且必须注明这是采用模拟技术进行的新闻报道。仿真图或模拟情境越是显得逼真,越需要提防错误信息对新闻真实造成的伤害。

专业技能性失实值得警惕。融合新闻工作者没有故意制造虚假新闻的主观动机,只是由于融合新闻采集与呈现专业技能的局限,也会造成新闻失实的严重后果。

融合新闻对新闻工作者专业技能的要求远远超过了传统新闻报道样式。报纸新闻工作者通常只要掌握文字和图片技能即可，广播记者只要掌握音频采制与编辑的技能即可，电视新闻工作者主要依靠视频技能工作，融合新闻工作者则需要将报纸、广播、电视等新闻工作者的所有技能融于一身，如果这些传媒技术掌握得不扎实，新闻呈现过程中就有可能造成新闻失实。

融合新闻工作者或者由于未能正确运用多媒介技术采集和呈现新闻信息，或者未能深入调查、多方核实，或者由于欠缺相关知识，就会造成新闻报道与客观事实的原貌发生严重偏差。

"虚假报道影响的不只是新闻工作者和新闻媒体的声誉及信誉，更重要的是它蒙蔽、阻碍了民众对生存环境真实变动状况的认识与判断，干扰、误导了人们对于自身社会行为的选择与决策。"①对于融合新闻报道来讲，真实是新技术环境下的老话题，无论怎么强调其重要性都不为过。

（二）造假出现媒介融合特征

新媒体时代虚假新闻出现了媒介融合新特征，值得密切关注。2013年虚假新闻研究表明，"虚假新闻体现出鲜明的媒体融合特征"，"有不少起虚假新闻并没有在传统媒体上落地，社交媒体是其重要甚至唯一的传播平台"，"图片、视频引发大量虚假新闻"②，由于缺乏必要的把关机制，用户生产内容引发了更多的虚假新闻。

当前，新闻造假呈现出媒介融合特征，信息操纵者在利用新媒介技术制造虚假新闻，对个别媒介元素做手脚，将虚假内容掺杂进信息产品中，虚实相伴，以假乱真，使之更具迷惑性。文字、图片、音频、视频等任一媒介元素，都有可能成为虚假新闻的帮凶。笔者在修改书稿的过程中，经常刷刷抖音，有一天看到了一个奇怪的视频。这个视频在说，贵州威宁深山传来龙叫的声音，很多人都跑去看。那种声音听起来真是很奇怪。2020年7月3日，威宁县委宣传部回应，那种声音其实是黄脚三趾鹑的鸟叫声。公安部门表示，网上流传的所谓"龙吟"视频系刘某江等网民为了博取流量，把原版视频的声音替换成了老虎叫声。刘某江、虎某江因此次"龙吟"造谣案，分别被公安机关给予行政拘留10日、6日

---

① 高钢. 新闻采访写作[M]. 北京：高等教育出版社，2012：54.
② 年度虚假新闻研究课题组. 2013年十大假新闻[J]. 新闻记者，2014（1）：3-20.

的处罚。①

短视频平台释放了网民生产力，但同时也成了虚假新闻泛滥的温床，音频造假、视频造假变得轻而易举。短视频平台带有很强的娱乐属性，各种表演混杂其中，信息操纵比较严重，很多内容明明是网民导演的产物，却以真实记录的形式呈现，很容易被误认为是新闻产品。

（三）从信息操纵到深度伪造

数字媒体技术是把双刃剑。依照新闻职业规范使用数字媒体技术，技术将为融合新闻的采集与呈现贡献积极的力量。如果数字媒体技术被别有用心者利用，技术也有可能成为虚假新闻传播的帮凶。一些别有用心者新闻职业精神沦丧，主动策划制造假新闻，借助数码技术对图像移花接木，以更加迅速和逼真的再现形式传播虚假新闻，危害巨大。

技术可以成为信息操纵（Information Manipulation）的帮凶。2018 年 9 月 4 日，法国国防部发布的一份报告指出，信息操纵的规模变大将造成极大的混乱。这份报告提醒人们注意图片、音频以及视频编辑软件带来的威胁，这些软件可以让任何人讲出任何话，并且不容易被识破。通过数码软件修改视频中的人物脸孔，让他们讲话或行动，这种加强版假视频具有极高的可信度。由于制作成本低，而被抓住的风险也不高，操纵信息的行为会越来越多。②

人工智能技术在信息操纵方面的表现尤其迅猛，人工智能技术的信息操纵又被称为深度伪造（Deepfake）。它采用深度学习技术，从搜索引擎、社交媒体等互联网平台获取给定目标人物的视频、图像，形成供人工智能技术训练的数据集"源数据"，借助"对抗生成网络"算法中的"生成器"，通过神经网络的训练，生成伪造的视频、图像，"将视频分解成数百甚至数千帧，然后将通过'鉴别器'鉴别的伪造脸部图像（眉毛、嘴、鼻子和头部的位置及其动作）一帧一帧地映射到视频原有人物的脸部之上"③，生成"换脸视频"，观察者很难识破。

人工智能技术还可以生成模拟语音。信息操纵者采集特定人物的语料，通过

---

① https://mp.weixin.qq.com/s/jzFylNdNptpi0kAIpBzE9Q，2020-07-05.
② 刘伟. 追问人工智能：从剑桥到北京[M]. 北京：科学出版社，2019：150-151.
③ 王禄生. 论"深度伪造"智能技术的一体化规制[J]. 东方法学，2019（6）：58-68.

语音生成算法加以训练,可以伪造具有特定人物音色的声音。

在人工智能技术的加持下,"换脸视频"加上模拟语音,让深度伪造天衣无缝。深度伪造是人工智能技术进步的产物,但深度伪造的滥用则会严重挑战新闻真实原则,它很容易成为散布虚假信息、破坏社会信任、色情报复、网络犯罪的工具。

(四)新技术逼真再现的优势

新闻真实的一个现实要求是让别人相信你的报道,给予新闻报道以值得信赖的品质,仅仅从呈现形式上就让人怀疑的新闻是很难实现新闻真实的。

"技术本身也是一种框架,在框架着新闻的呈现方式"[1],数字新媒体技术可以更加逼真地呈现新闻,为用户提供全方位的感知景观,让新闻报道显得更加真实、生动、可信。

根据格雷姆·伯顿的研究,新媒体技术的一个本质上的变化就是实体化,即"利用技术手段来增强以下的视觉感受:媒体所呈现的对象是即时的、在场的和'真实的'。"[2]融合新闻中事件的直观展示,提升了新闻传播的真实感。

对于新媒体技术既有批判的视角,又有建设的视角。

一方面,我们应该对新媒体技术有一个全面的、清晰的和准确的认识,不要单纯因为新媒体技术实体化带来的新闻呈现的真实而沾沾自喜,因为实体化并不能简单与新闻真实画等号,全方位感官体验到的生动图景未必就是真实的新闻世界。从这个意义上讲,在新媒体技术环境下,真实无论是对新闻工作者还是对公众都提出了更高的要求,它需要我们提高新媒体文化素养,进一步增强鉴别信息真伪的能力。

另一方面,对于职业新闻工作者来讲,新媒体技术毕竟为我们提供了生动再现新闻的有益支撑,我们应该充分运用新媒体技术,努力建构一个真实、可信的新闻事实世界。对于新媒体技术来讲,一味地评判是不够的,我们更加需要批判之后的操作建议,要在评判之后告诉人们应该怎么办。喋喋不休的批判令人厌烦,它像一个无休止的抱怨者,徒增他人的烦恼,却提不出任何建设性意见。

新媒体技术具有即时传播新闻信息的便捷优势,凭借这种技术优势,融合新

---

[1] 杨保军. 新闻本体论[M]. 北京:中国人民大学出版社,2008:320.
[2] 伯顿. 媒体与社会:批判的视角[M]. 史安斌,译. 北京:清华大学出版社,2007:228.

闻报道可以轻松实现即时的、面向全球范围的传播，新闻传播的时效性和影响面无疑达到了一个极致。新媒体技术环境下，没有哪家新闻媒体愿意放弃对时效性的竞争。但越是如此，我们越不能放弃对真实性的坚守，在我们的价值观里，真实性的优先地位永远大于时效性。若没有真实做保障，时效性的追求就变成了无本之木，新闻媒体就有可能变成传播谣言和虚假信息的机构，对此我们应该有一个清醒的认识。

但同时我们还要注意到新媒体的超强纠错能力，融合新闻的报道应该采取开放的策略，与用户共同创造内容，欢迎用户监督报道。一旦新闻报道中出现不实信息，互联网纠错机制就会迅速启动，这有利于融合新闻报道真实的实现。

二、客观：人的努力与技术的优势

互联网环境下应该给予客观原则以崇高地位，应该倡导新闻传播参与者都来践行客观理念。客观原则既是对职业新闻工作者的要求，也是对用户的要求。"客观"是一种职业理念，也是一种增强新闻报道中立性特征的操作方法。从实际工作的角度讲，提升融合新闻呈现的客观效果，应该充分发挥多种媒介元素在实现新闻客观性方面的先天技术优势。

（一）融媒时代客观原则凸显珍贵

从整体环境来看，互联网的中立性、包容性特征明显，不同的声音和意见都有机会在互联网上轻松呈现。从这个意义上讲，与传统媒体环境相比，互联网环境营造了一种信息传播的客观效果。但从微观层面观察，互联网环境下个体发言者的主观倾向性特征却又十分明显，客观原则的缺失现象反而又很严重。

融媒时代人人都能成为记者，这些公民记者大多没有受过新闻专业训练，对客观原则的理解与把握情况参差不齐，创造的内容比较容易出现主观性强烈的特征。"很多政治经济利益集团都在利用媒介融合技术渗透到新媒体和传统媒体的新闻传播平台，导致大量的主观新闻成为了一种主流新闻。"[①]没有客观原则做保障，

[①] 李希光. 传统新闻界面临的十大挑战及对策分析[M]//黄楚新. 媒介融合背景下的新闻报道. 杭州：浙江大学出版社，2010：8.

融合新闻传播就会出现诸如由先入之见造成的诸多伤害新闻专业主义的问题。种种貌似新闻却充满主观偏见的信息充斥网络，容易掩盖事实真相，让人们不能准确地认识周围的世界，混淆视听，令无辜者受到伤害。

互联网给予用户创造内容的自由，让普通老百姓得以轻松发布信息，互联网的这种便利和优势却也同时带来了新的问题：主观倾向性表达的泛滥。正因为如此，客观原则在这个时代才愈加显得珍贵，这个时代更有呼唤客观原则的紧迫性。

我们仍需看到网民新闻素养毕竟高低不等，客观性对职业记者的要求自然也要远远高于对普通网民的要求。但这并不是说普通网民就没有遵循客观原则的义务，恰恰相反，作为一个有社会责任感的公民，任何人在互联网上的发言都应当遵循客观原则。互联网的一个精神就是讲究平等，享有创造内容权利的公民自然也要承担相应的义务，一个合格的网民也有义务遵循客观原则。

新闻素养是融媒时代每一个合格公民都应该具备的素质，"客观"不仅仅是一种新闻职业原则，更是一种传播活动能力，需要新闻专业教育和相关的实践训练才能为人们所掌握。从这个意义上讲，在融媒时代非常有必要推广新闻素养教育，将新闻工作基本原则、新闻精神、新闻工作技能传授给普通用户，这样可以让普通网民也能具备包括客观原则在内的更多的新闻素养。

（二）自媒体的繁华及规范重生

自媒体一路演化，此消彼长，迭代发展成目前的网络生态，自媒体成为解构官媒权威的积极力量。自媒体已经是一个老话题，令人恐怖的是很多自媒体本质上却是在吃"人血馒头"。我们这么说，可能很多自媒体不会承认。但自媒体炮制了一篇篇极具煽动性的文章是事实。自媒体的文章有些是良心之作，但我们看到的"反转"现象却也比比皆是。

咪蒙被关停之后，很多人叫好，但自媒体生态并没有因此变好。一些自媒体洗稿、抄袭等现象依然十分普遍。评论走在事实前面，几乎是很多自媒体的通病。

我们看到的自媒体文章，很多是评论性文章。评论性文章当然也有价值，但忽略对新闻事实的调研，不以事实的掌握为基础的评论性文章却是危险的，因为这样的评论性文章很容易充满武断，表面上看头头是道，实际上却在毁人。一些人往往是先有了观点，然后进行复制粘贴，传播错误的观点，危害巨大。

自媒体为用户发声提供了管道，释放了用户创造内容的巨大潜力。随着自媒体的发展，用户发声也从为了一吐为快而发声，演变为当下为了变现而吆喝。我们应当清醒认识到，自媒体营造了众声喧哗的场景，在流量导向的时代，不能过高指望自媒体的正义。大难之下，人们消费疫情，人性善恶都是流量，"人设""标签"都是术语。有人貌似正义，实则在发"爱国财"。在这种情形下，每一位读者都亟待提高自己的辨别能力。

需要说明的是，容许争论的存在，容许自媒体的"消费"，本身也是一种进步和自信的表现。但我们也可以看到，随着自媒体乱象横生，治理也会成为一种必然。疫情期间，许多地方网信办通过座谈等形式，希望团结和引导这些自媒体，可究竟有多大作用却很难说。因为自媒体的生存有自己的逻辑，自媒体是靠流量而不是靠官方权威来产生效应。换句话说，自媒体的金主就是阅读量以及基于阅读量的客户投放。这也就意味着，他们不会真的听政府部门的话，他们不炒作疫情，更多是基于安全考虑而非碍于政府部门领导的面子。同时，地方网信办约谈的自媒体，大部分是腰部甚至腿部自媒体（粉丝在10～100万为腰部自媒体），一些自媒体自身生存都很成问题，不是他们不想听话，实在是很难去听。在这种情形之下，自媒体管理立法立规已成必然。立法立规之后，会有一部分自媒体倒下，一部分大号慢慢规范化。自媒体的内容生产也要尊重客观原则，在规范运营中重生。

（三）从客观理念到客观方法

客观原则的主要含义是指新闻事实与记者的意见分离，记者应该不带主观偏见地报道新闻，在报道新闻的时候不要发表自己的议论。客观原则要求记者对新闻事实和各方利益保持中立态度，不偏袒任何一方，不为一己之利做倾向性报道。

"客观"首先是一种新闻精神理念，这种精神理念既是对职业新闻工作者的要求，也是对参与内容创造的公民的要求。

客观理念对我们提出了如下要求：应该对个体主观性有充分的认识，对自身的偏见保持足够的警惕；以谦恭的态度对待周围的世界，不断拓宽视野，增长见闻与知识；以平和开放的心态看待他人与世界，能够包容不同的意见和多元的价值观。

客观原则或客观性并不等同于客观世界，客观原则是主体反映客体的原则要求，它是记者个体主观性努力的结果。不能将客观性理解为价值观念的取消，理解成客观世界的"客观",也不要拿人的主观性来驳斥新闻的客观性。新闻工作者首先是个体的人,他(她)当然具备主观性特征,但记者个人的主观性必须服务于新闻报道的客观要求,如果没有记者的主观能动性,新闻报道的客观性也就无从实现了。

"客观"同时还指方法的客观,即将客观原则或客观理念落实到操作层面,会有一套与之相适应的规范化方法。这样的一套客观方法是新闻人从长期新闻实践中摸索和总结出来的专业手法,这些专业手法在表现记者的客观精神、增强新闻传播效果方面卓有成效。

例如,绝大多数情况下都要使用第三人称来做报道;使用叙述而不是议论的表达方式,记者不在新闻报道中发表自己的评论;使用直接引语并标明消息来源;报道新闻时要全面,给各方新闻当事人以公正的说话机会;影像拍摄应该注意角度的选择和距离的控制,以增强镜头的中立性;多采用平视角度,多采用半身到全身人物影像;当报道对象与记者具有私下交往关系,或以各种方式牵扯到记者利益时,记者应予以回避,不参与对该新闻的报道;记者应当拒绝报道对象提供的现金、好处和贿赂,拒绝报道对象对新闻稿件写作的暗示,自主独立地完成新闻报道。

(四)融合新闻呈现的客观性

对于新闻传播来讲,新闻事实信息呈现的客观才真正具有实际意义。新闻呈现的客观(客观性)是一种事实信息搬运的客观——记者将客观世界的事实信息搬运给新闻收受者,在搬运过程中应该最大程度地维护事实的原貌,减少破坏。融媒技术为新闻呈现的客观提供了丰富而又先进的物质条件,我们应该充分利用融媒技术优势,提升新闻呈现的客观效果。

媒介技术与特定的新闻呈现形式相匹配,不同的媒介元素建构了不同的新闻,带来了不同的客观效果。

与照片、音频、视频等媒介元素相比,文字表达的抽象特征更为明显,利用文字客观呈现相关信息对创作者的知识要求更高。文字信息几乎全部依赖于人脑加工处理,文字表达的客观性主要取决于作者的专业品质及其对新闻写作技术的把握。如果作者对客观理念重视程度不够,主观偏见就极其容易占据上风,新闻的客观性就很难实现。同时,客观效果的实现对作者的文字功底要求又很高,如果作者的写作技术未能达到足够的标准，在准确传递信息方面做得不好，词不达意，新闻的客观效果就会大打折扣。

照片、视频、音频等媒介元素在实现新闻客观性方面具有先天的技术优势，有利于提升新闻呈现的客观效果。摄影、摄像、录音对信息的采集主要表现为一种复制模式，相关媒介元素对信息的呈现也会显得更加真实、具体和形象，这种更加真实、具体和形象的特征会增强新闻呈现的客观效果，让新闻报道更容易被信赖和认可。

再来分析超链接和互动设置。超链接将处于不同时空维度的信息联结起来，互动设置将不同的用户纳入创造体系，超链接与互动设置为当下的新闻提供注解、验证和延伸，为新闻收受者奉献了更加全面、广阔的新闻图景。与传统媒体报道相比，融合新闻报道中采用的超链接和互动技术在新闻呈现的客观性方面无疑极大地提升了用户的体验。

融合新闻采用的媒介技术是当前最为丰富和先进的，不同的媒介元素在客观呈现新闻信息时可以取长补短，发挥合力优势。融合新闻工作者应该充分利用多种媒介元素呈现新闻的优势，提升新闻呈现的客观效果。

另外需要说明的是，现代媒介技术虽然具有客观呈现的优势，但这并不意味着媒介技术就能决定一切，技术的效果到底如何还要取决于使用者。以摄影为例，"也有一些人认为照相机只是人们手中的工具，它所拍摄的照片不免带有主观性，有时会产生一定的偏向。"[①]新闻呈现的客观效果终究离不开人的努力，照片、视频、音频、超链接、互动设置等在融合新闻客观性方面的表现，根本上还是由其背后的人来决定的，我们在肯定技术先进性的同时，还应该保持必要的清醒。

三、公正：从职业伦理到文明互动

新闻公正性是中西方新闻界普遍推崇和追求的原则，新闻报道的公正原则要求记者采取一种专业化操作方式，抱着负责任的态度，公平地、无偏见地对待新

---

① 兰福特. 摄影向导[M]. 陆柱国，译. 北京：人民美术出版社，1996：12.

闻事实中涉及的人与事。

新闻公正性原则的基本要义是公平与正义，它要求信息传播者遵守伦理规范，胸怀公允之心对待自己的报道，不要因为个人私利或偏见而影响了自己的报道。新闻报道应当维护社会公平正义，推动社会发展进程，记者应该以守护公共利益为己任，而不应成为某些利益团体、机构或个人意见的代言者。

（一）重视新闻伦理问题

融合新闻传播应当遵守伦理规范，给予伦理以足够重要的地位。单纯从媒介技术上讲，在互联网上发布一条信息是轻而易举的事情，但从伦理约束的角度看，并不是所有信息都适宜在互联网上传播。必须考虑到互联网影响的广泛性，任何人都应当在传播一条信息前问一下自己的良心：我这样做是否会伤害到无辜？是否违背了新闻职业伦理规范？是否危害了社会的健康运转？

当前有的媒体热衷于凶杀、色情、暴力报道，有的媒体热衷于报道明星风流韵事。媒体以过量的篇幅、过度的热情报道这些琐碎无聊的东西，却将更加重要的社会责任丢弃到一旁，无视社会文明发展进程中的关键问题，这种做法对于公众来讲是不公正的。

关于犯罪、两性与明星的新闻不是不可以报道，关键是要掌握好度，不能对犯罪细节和残忍场面做过于直白的描述，不能一味地追求感官刺激，不能让品位过于低下。电视媒体和网络媒体更要注意画面不能冒犯公众，媒体应该刊载适宜公开的画面和信息，注意社会影响和职业伦理的要求。

社会需要有责任感的媒体，新闻媒体应该注重专业追求，注重对社会文明发展有所贡献，发挥积极建设作用。新闻工作不同于其他工作，新闻工作关系社会方方面面，应该注意社会影响和社会责任担当。媒体如果仅仅热衷于低俗内容报道，却没有用建设者的心态看待这个社会的发展，这样的媒体其实就是没有承担起自身应该承担的社会责任，这样的媒体本身也是没有希望的，最终必将被社会公众抛弃和淘汰。

新媒体时代记者的工作环境发生了很大的变化，互联网传播、社会化媒体、融合媒体、大数据、全媒体等新的媒介技术或形式在不断地涌现，新生事物层出不穷，新闻采集与呈现的技术也在不断地进步和改变。在这样的背景下，新闻记者更要注重专业技能的提升，注重旧有专业知识技能的更替，关注和研究职业伦理规范出现的新情况、新问题，提升自己的专业技能、道德水平和责任意识。

我们应该注重伦理规约，不做低俗报道。

（1）拒绝刊登恐怖、色情、猥亵照片和镜头画面，如果不是艺术表现，通常没有必要传播裸露照片和镜头。

（2）不要凸显有可能令人感到恶心和恐怖的照片，注意规避血腥、残忍的画面和镜头。

（3）不要刊登尸体、身体缺陷的特写照片和镜头，可以考虑使用具有象征意味的物体照片或漫画来代替尸体照片。例如，一位退休教授死后成了一具干尸，媒体就不宜直接刊登干尸照片，刊登案发院落的照片更为妥当。也可以使用文字对犯罪情节做描述，但不应过度渲染，不要将残忍细节作为报道的主题和重点。

（二）采集中的伦理规范

记者在信息采集中必须熟悉职业伦理与规范，以下所列应该引起职业记者的重视。

（1）不要仰视采访对象，也不要俯视采访对象。应该平视采访对象，以平等的态度看待所有的采访对象。

（2）原则上，记者采访过程中不接受任何机构和个人的招待与馈赠，不接受差旅费报销、银行卡、购物卡、现金、宴请、兼职获利等好处。

（3）当场无法拒绝的贵重礼物应及时向采编部门领导报告，并在事后退还，向对方做出礼貌的解释。无法退还的贵重礼物或现金可交公处理。

（4）采访过程中需要花费的交通、餐饮、住宿、通信等费用应当全由媒体承担，即便采访对象主动提供费用支持，也应婉言拒绝，并向其解释新闻职业规范要求。

（5）采访需要借用当事人的书籍、器材、文件，即便物品不贵重，也要及时归还。

（6）当采访对象处于失去亲人、遭遇犯罪等极度悲痛或惊恐之中，记者应注意体察对方的痛苦及提问的内容、语气和方式，不要给对方带来二次伤害。

（7）采访应该采用公开和光明正大的方式进行，提倡明访而不是暗访，提倡显性的采访而不是隐性的采访。

暗访又称隐性采访，它掩盖记者身份和采访目的，采用秘密方式获取信息，偷拍偷录,是一种非常规采访方式。暗访的使用至少要满足以下两个限制条件:① 新闻报道必须密切关联公共利益(与公共利益关系不大或无关的信息,不应采取暗访采访方式);② 没有办法的办法,常规采访方式确实无法获取新闻信息时,只得暗访。

(8)暗访中记者不享有任何超越法律的特权,即使没有主观意愿,也不得参与实施贩毒、走私、拐卖妇女等犯罪活动。

(9)在公共场合(公交车、街道、公园、市场、车站等)采访时可以不暴露记者身份。

(10)进入私人住宅采访应该征得主人的同意,进入医院诊室采访应该获得院方或医护人员、病人及其家属的同意。

(三)设定文明互动规则

对于融合新闻报道来讲,既不要拿政治威权随意压制言论,也不要放纵恶意中伤的言论。传媒工作应当公开透明,应该鼓励言之有物和具有相关性的传播行为,应该设定文明互动的规则,鼓励文明的、负责任的言论,反对和禁止妖言惑众、恶意中伤、诽谤谩骂、侵犯隐私、伤害弱者和空洞无物的宣传说教。

互联网扩展了个人信息流通的渠道,大幅增加了新闻媒体接触和反映个人信息的机会。融合新闻传播应当注意规避对个人私生活不必要的干扰和侵犯,尤其要注意保护弱者免受伤害。

当事人对新闻报道提出质疑时,媒体应给予积极回应。受到公开指责的当事人提出合理质疑时,媒体应及早给予其答辩机会。

融合新闻对所有材料的使用都应当考虑时间问题,报道的更新应该注意标注最后更新日期。要注意审核融合新闻报道链接页面及相关档案材料,在显著位置标明档案材料的日期,避免用户误解过时的信息。

四、生动:融合新闻呈现引人入胜

真实、客观、公正等新闻原则非常重要,但现在的问题是,仅仅真实、客观、公正地报道新闻还远远不够,新闻报道还需要做到引人入胜。

互联网消解了新闻报道的空间和时间限制问题，用户的注意力成为唯一的稀缺资源。生动地再现新闻，吸引用户的注意力成为融合新闻报道必须面对的重要问题。蹩脚的新闻报道让用户苦不堪言，引人入胜的新闻报道却会带来愉快的体验。融合新闻工作者有义务生动地报道新闻，以人们乐意接受的方式传播信息，让报道具有足够的吸引力，让用户能够饶有趣味地收受新闻。

（一）信息模式与故事模式的融合

新闻报道有两种模式：信息模式与故事模式。

信息模式是指记者更加干脆、更加直接地报道新闻，记者不是以讲故事技巧取胜，而是以新闻干货的提供取胜，记者不与读者兜圈子，而是更迅速地向用户提供核心新闻事实信息。消息体裁以提供信息为第一要务，更加注重信息模式的运用。

故事模式是指运用讲故事技巧来报道新闻，尤其在以特稿形式报道新闻的时候，讲故事是一种非常有效甚至可以说是必须采用的模式。从某种程度上讲，新闻报道的确是一门讲故事的艺术。新闻篇幅越短小，新闻报道就应该越靠近信息模式；篇幅越长，新闻报道就应该越靠近故事模式。

但信息模式与故事模式并不是截然对立的，不是说采用了信息模式就绝对不允许讲故事，也不是说采用了故事模式就一定要减少新闻报道的信息量。

不要僵化地对待新闻报道，而应该灵活地运用这两种模式，将信息模式与故事模式融合在一起，既要保证新闻报道的效率，又要注重传达的趣味性问题。在一篇采用信息模式的消息里，讲一个细节、一个直接引语，不是可以增强报道的生动性吗？

融合新闻应该兼顾信息模式与故事模式，将其融汇在新闻报道中，在增加新闻信息含量的同时，让融合新闻报道更加引人入胜。

（二）充分利用数字媒体先进技术

相对于传统媒体的技术限制，数字新媒体可以充分利用先进的媒介技术呈现新闻信息，增强新闻报道的生动性。融合新闻将多种媒介形式融合在一起，灵活地运用文字、照片、图表、音频、视频以及互动设置报道新闻——这些媒介元素或媒介形式各有所长，具有不可替代的独特价值，融合新闻综合运用这些媒介元素，充分发挥其长处，有利于实现新闻表现的效果最优化。

传统媒体有一些共同的弱点，如时效性差、互动性差以及多媒介元素调用灵活性差等，这些弱点在传统媒体技术范围内很难根除，这在一定程度上制约了报道的生动性。数字新媒体则很好地规避了这些弱点，显示出无可比拟的优越性。

数字新媒体从技术实现上就是先进的，应该充分利用这种媒介技术的先进性优势，将新闻报道做得引人入胜，富有趣味。不能用数字媒体的新瓶去装传统报道形式的旧酒，要将数字媒体当成是一种独特的、先进的媒介技术，并充分利用数字媒体的先进性，生动再现新闻事实，帮助用户轻松愉快地收受新闻。

在互联网世界里，我们经常看到一些让新闻报道更加生动精彩的做法，融合新闻报道应该积极运用这些增强生动性的做法，不断加强对数字媒体技术的挖掘和运用。增强生动性的做法有以下几种。

（1）为新闻报道配发照片和图表。

（2）突出视频。

（3）为新闻报道配上采访录音。

（4）把新闻照片制作成幻灯片，方便用户观看或欣赏。

（5）为每篇新闻报道加装一键转发按钮，让用户可以轻而易举地分享新闻。

（6）给用户发表评论提供便捷通道。

（7）新闻报道之后紧跟网上调查，用户可以借助参与网络调查的机会发表自己的意见，调查结束后还可以马上看到统计结果。

（8）新闻报道中使用关键词和超链接技术。

（9）搜索形式多样化。除输入文字搜索外，用户还可以采用语音搜索的形式搜索新闻报道。只需对着麦克风说出关键词，互联网就会提供相关新闻列表。

第七章
文字

作为新闻业时代的媒介表达元素，文字远比音频、视频原始和古老。文字远在新闻业时代之前诞生，此后人类才进入包括印刷时代、广播时代、电视时代等在内的新闻业时代。

雕版印刷术是世界上最早的规模化复制文字的技术，早在6世纪就已经在中国诞生了。到了北宋仁宗庆历（1041—1048年）年间，平民发明家毕昇发明了泥活字印刷术。

1450年前后，德国人约翰·古登堡发明了金属活字印刷术，规模化传播新闻的技术条件就此形成，文字印刷新闻技术逐渐从欧洲传遍全世界。第一张印刷新闻纸诞生于1457年的德国纽伦堡，第一张"真正的报纸"诞生于1615年的法兰克福（《法兰克福新闻》）。

音频、视频传播技术的诞生则要晚得多，第一家广播电台（美国匹茨堡KDKA广播电台）诞生于1920年，音频才真正运用于现代意义上的新闻传播；第一家电视台（英国伦敦BBC）诞生于1936年，视频技术才真正运用于现代意义上的新闻传播。

一、文字的诞生与演化历程

"文字最早出现在公元前3500多年地中海东岸腓尼基一带"①，古老的文字全都起源于象形符号，并在公元前1500年左右朝着两个方向发展：一个发展方向是与象形文字分道扬镳，转变成拼音文字体系；另一个发展方向是继续完善，形成当今世界上唯一的现代象形文字体系汉字。有趣的是，书写发展的推动却是始于会计，而非叙事。最早的书写制度起始于新石器时代，原始的书写形式尚不灵活，仅用于记账，还不能记录人们的会话。②

腓尼基人创造了生机勃勃的海洋文明，发明了拼音字母表。字母表的发明，也是腓尼基人对人类文明做出的最重要贡献。拼音文字便于更为迅速地培养文化人才，书写速度也更快，对人类文明的发展产生了广泛而又深远的影响，"由于字母表对希腊哲学、政治学和科学的影响，以及它对宗教的影响，拼音字母表将使继后的一切文化发生革命性变化"，"腓尼基航海人用于速写的字母表就导致了古代的传播革命，就像20世纪末把不同形式的信息转换为二元数字代码使社会巨变一样。"③

拼音文字是快速记录声音的工具，汉字则是激发人类内心世界想象力的符号。汉字是我们的文化，映射着我们的思维方式和文化观念，汉字内含天圆地方思想和阴阳原理，汉字具有形象的特征，能够激发无穷的想象力。

汉字拥有非凡的结合力，汉字的组合产生语句，进而产生篇章。汉字是我们讲故事的工具，汉字本身就有故事，汉字本身就饱含哲理和寓意。

汉字体现着智能。智能的本质是将意向性和形式化统一起来，汉字从象形到会意的过程是人类自然智能的发展简史，汉字是智能的集中体现。④汉字的诞生起始于观察，发展于具象、离象、超象、非象，并在漫长的演化历程中逐步走向抽象。

人类先是进化出语言能力，然后才发明了文字。远古时代，人类堆石记事、

---

① 陈力丹. 世界新闻传播史[M]. 上海：上海交通大学出版社，2007：4-5.
② 汤姆·斯丹迪奇. 从莎草纸到互联网：社交媒体2000年[M]. 林华，译. 北京：中信出版社，2015：23.
③ 保罗·莱文森. 软利器：信息革命的自然历史与未来[M]. 何道宽，译. 上海：复旦大学出版社，2011：12-14.
④ 刘伟. 追问人工智能：从剑桥到北京[M]. 北京：科学出版社，2019：40.

结绳记事。大约在公元前一万年，我们的祖先发明了符号文字。这是我国最早的文字，起初只有"○""△""米"三个符号，后来增加了数十种符号。符号文字类似密码，随意性强，不好流传，大约延续了五千年。

此后，图画文字登上历史舞台。图画文字是画个山表示"山"字，画个太阳表示"日"字，识别度高，也容易传播。图画文字后来大多转化成了象形文字，象形文字才算是真正的汉字。

汉字的变迁却没有停下脚步，汉字的载体和字体一路演化。商朝出现了镌刻在龟甲、兽骨上的文字甲骨文，甲骨文具备用笔、结字、章法等书法要素，但原始图画的痕迹还比较明显。甲骨文的十二属相汉字，分明就是画了十二个动物来表示对应的汉字，我们现在看一看也会觉得它们非常相像，也会佩服古人的形象思维。"冰"在甲骨文、金文中写成两道中间凸起的横杠，像是把两个大于号横了过来。这个字描绘了水冻结后的状态，其形状就像在严冬时节窗外水汽凝结成的冰凌。

到了西周，青铜器大量出现，文字开始被铸刻在青铜器上，铜在周朝又被称为金，所以这些青铜器上的铭文被称为金文。又因为这类铜器以钟鼎为代表，所以金文还被称为钟鼎文。

公元前 221 年，秦始皇统一六国。各地文字不统一的局面尚未结束，给国家治理带来了不便。秦始皇发布的诏书到了广西桂林一带，已经没有人看得懂了。秦始皇命令丞相李斯和赵高统一了文字，这种文字即为小篆，又被称为秦篆。小篆之前的文字被称为大篆，广义上的大篆包括金文、籀文（繁化的金文）和甲骨文，狭义上的大篆则指籀文和刻于石鼓上的石鼓文。大体上讲，与大篆相比，小篆的形体笔画做了省简，字数也增加了不少。这个时候，最早的隶书秦隶也已经出现，秦隶是汉字从古体字向今体字转变的里程碑，书写更为简便快捷。到了这个时期，每个汉字的书写方式也就基本确定了。

二、作为新媒介技术的文字

我们今天熟悉甚至觉得古老的文字，却是彼时人类遭遇的一项新媒介技术。文字出现以前，人类处于口语传播时代，信息交流需要在近距离范围内、面对面进行。文字的出现改变了人类传播景观，传播得以由面向既定对象的交流，转向面对不确定对象的撒播。变革带来不适，文字作为一项新媒介技术，也曾为早期文化精英带来恐慌。

约翰·杜翰姆·彼得斯分析总结了苏格拉底、耶稣、孔子的共同性，他说这三位对人类文明富有深远影响的先哲都具有读写能力，也都拒绝将自己的学说诉诸文字，他们采取口传身授的方式传播思想，放弃了对内容的占有，通过慷慨的撒播获得成功。①孔子在《易经·系传》上说"书不尽言，言不尽意"，认为文字难以把想说的话表达到位，当然他也同时指出了语言在传达意思时的局限。南怀瑾则更加直接地对文字表达存在的问题做出了点评，"所以世界上没有一种语言能完全表达意志与思想。而把语言变成文字，文字变成书，对思想而言，是更隔一层了"。②

口语传播在时间上限于当下，在空间上限于近距离范围，在参与主体上限于在场人员。文字的诞生却彻底打破了这些限制，文字以新媒介技术姿态的崭新面目出现，释放着变革人类传播模式的伟大力量。文字让传播得以突破时间和空间的限制，并让参与传播的主体有了全新拓展。

新媒介技术的变革同时带来了忧虑，"面对文字这一新媒介，柏拉图因其'繁殖能力'（Multiplication）而忧心忡忡"，"口语交流几乎总是以单一事件的方式发生，而且其内容只在关注此事的人中间分享。与此相反，文字则容许各种奇怪的配对：远者影响近者，死人对话活人，许多人阅读本来只能给少数人看的东西等"。③文字作为彼时新媒介技术的威力，不亚于今天人工智能带给我们的冲击。

柏拉图在《斐德若》里记述了苏格拉底对文字的批评。苏格拉底听说埃及曾有一位名叫忒伍特的神，正是忒伍特发明了文字，此外这位大神还发明了数目、计算、几何、天文、跳棋和掷骰子。苏格拉底认为，成文的东西是死板的，不懂得面对不同的对象应该以不同的方式、以合适的内容来交流，文字有损记忆和智慧。④而值得玩味的是，柏拉图却是用文字来记录和书写了苏格拉底对文字的批评，并使苏格拉底对文字的批评流芳百世。苏格拉底启动了一个关于新旧媒介讨论的

---

① 彼得斯. 对空言说：传播的观念史[M]. 邓建国，译. 上海：上海译文出版社，2017：1-4.
② 南怀瑾. 论语别裁[M]. 北京：东方出版社，2018：10.
③ 彼得斯. 对空言说：传播的观念史[M]. 邓建国，译. 上海：上海译文出版社，2017：54.
④ 刘小枫. 柏拉图四书[M]. 北京：生活·读书·新知三联书店，2015.

传统,这个传统一直延续到现在,约翰·杜翰姆·彼得斯的《对空言说:传播的观念史》、保罗·莱文森的《软利器:信息革命的自然历史与未来》都在延续这个关于新旧媒介的讨论。保罗·莱文森更为直接地表明了自己的志向:"本书是苏格拉底启动的讨论的继续。在20世纪末,我们对传播环境心怀浓厚的兴趣,而且是沿着类似古希腊人的路子去探索,这并不奇怪。"[1]苏格拉底和柏拉图正处于新旧媒介的交叉路口,文字作为当时的新媒介技术,尚未压倒口语传播旧媒介,或许他们正处于一个美好的时代,这样的时代更有利于思想的创新。

三、融合新闻呈现中的文字

传统媒体时代,文字是报纸、杂志等纸质新闻媒体的主要表达工具。进入新媒体时代,纸媒受到冲击,"寒冬论""消亡论"盛行,令不少传统媒体人心惊胆战。

关于纸媒消亡的认识,笔者看到的最早论述当属夏丏尊的版本。1935年12月10日,夏丏尊在中央广播电台演讲《阅读什么》,在讲正文之前,他发表了一些关于纸媒消亡的议论——具体而言,夏丏尊谈的是书籍的消亡问题。

夏丏尊说,"我以为书这东西是有消灭的一天的","要得知识,并不一定要靠书","假定有这么一天,无线电话和电影发达得很进步普遍,放送的材料有人好好编制,适于各种人的需要,那么书的用处会逐渐消灭,因为这些利器已可代替书了"。[2]

笔者以为,夏丏尊的这番言论主要是凭借想象,只是他生活的那个年代虽然已经有了广播、电影等电子媒介,但像计算机、手机、互联网这样的媒介利器恐怕还是不好想象出来的。不过,夏丏尊有这样的论断,倒也显示出他对媒介进化发展的预见力。从当下数字新兴媒体对纸媒的冲击来看,一些报纸的确面临生死存亡的考验,传统媒体正在被数字化,夏丏尊当年的这番论述还是非常值得玩

---

[1] 莱文森. 软利器:信息革命的自然历史与未来[M]. 何道宽,译. 上海:复旦大学出版社,2011:15.
[2] 夏丏尊,叶圣陶. 阅读与写作[M]. 长沙:岳麓书社,2012:1-2.

味的。

或许我们可以这样理解，纸媒未必就要消亡，纸质书籍更不一定要消亡，但新的媒介形式会不断涌现，如果有更好的"媒介利器"，过时的媒介形式就有被替代的可能。

文字是纸媒的主要表达符号，假若纸媒消亡了，文字是否也会淡出传媒江湖？答案当然是否定的。

文字在一切媒介里都能发生作用，新媒介也不例外。我们需要清楚认识的是，数字新媒体技术冲击的是旧的媒介技术形式及其运作理念，并不是具体的媒介表达元素或符号。新媒体冲击的是报纸，并不是报纸上的文字符号。报纸离开文字符号无法生存，文字符号离开报纸却会拥有新的广阔天地。电子书写改造了印刷书写，赋予文字表达以新的功能，"文本连同语境的转换、再创造与再传播成为极其便捷的事情"。[①]文字是典型的记录性媒介元素，文字具有强大的穿越时间能力。文字在数字新媒体领域依然焕发着旺盛的青春活力，数字新媒体并不歧视文字这种古老的媒介符号，相反却给予其足够的青睐和重视，文字仍然是新媒体报道非常依赖的表达元素。

融合新闻呈现中，文字表现出以下突出的特征优势。

（一）文字提高了沟通的效率

与音频、视频相比，文字传播新闻信息的效率更高。

即便在媒介技术高度发达的新媒体时代，文字依然具有不可替代性。文字是抽象的符号，不如音频亲密，不如视频形象，但文字却具有一目了然的优势，这使得文字传播新闻信息的效率可以达到最大化。用户获取同样的新闻信息，采用文字途径消耗的时间最少，用户只需迅速扫描几眼就能了解个大概，而采用音频或视频则需要从头至尾听完、看完，着急不得。

微信朋友圈采用的是"文字+图片"的发布形式，文字是主打形式，文字提高了沟通的效率，降低了时间的消耗，"若是语音，耗时估计会是阅读文字的5倍以上"。语言文字还是音视频信息传播的基础，音视频也不能完全离开文字表达的支

[①] 孙藜. We Chat: 电子书写式言谈与熟人圈的公共性重构：从"微信"出发的一种互联网文化分析[J]. 国际新闻界，2014（5）：6-20.

持。"语言的抽象度要远远胜过图像,其复杂性、指向性和有序性是图像所不能比的","文字符号使传播信息的速度与信息量得以保证","文字使电视画面具有个别意义"[①],电视画面可能存在多重解读方式,收受者会赋予其多重意义,加上文字会让电视画面明确指向特定意义,便于形成共识。

(二)文字带给用户更多主动

文字传播中,用户会更加主动,用户收受新闻的过程中会有更加强烈的控制感,这种体验在音频、视频收受中是很难实现的。音频、视频新闻的收受主要由传播者控制报道的进度,而不是由收受者控制报道的进度。即便在新媒体技术环境下用户可以拉动播放进度,但这种拉动却会给用户带来跳跃式收受的不顺畅感,实际操作中也远不如文字扫描式阅读来得自然和舒畅。

文字收受主要由用户控制进度,不像音频、视频收受那样被动,它给予用户更加自由的阅读掌控权,有利于提高新闻收受的效率,提升新闻收受的体验。

(三)文字具有更强的独立性

与音频、视频的采制和传播相比,文字对媒介技术、传媒工具的依赖最弱,具有更强的独立性。音频、视频的采制离不开录音、摄像等设备工具,需要软件的编辑、合成。音频、视频自然是更加形象、感性的媒介元素,但它们对设备、技术的依赖也最强,没有设备的支撑,再好的声音、再好的画面都无法采集,无法传播。而文字却不同,文字是更为古老的表达符号,本身并不需要复杂的外在设备和媒介技术。文字更多依赖的是人的力量,而不是工具的力量。

文字的采集与呈现技术更多地内化于人的主体性之中,它更多依赖的是人脑的处理,而不是计算机的处理。从这个角度讲,文字是独立性最强的媒介元素,也是最为安全和便捷的媒介表达元素。即便离开电力及电力设备的支持,即便采用最为原始的工具,也可以利用文字符号采集制作新闻产品,完成传播任务。对于融合新闻报道来讲,文字对外部资源的低依赖性,使得它可以更加完美地实现表达的自由。

[①] 蔡尚伟,等. 广播电视新闻学[M]. 上海:复旦大学出版社,2006:100.

(四) 文字具有主导作用优势

融合新闻综合采用多种媒介元素进行报道，但不同媒介元素呈现的内容并不具有天然的融合性。哪种媒介元素更具有主导优势，能够将原本分散的媒介元素串联起来，使之成为一个有机整体，就成了融合新闻工作者不得不思考的问题。

相对于其他媒介元素来讲，文字更容易将复杂多样的内容串联起来。文字具有非常明显的主导作用优势，可以灵活地将不同媒介元素呈现的内容联结在一起，而音频、视频或图片等其他媒介元素则很难轻松地完成这样的任务。尤其当报道内容和媒介元素多样化的时候，如果没有文字发挥穿针引线的作用，将庞杂的内容联系在一起，融合新闻报道将徒有其名，成为一盘散沙。对于融合新闻报道来讲，我们必须注重文字的主导作用优势，让文字将不同媒介元素呈现的新闻信息联结成为一个有机整体，让文字引导用户收受不同媒介元素呈现的新闻信息。

四、屏幕阅读对文字的要求

数字新媒体虽然有诸多优势，但它对人类健康的损害却是一个不争的事实。媒介的融合容易调动各种感官刺激，但同时也增大了对人体健康资源的消耗。在人类发明创造的所有媒介中，目前看来最为先进的数字新媒体恐怕对人类健康危害也最为严重。

《南方周末》报道显示，手机和计算机屏幕发出的蓝光可能会造成视网膜感光细胞损伤和死亡，或许会使人加速衰老、缩短寿命。2019年10月17日，美国俄勒冈州立大学整合生物学系科研人员在《衰老和疾病机制》（*Aging and Mechanisms of Disease*）期刊发表最新研究成果指出，科研人员以果蝇为研究对象，从分子层面上揭示了蓝光的不良影响，认为蓝光会造成大脑神经退化，损害视网膜细胞，影响运动能力，加速衰老，减损寿命。[①]数字新媒体终端将所有媒介能够给人类身体健康带来的损害都集合在一起，如果使用不加节制，势必会对人们的

---

① 王江涛. 手机和电脑屏幕的蓝光可能使人加速衰老[EB/OL]. （2019-11-02）. https://mp.weixin.qq.com/s/BO9rEjduhYQP8f27tD6Xxw.

眼睛、颈椎、手指关节、大脑神经甚至血液循环系统造成损害。

　　文字阅读容易造成视力疲劳或视力损害，用户的眼睛紧盯文字时，时间越久，其对用户视力的伤害就会越大。"在计算机显示屏上出现的电子文本是一个根本不稳定的文本"，"这种不安宁的性质是和存储信息的技术与生俱来的"①。当文字从纸张迁移到电子屏幕上时，屏幕与文字的结合将会加剧对视力的危害，对用户健康构成更大威胁。用户在屏幕上阅读大块的文字新闻要比在报纸上费力得多，如果不做任何改变，将报纸上的大块文字新闻照搬到计算机屏幕、手持移动终端屏幕上，这对用户来讲恐怕并不是一件愉快的事情，他们可能会感到不舒适。

　　电子屏幕阅读是一种浏览式阅读，它通常不适宜字斟句酌式的研读，相比而言，纸质阅读则是更为深刻的阅读方式，纸质阅读对健康的损害也远远小于屏幕阅读。当文字爬上电子屏幕，对文字的处理也应该做出新的调整。

　　电子屏幕浏览式阅读意味着，让网络新闻便于扫描格外重要。网络上流传着这样一段游戏文字，读者如果快速浏览便会发现其中的趣味：

　　研表究明，汉字的序顺并不定一能影阅响读，比如当你看完这句话后，才发这现里的字全是都乱的。

　　相信如果读者快速浏览这段文字，也会惊奇地发现这段顺序错乱的文字居然能被我们顺利地阅读下来，而且我们还能准确地理解它的意思。当然，即便如此，我们也绝不会提倡类似的错乱表达，我们只是想用这个游戏来说明网络阅读的扫描式特点罢了。

　　以下操作有利于扫描式阅读：灵活使用小标题，方便用户获取信息，减缓用户的疲劳感；一个段落讲述一个意思，言简意赅，不落俗套；段落之间以空行自动相隔，毫不吝惜地留白；为篇幅较长的报道撰写提要，让用户尽快了解文章的大致内容；主要使用雅黑、黑体和宋体字，手机传播主要使用雅黑和黑体；不用斜体字，斜体字在屏幕上辨认难度较大；可以使用下画线、加粗等方式代替斜体字，使相关文字凸显出来；为篇幅较长的稿件列目录，并为这个目录做链接处理，方便用户点击阅读感兴趣的部分。

　　屏幕阅读对文字的一个显著的要求是简洁，要用更少的文字来完成对新闻的

---

① 陈卫星. 传播的观念：修订版[M]. 北京：人民出版社，2008：198-199.

表述。它要求新闻写作能够以更加凝练的文字报道新闻，以一当十，绝对不要拖泥带水，不要拖沓。它要求使用更加简短的句子和段落来报道新闻，这样的安排更容易被用户收受。

我们在做融合新闻报道时应该适当控制文字量，单个音频文件或一段音频新闻播报的字数控制在 50 个字左右，视频播报文字则尽量控制在 130 个字左右。网络屏幕文字量控制在 250 个字左右，超过一个满屏则要考虑添加图片、音视频、互动设置等，切割文字篇幅，使之变短，提高用户的阅读成就感。

表 7.1 是美国学者的研究成果①，可供我们在控制文字量时参考。

表 7.1　文字量的控制

	广播（音频）	电视（视频）	报　　纸	网　　络
测量单位	秒	秒	栏寸	满屏
典型长度	20 秒	90 秒	12 栏寸	1 个满屏
典型字数	50 个字	130 个字	400 个字	250 个字

屏幕阅读对编辑的要求则是加大空白的运用，具体而言，就是增大行距和段落距离，以使屏幕上的文字块之间的空白得到明显增加，为眼睛的休息留下更多的轻松地带，让用户感到阅读速度在加快，获得更多的心理满足。屏幕上的空白减轻了文字的压抑，给用户以喘息的机会，增加了阅读的舒适感。

纸质媒体的编排也讲究空白的运用，但这种空白更多地体现在稿件与稿件之间的区隔，很少运用在同一篇文章内部段落的间距扩大和文字行距的扩大上。报纸的版面资源是有限的，版面空白代表了生产成本的增大，它是以放弃经济收益为代价的，只能适可而止，无法随心所欲。网络媒体则没有这样的后顾之忧，页面空间成本几乎可以忽略，只要有利于用户收受新闻，只要传播效果好，空白的运用就没有必要加以限制。为了克服在屏幕上阅读文字的固有缺陷，空白的运用就成为一种必然之选，这种运用应该大胆而又规范。屏幕越小，文字阅读带给用户的压力就会越大，空白的运用也就显得愈加迫切和必要。

屏幕显示模式的转换也值得考虑。电纸书屏幕显示模式不同于一般的计算机屏幕或手机屏幕，例如，汉王电纸书屏幕技术采用电子墨水珍珠屏，屏幕材质使

---

① 威尔克森，格兰特，费舍尔. 融合新闻学原理[M]. 郭媛媛，贺心颖，译. 北京：中国时代经济出版社，2011：25.

用电子纸材质，阅读效果类似于纸张，克服了一般的电子屏幕阅读文字的缺陷，对视力的伤害降低到了最小的程度，即使阅读长篇报道也不会令用户感到不适。如果只是阅读文字新闻，使用这种屏幕是最好不过的。但这种屏幕毕竟目前还不适合多媒介元素的呈现，这也是其固有的缺陷。如果电子屏幕能够在电子纸效果与 LED 电子屏效果之间方便转换，在需要阅读大块文字时用户可以选择电子纸屏幕效果，则这种显示模式无疑会有利于用户的健康，为解决屏幕上的文字阅读困难带来福音。

五、与其他视觉元素的融合

借助文字的表达，用户可以更为便捷地对其他视觉元素达成清晰、准确、统一的理解，其他视觉元素需要与文字融合。

图片、视频具有形象展示的优势，却并不擅长明确、深刻地传达信息。图片或视频的画面具有多义性，这种多义性使得信息传播具有不确定感。相比而言，文字具有超强的逻辑表现力，有助于消除画面的多义性。所以，图片或视频的一些基本信息通常都离不开文字加以明确界定，图片或视频的其他深刻抽象的信息更是离不开文字的表达。

作为一种作用于视觉的媒介元素，融合新闻报道中文字应当注意与其他视觉元素的融合呈现。具体来说，文字应当注重与图片、视频、动画等视觉元素的有机结合，形成一种自然的延伸阅读效果。

融合新闻不是简单堆砌多种媒介元素。简单堆砌是做表面文章，它缺乏融合新闻的魂，缺少精神主线的引领，它仅仅发生了某种物理变化，是分散和零乱的，偏离了融合的本质。融合新闻是多种媒介元素运用的化学反应，它强调多种媒介元素融合为一个有机整体。不能简单地以传统新闻写作知识来指导文字的运用，不能将文字写作与其他媒介元素，尤其是视觉元素割裂开来。

将文字与其他视觉元素融合在一起，会形成一种整体报道优势，它让新闻报道形成一个有机整体，带来赏心悦目的用户体验效果，它整合了新闻资源，强化了新闻传播效果。

（一）文字与图片的融合

为权威消息来源配发人物照片和身份文字说明，并将其用页面叠加方式链接到详细的描述页面，当用户点击链接时会弹出页面，阅读完毕关掉页面后仍会回到原来的窗口，不会阻断原来的阅读。

消息来源人物照片和身份文字说明紧邻主题文字报道，形成一个"文字报道—消息来源图片与说明"的格局，文字报道对新闻事实进行详细描述，在相应文字的旁边呈放相关消息来源的人物照片和文字说明，若用户感兴趣则可点击深入阅读。

这样的安排让图片与文字成为一个有机整体，图片链接延伸了文字报道，自然得体。

（二）文字与视频的融合

将相关的文字报道与视频靠近处理，使之融合成为一个整体。

在未点击播放视频的时候，视频窗口呈现为一张富有视觉冲击力的图片，图片上配有文字标题。视频窗口画面上的静态文字标题出自紧邻视频的文字报道板块，文字标题将视频与文字报道连接起来，在视觉和内容上得以融合。

文字报道板块对视频内容关键语句做链接处理，调整背景色，使其与视频静态画面相呼应，并不做过分的凸显，以使页面视觉相互协调。

（三）文字与特效图像的融合

这里所讲的特效图像意指不是通过摄影、摄像等途径直接获得的视觉元素，而是利用计算机后期制作的图片或影像作品，如新闻仿真图、动画、路线图等。特效图像的运用有利于生动形象地解析新闻发生的过程和原因，让用户直观地看到新闻的变动和进展，准确地理解新闻概貌与细节。但仅仅呈现图像是不够的，图像的关键点无法离开画龙点睛的文字。没有文字的说明，特效图像就会变得费解。文字能够让费解之处一目了然，它提高了视觉传达的效率，让视觉元素对信息的传达更加精确，用户得以更加清晰、准确地收受新闻信息。

文字成为特效图像的一部分，文字与特效图像融为一体，图像上的文字又将图像与文字报道板块融合起来。

六、最广泛的素材采集途径

音频素材的采集主要依赖于录音设备,视频素材的采集主要通过摄像,相对来讲,音频、视频素材的采集途径是比较单一的。文字素材的采集途径却要广泛得多,它几乎可以调动所有的采集设备,它拥有最广泛的采集途径和渠道。

直接的文字素材采集至少包括以下途径或方式:记忆力,通过记者的人脑记忆相关信息,然后整理成文字材料;笔记与抄录是传统的文字素材采集方式,依靠人工记录、抄写材料,虽然这看起来并不太先进,但是笔记或抄录仍然具有价值,它是记者的一项基本功;文件扫描,通过扫描仪或速录笔将文件上的文字符号扫描生成电子版,存储到计算机设备中;语音输入,将文字念出声来,通过相应软件转化成文字输入并存储到计算机中;键盘录入,采用敲打键盘的方式将文字材料输入并存储到计算机中;手写笔,不用键盘而是采用手写笔将文字材料输入计算机中;文件拍摄,运用照相机或摄像机对文字材料进行拍照或摄录,从而达到搜集素材的目的。

间接的文字素材采集途径或方式包括录音和录像,即新闻采访过程中录制音频和视频,并在后期将相关信息用文字描写出来。录音和录像采集到的通常不是直接的文字素材,但可通过后期的写作处理将其转化成文本形式。而在实际的新闻采访中,即便是纯文字,记者也有必要借助录音、录像技术完成对采访材料的记录。录音、录像具有记录准确的优点,对于直接引语的写作来讲,恐怕没有哪种记录方式能比录音、录像更精确了。报纸记者单纯依靠记忆或笔记来撰写直接引语,看起来言之凿凿,但若核对录音,这些加了引号的语句恐怕会令很多文字记者汗颜。

无论是直接的文字素材采集,还是间接的文字素材采集,都离不开写作环节的处理,离不开人的智力运用。只有通过写作技术加工,文字素材才能真正变得富有条理,只有真正进入写作环节,文字素材才具有实际的传播价值。

七、人工智能代替人工生产

文字写作原本是人的智能创造活动,但新闻机器人的出现颠覆了这一常识。人工智能是计算机技术对人的思维信息过程的模拟,人工智能的发展让机器人写作成为一股强大的内容生产力量。新闻机器人从文字写作开始,持续演化发展。人工智能在新闻领域的应用全面铺开,多种多样的新闻机器人被研发出来,对新闻业务产生了广泛而又深刻的影响。

(一)新闻写作机器人的能量

计算机技术在自动生成新闻报道方面大有作为,值得探索。新闻自动生成系统又被形象地称为新闻写作机器人,可以接收犯罪数据、体育赛事数据、灾难数据等结构化信息,并迅速生成新闻稿件。新闻自动生成系统实质是专门为新闻报道开发的计算机程序,它事先设置了新闻报道模板,当接收到结构化信息数据时,相关数据会被自动分配到新闻报道模板的相应位置,从而自动生成新闻稿件。计算机自动生成的新闻报道是一种程序化的新闻稿件,其内部结构是事先设置好的,具有同一性和固定性,新闻报道变动的地方主要是接收到的信息数据。

《洛杉矶时报》在开发新闻自动生成技术方面堪称先驱,该报记者兼程序员肯·舒文克编写了新闻自动生成系统,该系统与美国地质勘探局计算机系统相连接,可以将接收到的地震数据输入事先准备好的新闻模板生成稿件,仅用3分钟就可将报道发布在网页上。下面这个地震报道就是采用新闻自动生成系统生成的稿件,稿件署名肯·舒文克。查阅洛杉矶时报网站有关地震的新闻报道,可以看到肯·舒文克更多的稿件,这些报道的表述结构几乎完全一致,只是在震级、地名、时间等个性化信息方面做了替换。

Earthquake: 4.7 quake strikes near Lone Pine

A shallow magnitude 4.7 earthquake was reported Monday morning 31 miles from Lone Pine, Calif., according to the U.S. Geological Survey. The temblor occurred at 5:39 a.m. PST near the surface.

According to the USGS, the epicenter was 41 miles from Ridgecrest, 53 miles from Porterville and 57 miles from Lindsay.

In the past 10 days, there have been no earthquakes magnitude 3.0 or greater centered nearby.

This information comes from the USGS Earthquake Notification Service, and this post was created by an algorithm written by the author.

隆派恩附近发生 4.7 级地震

周一早上，距加利福尼亚州隆派恩 31 英里处发生了 4.7 级地震。美国地质调查局信息显示，地震发生在太平洋标准时间上午 5 时 39 分，地表附近。

据美国地质调查局报告，震中距里奇克莱斯特 41 英里，距波特维尔 53 英里，距林塞 57 英里。

在过去的 10 天里，震中附近没有发生过震级为 3.0 及以上的地震。

本信息来源于美国地质调查局地震通知服务中心，本报道是由作者开发的一个计算机程序生成的。

美联社对外宣布自 2014 年 7 月开始与科技公司 Automated Insight 合作，使用自动写作软件完成财报新闻写作任务。Automated Insight 定位为基于大数据提供个性化叙事服务的企业，其掌握的算法能把原始财经数据转换成新闻故事，增强报道的可读性。美联社预计，到 2014 年年底，采用 Automated Insight 公司的自动写作软件每个季度可生产完成 4400 篇财报新闻，此类稿件字数通常在 150~300 个单词。[1]

2015 年 9 月 10 日，腾讯财经发布了一条由新闻自动生成系统呈现的稿件《8 月 CPI 同比上涨 2.0% 创 12 个月新高》，这条新闻的末尾标注道："本文来源：Dreamwriter，腾讯财经开发的自动化新闻写作机器人，根据算法在第一时间自动生成稿件，瞬时输出分析和研判，一分钟内将重要资讯和解读送达用户。"[2]一个月后的 10 月 14 日，腾讯财经写作机器人 Dreamwriter 在报道 9 月份 CPI 变化情况时又出新招，同时推出"精要版""民生版""研判版"等多个版本的报道，进

---

[1] ROGER YU. How robots will write earnings stories for the AP[EB/OL]. [2014-06-30]. http://www.usatoday.com/story/money/business/2014/06/30/ap-automated-stories/11799077/.

[2] 8 月 CPI 同比上涨 2.0% 创 12 个月新高[EB/OL]. （2015-09-10）. http://finance.qq.com/a/20150910/019573.htm.

一步优化了写作技术,增强了可读性。"精要版"正文字数仅为 276 个字,便于读者迅速阅读;"民生版"增加了微博信息抓取,"微博网友'爱因戒'表示,'强烈要求统计部门将 38 元一只虾统计进 CPI 指数。'"①写作机器人不忘调侃 10 月 4 日发生在青岛的"天价虾"事件,意在让机器人新闻带上人情味;"研判版"认为"9 月 CPI 涨幅回落,货币政策或维持宽松",显示了机器人智能分析的本领。

(二)从信息筛选到节目直播

除写作外,计算机技术或者说机器人在筛选信息、自动编辑甚至节目直播方面也有不俗的表现。

英国 17 岁少年尼克·阿洛伊西奥带领 10 人团队,成功研制了移动新闻阅读器 Summly,2011 年 12 月这款软件上线。Summly 要做的事情就是采用最简单的形式,用最少的时间,把新闻的最核心、最关键信息提供给用户。在内容泛滥的时代,Summly 的价值是显而易见的,它节省了用户的宝贵时间。Summly 带来的理念和趋势更值得我们关注——技术代替人工进行新闻内容的表达或加工。以后当一个编辑不好好工作的时候,或许我们可以警告他,不用你当编辑了,计算机技术在处理内容时做得更好。Summly 运用语义分析算法,对新闻内容进行精简处理,精简后的稿件带有新闻标题,内容不超过 400 个单词,用户在一两分钟内即可阅读完一篇新闻,了解核心信息。没有编辑人员进行文字处理,新闻浓缩技术对新闻内容的摘取可以达到相当准确的程度,让人感到很惊奇。用户快速浏览新闻后,还可以点击链接阅读全文,也可以将内容分享给好友。

如果你是一位文字工作者,你不感到震惊吗?一个文字工作者如果不好好学习并掌握写作技术,很有可能被一款软件打败。想一想,人的价值又会体现在什么地方呢?

新闻应用 Circa 也很神奇,它能够将新闻分解成几个部分,每部分呈现一个要点,核心内容的呈现基本超不过两屏。如果用户想了解出处,可以方便地点击原文链接。如果用户对某条新闻的最新进展感兴趣,也可以将这条新闻添加进 Follow 列表之中,当这条新闻出现最新进展时,Circa 会及时提醒用户关注。"新闻的生态系统正在进化,从传统媒体、新闻网站、博客再到微博,甚至一些以

---

① 民生版: 9 月 CPI 涨幅回落住房租金保持上涨[EB/OL]. (2015-10-14). http://finance.qq.com/a/20151014/020297.htm.

BuzzFeed 和 Reddit 为代表的更灵活的新闻展现方式。文章已经不再是新闻唯一元素，信息的集合、分解、重组和更新方式正在挖掘新闻的另一维度价值。"

机器人琳达则受邀做了 BBC 直播节目的嘉宾，并有"过火"的表现。琳达是由英国林肯大学自控系统研究中心研发的机器人，能在某种程度上与人类自由对话。2015 年 9 月 14 日，BBC 早间直播节目"早餐秀"邀请机器人琳达探讨人工智能的话题，只是到了节目结尾时机器人突爆粗口，把本应说"谢谢"误发音成了不雅词汇，主持人斯泰特只好救场说："此刻，我想对你说的是，回到你的盒子里去！"①

（三）新闻机器人的持续演化

人工智能是人的创造物。没有人，没有人工，也就没有人工智能。人工智能处于不断发展过程中，新闻机器人也在进一步演化和完善。人工智能在新闻传播中的应用，有利于将新闻人从繁重的工作中解放出来。新闻机器人在新闻采集、编辑加工、呈现、分发等诸多方面具有重要价值，可以代替人工劳动，大大减轻新闻人的工作负担。

为视频添加字幕是一项繁重的工作，字幕生成机器人可以代劳。把听同期声、配字幕的任务交给字幕生成机器人，既省心，又省事。直播剪辑机器人可以自动封装片头片尾，让直播流剪辑变得十分快捷。新闻主播机器人全天候在线，随时可以投入新闻播报。将数据做成动画视频需要专业技能，而数据新闻机器人可以将用户上传的 Excel 表单生成数据动画视频，让数据动画视频的制作变得简单。从提高新闻工作效率、减轻新闻工作负担的角度考虑，我们应该对人工智能技术的发展、对新闻机器人的发展抱持开放和欢迎的态度。

新闻机器人的演化持续发力。2017 年 6 月，新华社和阿里巴巴集团投资成立了新华智云科技有限公司。新华智云于 2017 年 12 月 26 日发布了中国首个媒体人工智能平台"媒体大脑"，2018 年 12 月 27 日推出了"媒体大脑·MAGIC 短视频智能生产平台"。2019 年是人工智能规模化落地元年。同年 8 月 26 日，新华智云推出"智能新闻机器人第一梯队"，发布了自主研发的 25 款媒体机器人。②在这

---

① 机器人嘉宾爆粗口　BBC 主持人很"囧"[EB/OL].[2015-09-19]. http://news.xinhuanet.com/world/2015-09/19/c_128245704.htm.

② 25 款媒体机器人重磅推出！到底有多强大？[EB/OL]．（2019-08-27）. https://mp.weixin.qq.com/s/DwtdqdIPX7-CcKc6VnOxpQ.

25款媒体机器人中，助力新闻人"采集"新闻资源的媒体机器人有8款，即突发识别机器人、人脸追踪机器人、安全核查机器人、文字识别机器人、数据标引机器人、内容搬运机器人、多渠道发布机器人、热点机器人；助力新闻人"处理"新闻资源的媒体机器人有17款，即智能会话机器人、字幕生成机器人、智能配音机器人、视频包装机器人、视频防抖机器人、虚拟主播机器人、数据新闻机器人、直播剪辑机器人、数据金融机器人、影视综快剪机器人、体育报道机器人、会议报道机器人、极速渲染机器人、用户画像机器人、虚拟广告机器人、一键转视频机器人、视频转GIF机器人。①

新闻机器人的出现会给新闻人带来焦虑，这种焦虑主要来自个人职业岗位被取代的担忧。只是担忧其实无济于事，也没有太大必要。人工智能技术的发展趋势不可阻挡，新闻机器人仍然需要进一步完善，新闻机器人的完善对开展新闻工作具有明显的助力作用。文字写作仍然是人类记者的核心职业技能，在凸显人文性、深度调查解释方面，人类写作仍然具有不可替代的价值。

人工智能是为人服务的，新闻人应该将思考的重心从担忧转移到人机协同上面来。单纯的人工智能或人类智能都不会让智能传播发挥出最大效能，人工智能与人类智能的结合——人机智能融合才是智能传播发展的主要方向。②我们仍然需要夯实新闻职业功底，提升新闻报道与写作能力，否则就是自废武功，将会变得一无是处。同时，我们还需要通过借助新闻机器人的力量，最大程度上释放融合新闻生产力，更加快速地为用户提供优质新闻产品。

---

① 十几秒生成新闻短片，"媒体机器人"如何帮人省去繁杂的剪辑工作？[EB/OL]. [2019-09-04]. https://www.tmtpost.com/4146316.html.

② 刘伟. 追问人工智能：从剑桥到北京[M]. 北京：科学出版社，2019：143.

第八章
图片

图片虽然是静态的画面,但这种静态画面的冲击力有时却比活动影像更强烈。

融合新闻报道中的图片元素主要包括新闻照片、新闻图表和新闻漫画,"新闻图片不再是文字的附庸,相反,它开始发挥与文字同样重要的作用。"[①]图片能够直观形象地展示新闻信息,增强新闻的真实感和可信性,让新闻变得容易理解和有趣。此外,图片还天然地具有唤起回忆、引出话题的社会功能,具有强烈的分享性,"视觉信息天生就是为了共享而存在的"[②]。图片具有如此强大的功能,在融合新闻报道中的重要性自然不言而喻。

一、新闻照片

新媒体环境下,新闻照片仍然是有效呈现信息、吸引用户的重要媒介元素。2015年8月12日晚上11点30分许,天津市滨海新区瑞海公司危险品仓库

[①] 甘险峰. 当代报纸编辑学[M]. 广州:中山大学出版社,2013:92.
[②] 任悦. 视觉传播概论[M]. 北京:中国人民大学出版社,2008:8.

发生特大爆炸事故。8月14日,《北京晚报》年轻摄影记者和冠欣在微信公众号"小心和小欣"推出图文报道《走多远?作多久?》。这篇图文报道在微信朋友圈广泛传播并被转载,据估计阅读量超过千万人次。

后来微信公众号"小心和小欣"上的这篇图文报道被强行删去,8月18日"小心和小欣"公众号只得重发了英文版《走多远?作多久?》("How Far Can I Go? And How Much Can I Do?"),"希望英文版不会被删"。不过,网上其他公众号、博客等却早已广泛转载了《走多远?作多久?》,删了一个公众号的图文报道,网上其他地方又冒出了更多的图文报道。北京日报管理层迅速做出了表彰和冠欣的决定,中国人民大学新闻系1978级新闻老兵还募集了10万元人民币来奖励和冠欣,向他致敬。

《走多远?作多久?》产生这么大影响的一个关键原因就在于,记者到现场拍摄了大量的鲜活图片——这些现场第一手照片资料是记者冒着生命危险,突破了警察的封锁、盘问和搜查,才最终呈现在世人面前的。这些照片非常珍贵,场面令人震惊,满足了人们对爆炸事故现场情境信息的需求。从中不难看出,新闻照片在新媒体传播中的重要作用。

(一)数码让摄影变得简单

在胶片相机时代,摄影被看成一种奢侈行为,摄影术被当作一种具有技术门槛、难度较高的专业活动,能够拥有一架单反相机并能够掌握照相技术往往令人艳羡。

摄影技术的核心要点无非是拿稳相机、通过控制快门速度和调节光圈大小来恰当曝光、准确对焦、合理构图和屏住呼吸瞬间按下快门,这些技术足够摄影系学生花费四年大学时光来研习,也可以通过业余爱好者的传授和切磋让一个新手在一天之内掌握其基本要义。不过,在胶片相机时代,安装胶卷、曝光、对焦、按下快门、取出胶卷、冲印等烦琐的操作环节和昂贵的拍摄费用,足以让大多数老百姓对摄影术敬而远之。

数码摄影技术的问世与普及彻底改变了这种境况。1981年,日本索尼公司率先推出了数码相机。20世纪90年代初期,数码相机走入中国新闻界。1993年,深圳特区报率先在国内新闻媒体界使用数码相机。1995年,新华社开始使用数码相机。1997年香港回归祖国前，新华社花200万元巨款购买了10台数码相机[①]，价格不可谓不高。

随着数码相机的普及，摄影真正得以走入寻常百姓家，一大批公民摄影家与此同时也在不断涌现出来。数码摄影器材让一切变得简单，摄影器材对于普通百姓来讲已经构不成门槛限制了，业余爱好者玩转专业级数码单反相机已经是很平常的事情了。与单反相机相比，卡片机更是受到百姓的欢迎，卡片机有自身的优势，卡片机小巧便携并且成像质量也还不错。除单反相机、卡片机外，带有照相功能的手机也已经成为强势发展的摄影利器。从数码摄影技术设备的发展趋势来看，越来越多的设备产品会配置摄影功能，如谷歌眼镜（Google Project Glass）、智能手表等。

无人机让数码摄影插上了飞翔的翅膀，提供了以前拍摄无法看到的崭新视角。无人机既可以高空航拍，又可以贴地飞行拍摄，既可以拍摄静态照片，又可以拍摄动态视频，有助于生成富有冲击力的视觉素材。无人机亦能成为社交媒体工具，无人机拍摄及时抓取了新闻现场信息，可以实现新闻现场信息的社交分享。

（二）手机摄影的强势发展

对数码相机形成冲击的是带有摄影与摄像功能的手机，手机甚至有可能会取代数码相机，这绝不是危言耸听。

手机发展到今天，其功能的集成已经远远超出了最初的想象，手机摄影的成像质量令人赞叹，甚至并不输于一般的数码相机。手机所拍图片清晰亮丽，足以满足用户大多数情况下的日常拍摄所需。

更为关键的是，手机现在几乎成为人体的一部分了，这是目前以及未来很长一段时期内任何其他媒体都难以企及的。手机本身是与互联网相连接的，它是一个在线媒体，是最佳的融合媒体，用户拍摄完图片后可以迅速将其发布出去，而很多数码相机在这方面就不如手机来得方便。

如果普通的手机不能满足用户对更高质量摄影的要求，我们还可以选择"手机中的相机王"。2013年三星推出Galaxy S4 Zoom，将手机与数码相机完美融合

[①] 甘险峰. 中国新闻摄影史[M]. 北京：中国摄影出版社，2008：155.

起来，它从背部看是手机，从正面看是相机。Galaxy S4 Zoom 搭载 10 倍光学变焦镜头，配备数码相机 1/2.3 英寸感光元件，被用户称为"手机中的相机王"，可以同时满足对高质量摄影和设备便携性的要求，如图 8.1 所示。

图 8.1　手机与相机的融合：三星 Galaxy S4 Zoom

媒体通常习惯为摄影记者配备单反数码相机，单反数码相机在成像质量、拍摄特定场景时具有优势，但在智能分享方面却落在了手机后面。"智能分享应用终将成为影像密不可分的伴侣"[1]，包括单反、单电[2]在内的数码相机必须在智能分享方面及时跟进，这一点对于新闻工作来讲尤其重要。拍摄完图片后还要拿着数据线连接计算机下载照片，这给新闻图片的及时分享与发布带来了障碍，这样的单反相机已经不能胜任新闻工作对时新性的要求了。

数码相机融合手机功能是一个有价值的相机进化方向，这样的数码相机适应了融合新闻便捷发布的要求。三星推出的 Galaxy NX 就是相机融合手机功能的绝好案例，Galaxy NX 采用 APS-C 感光元件，有效像素 2030 万，触摸屏，机身内置安卓操作系统，加入了 4G LTE 网络的支持，可以插入 SIM 卡，让相机得以真

---

[1] 橙子. 相机中的智者：便携相机智能化发展[J]. 中国摄影, 2013（11）：110.

[2] 单电数码相机采用电子取景而不是光学取景，但具有数码单反相机功能。

正地随时在线，拍摄者可以随时无线分享与发布所拍摄的图片，如图8.2所示。

图 8.2　随时在线的单电相机 Galaxy NX

手机摄影在新闻生产实践中得到越来越广泛的重视和应用，这甚至影响到了专职摄影记者的饭碗。

早在 2005 年，帕克·伯利德就在美国田纳西州成立了手机记者新闻供稿服务机构"Cell Journalist"[①]。

2011 年 2 月 7 日，手机摄影作品首次获得国际年度摄影比赛（POYi）大奖。这部获奖作品是《纽约时报》戴蒙·温特（Damon Winter）用 iPhone 手机和 Hipstamatic 软件拍摄完成的《魔兽生活》，共有 12 幅图片，描述了驻阿富汗美军的日常生活，获得 POYi 报纸类特稿图片故事第三名，如图 8.3 所示。POYi 是世界上最权威、最重要的新闻摄影比赛之一，向来以评选严谨、专业著称于世，此次手机摄影作品获奖令新闻摄影界为之震动。

到了 2012 年春天，叙利亚战事报道时，很多记者采用了手机摄影方式。[②]

2013 年 5 月 30 日，《芝加哥太阳时报》撤销了整个摄影部，包括普利策奖获得者 John H. White 在内的 28 名专职摄影记者被解雇。《芝加哥太阳时报》将训练文字记者使用 iPhone 拍摄照片和视频，不再雇用专职的新闻摄影记者。专职新闻

[①] 黄文. 步步为影：数字化语境中的图像传播[M]. 北京：中国文联出版社，2008：72.
[②] 姚永强. 纸媒转型语境下的新闻摄影生态[J]. 传媒观察，2014（8）：53-54.

摄影记者受到了冲击,新闻摄影记者的多技能化成为必然要求。

图 8.3　手机摄影获奖作品《魔兽生活》讲述了驻阿富汗美军的日常生活故事

(三) 全民摄影

进入融媒时代以后,数码相机已经从奢侈品变成了寻常百姓的普通玩具,而手机的普及,尤其是手机照相技术的提升和普及,更是急剧地扩大了新闻照片的来源,新闻照片生产成了全民狂欢的集体活动。除摄影记者外,文字记者和普通公民也都成了新闻照片的提供者。通过对新媒体的观察,我们可以发现当前普通公民摄影的题材主要集中在以下领域。

(1) 恩爱(如爱人为自己准备的晚餐图片)。

(2) 孩子。

(3) 突发事件。

(4) 救助故事。

(5) 外来人口与当地居民。

(6) 城市、乡村及其景象。

(7) 旅游、风景。

(8) 美食与健康。

(9) 花卉、动物、美图。

(10) 个人兴趣与作品(如自己的书法或十字绣图片)。

普通公民摄影具有以下五个典型特征。

（1）话语权：公民将社交媒体当成自己的麦克风，并且非常享受拥有发言权的感觉。他们将摄影当成话语工具，在分享照片的过程中完成诉说。

（2）记录：通过摄影记录个人经历，保存资料。通过新媒体的分享功能，完成对其他来源照片资料的收藏。

（3）非职业性：公民摄影带有明显的非专业特征，大多数摄影作品是按照公民个人对摄影技术和艺术的理解，以个人喜好、个人情感决定拍摄。

（4）分享性：图片天然具有分享性，照片的分享通常是为了达到展示、炫耀的目的。不过，过度的炫耀则值得警惕，所谓"晒是一种病"。

（5）彩色：采用数码技术拍摄的照片大多数是彩色的，公民摄影采用黑白或其他单色的情况越来越少见了。

（四）摄影画面融合

对焦清晰、曝光恰当、构图完美、具有视觉冲击力的照片当然受到欢迎，但是如果做不到这么完美，遇到诸如器材不给力、按下快门的瞬间抖动、曝光控制失当等情况，新闻照片就有可能出现瑕疵，这个时候我们只能退而求其次，有胜于无，有新闻照片总比没有新闻照片好得多。这是新闻摄影追求新闻性的体现，是一种追求实用价值而不是追求艺术价值取向的表现。

一些网友用手机拍摄的图片，虽然图片质量不一定高，但是这些照片记录了新闻现场，而专业记者有时候很难出现在事发现场，时过境迁，这些业余选手提供的照片就显得弥足珍贵了。

当然，如果可以的话，我们还是希望提供新闻性与形象性俱佳的摄影作品。新闻讲述的是关于人的故事，好的新闻照片中应该有人的身影。好的新闻照片应该拍得自然，富有冲击力。除拍摄好新闻照片外，还要为照片写好文字说明，让照片与文字相得益彰。可以用一句话直接描述画面，然后再讲述新闻内容和新闻背景。照片文字说明要将图像不能确切表达的信息明确表述出来，起到画龙点睛的作用，帮助用户获得清晰明确的认识。

要注意新闻摄影画面的融合问题，增强画面的融合力度。融合具有审美意义，能够对新闻照片美的内涵进行开掘，融合后的画面具有选择记录的直接性和意蕴指向性，记者应该努力发现人物神情、行为及其所处场景之间的内在逻辑关系，

"让人物的神情、行为与新闻场景融合为一体并表达在画面里"。[①]还要提升新闻摄影画面融合的层次，将纪实美和艺术美融合在新闻摄影中，既要遵循新闻报道的真实、客观原则，又要恰当借鉴视觉艺术的技巧。

（五）拒绝残酷呈现

相对于图表、漫画而言，新闻照片使用的伦理问题更为突出。

作为大众传播形式的新闻照片应该注意规避令人感到恐怖、恶心的画面，不宜刊登残忍、血腥、尸体、身体残缺等特写照片，可以采用具有象征意味的其他温和画面来代替这些刺激性强烈的图片。如果不好判断照片到底是否适合刊登，也可采用文字形式提醒用户以下画面有可能引起用户的不适，由用户做出是否观看的判断。不要刊登色情、猥亵照片。除非为了艺术表现，否则一般不应该刊登裸体照片。

二、新闻图表

新闻图表是使用数字、文字、图形甚至照片和漫画，形象化展示事实信息的视觉新闻形式，主要包括统计图表、新闻地图、新闻仿真图以及复合图表等样式。新闻图表的功能优势主要体现在整合信息、形象化展示信息等方面。新闻图表体现了逻辑思维与形象思维的完美统一，它灵活运用多种视觉元素，将庞大而又零散的数据信息有机组合起来，高效、形象、精练地展示新闻事实信息。

（一）统计图表

严格意义上讲，统计图表可分为统计图和统计表。统计图是在数据采集、汇总整理、计算分析基础上，将统计结果形象化呈现出来的图示，统计图包括柱状图、饼形图、折线图、直方图、散点图、茎叶图、盒形图等类别。

虽然统计图是一种比较形象的展示信息的样式，但并不是所有统计图都很容

[①] 许必华. 新闻摄影学概论[M]. 北京：新华出版社，1999：262.

易看懂。有的统计图仍然需要具有一定的统计专业知识才能顺畅提取出其中的信息，一个完全没有统计绘图知识的读者很难轻松看懂茎叶图、盒形图等统计图。所以，新闻报道中通常会偏重使用某些统计图，而对其他统计图有所回避，这是有道理的。统计图中的柱状图、饼形图和折线图是最容易理解的，通常并不需要读者必须具有统计专业知识背景，新闻报道中也最常使用这三类统计图。另外，新闻工作者也同样更为熟悉柱状图、饼形图、折线图，更容易理解这样的统计图，它们同样更容易受到记者和编辑的青睐。

纯粹的统计表是指仅仅通过运用文字和数字展示信息而绘制的统计表格，统计表的数据整合能力很强，它对庞大数据有效汇总、分析计算之后提炼出精华，集中展示最有价值的统计结果。一张统计表里面高度浓缩了最有价值的信息，最大程度上提高了信息展示的效率。统计表的整合能力很强，但相对而言它的形象化能力却要弱一些，至少它不如统计图直观形象。纯粹的统计表完全依赖于数字和文字来展示信息，没有诉诸形象思维的视觉元素，这就使得它比较抽象，更多依赖于读者的逻辑思维来解读信息。

为了增强统计图表的生动性，制图人员可以对统计图表做进一步的形象化处理，添加图画、照片等视觉元素，将统计软件直接输出的统计图表做进一步的美化，使得统计图表更加形象生动，增强统计图表的易受性和趣味性。

（二）新闻地图

丁香园"疫情地图"（见图8.4）[①]于2020年1月21日上线，6月16日浏览已经超过40亿人次。丁香园"疫情地图"舍弃了大段文字呈现形式，运用图表、地图传递信息，用户点击地图上的省份则会得到该地具体数据，还可以继续点击了解详情，十分直观

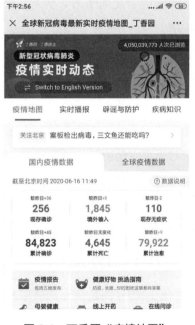

图 8.4　丁香园"疫情地图"

---

① 丁香园[EB/OL].［2020-06-16］. https://ncov.dxy.cn/ncovh5/view/pneumonia.

醒目。除互动以外,"疫情地图"用不同颜色来表示当地确诊病例数情况,用户通过色彩深浅就能感受到该地疫情的严重程度。

丁香园的这个产品是新闻策展的成功案例。该产品可进行中英文转换,提供"国内疫情数据""全球疫情数据""国内疫情地图""国内疫情趋势""国外疫情趋势",并开设"实时播报""辟谣与防护""疾病知识"等栏目。丁香园注重信源可信度和权威性,数据主要来源于国家卫健委、各省市区卫健委、各省市区政府公开数据;香港数据来源于"香港特别行政区政府卫生署",澳门数据来源于"澳门特别行政区政府",台湾数据来源于"中央流行疫情指挥中心",海外数据来源于各海外官方网站。①丁香园"疫情地图"实施了非常到位的新闻策展,从世界范围内汇集网络数据,加以甄别筛选,再整合呈现给用户。

新闻地图是用来呈现新闻事实发生的地理位置和相关信息要点的图示,"新闻地图的比例可以不像标准地图那样准确,但是对新闻中提到的重要地点应该加以突出,而且突出这些地点的新闻地图的表现方式也比较灵活自由"。②新闻地图常用于交通事故、灾难、战争、外交事件、刑事案件、城乡建设等内容的报道。

对于一些地理位置因素非常重要的新闻报道来讲,使用新闻地图可以帮助用户清晰地了解事实发生的方位信息。如果不使用新闻地图,而仅仅依靠文字等媒介元素来报道,即便耗费更大的精力,可能还是无法让用户搞清楚事实发生的地理方位关系。文字和音频自不必说,视频虽然能够展示具体的地理环境信息,但是对于更大范围的地理环境来讲,若不借助缩小化的地图,单纯的视频报道仍然很难展示清楚宏大的地理区域关系。

可以借助百度地图、谷歌地图的力量,在搜索框输入地点名称,选择适当的位置区域、比例大小,制作并截取具体的新闻地图画面。

(三)新闻仿真图

新闻仿真图是在无法获取新闻照片或影像的情况下,根据已知信息,运用三

---

① 你每天看好几次的疫情地图,原来数据是这么来的[EB/OL].[2020-02-14].https://mp.weixin.qq.com/s/pD6BwkjHkHVmf2gwKCkfBw.
② 甘险峰.当代报纸编辑学[M].广州:中山大学出版社,2013:198.

维制图软件制作的模拟新闻图片。新闻仿真图发挥了对新闻照片的替补作用,多用于航空、生物、医学、科技、军事、犯罪等内容的报道。

三维虚拟仿真技术是20世纪60年代美国军方掌握的技术,20世纪80年代末,这项技术开始从战斗机飞行员训练、航空航天等军用领域,转移到影视动漫、机械制造、建筑设计及新闻报道等领域。20世纪90年代中期,号称"国内新闻仿真第一人"的《南方周末》美术编辑张向春开始了新闻仿真制图的研究和探索,在业界产生了一定的影响。

新闻仿真图的制作同样需要前期采集信息,但是与普通新闻采访注重采集事件信息、直接引语、生动细节等不同,该类采访需要掌握足够多的地形、地貌、距离、线路等信息,以便画出比较准确的示意图。新闻仿真图的制作还要注意简洁清晰的要求,"一定要围绕中心事件,进行构思、构图,中心如果不明确,就显得松散"。[1]新闻仿真制图必须紧密围绕核心新闻事实展开,集中力量清晰展现新闻事实发生的脉络。

(四)复合图表

复合图表是将照片、漫画、图表融汇在一起的新闻图片,它综合运用了照片、文字、数字、图形、线条、漫画等视觉元素,相对于单纯的新闻照片、新闻漫画以及其他新闻图表来讲,复合图表运用的视觉元素最为丰富,制作也相对复杂,承载的信息量更为密集,它通过调动最广泛视觉元素的复合化处理,生动形象地阐释新闻信息。

复合图表具有很强的整合能力和互动性,例如,网易对2014年巴西世界杯报道就巧妙地设计了一个这样的复合图表[2],如图8.5所示。这个复合图表将有关32强分组赛程的比赛日期、比赛场地、分组及赛程、比赛队伍等信息全部集中在一起,而且这个图表还具有很强的互动性,用户可以十分便捷地查询相关信息。当用户拖动鼠标指针在圆环周围移动时,选定指标的相关匹配比赛信息就会展现在圆环中央。

---

[1] 张向春. 新闻仿真制图[M]. 北京:清华大学出版社,2008:16.
[2] http://2014.163.com/,2014-07-14.

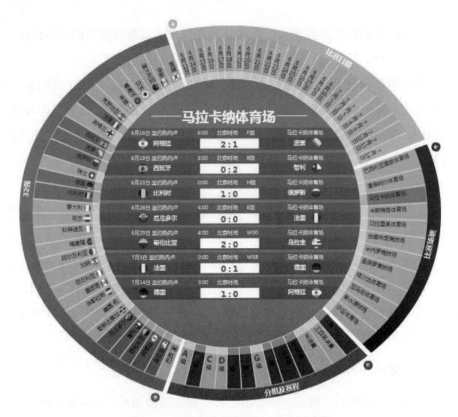

图 8.5　网易巴西世界杯 32 强分组赛程

曾任国家发改委党组成员、副主任的刘铁男被曝出涉及包养情妇和一系列色情活动，并被发现有 1900 万澳元存款、超过 9 千克的金条和 25 只罕见钻石。腾讯"新闻百科"以《刘铁男贪了多少钱》为题进行了复合图表报道，对刘铁男贪污的 8.7 亿多元进行了形象的解析，如图 8.6 所示。

图表主体共分为三个部分："刘被曝财产约 8.723 亿元"，通过列算式将刘铁男的财产金额折算出来；"刘铁男工作 8529 年才能赚 8.7 亿"，把刘铁男的基本工资、津贴奖金、月工资总额情况罗列出来，并计算出刘铁男若通过挣工资的方式赚这么多钱，需要用 8529 年，刘铁男应该从公元前 6516 年开始工作至 2013 年才能完成这个任务，极大地讽刺了刘铁男财产来源渠道的非正常性、非法性；"8 亿财产是多少？"则为大家算了几笔账，例如，按照美国总统奥巴马夫妇年收入约 240 万元的标准算，美国总统夫妇需要耗费 362.5 年才能赚这么多钱。

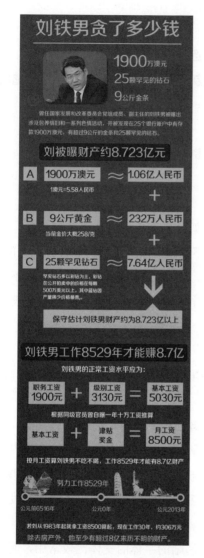 

图 8.6 腾讯《刘铁男贪了多少钱》复合图表

这个新闻图表综合运用了刘铁男的照片、奥巴马的照片、人类从猿进化而来的剪影图示、自由女神像剪影、建筑物图形、人物图形、线条等视觉元素和文字、数字等符号,对刘铁男贪污数额之大进行了形象的展示,这张新闻图表让原本抽象的贪污数字一下子变得容易理解起来。

复合图表通常需要一名文案和一名美编合作完成,如果一人兼具文案和美编的能力,也可独立完成复合图表的制作。复合图表的制作包括以下几个步骤。

1. 定选题

选题除了要有新闻价值，还要特别注意从以下几个方面来具体考察：选题的内容要足够撑起一张图表；有获得该选题新闻图片和文字信息的渠道；选题要具有可视化特征。

2. 查资料

查询资料，采集足够的新闻信息。查资料过程中还要记录资料来源，以便后期编辑时可以注明引用情况。

3. 写文案

采用先总后分的思路，先勾勒总体框架，再重点叙述某些关键部分。将事件框架中的关键要素重点标识，如加黑、加下画线，重点扩展、丰富标识过的内容。

文案的内容在图表中不一定要全用上，在不影响事件完整性的前提下，果断删掉非重点、阻碍读图者理解的内容。文字表述要力求简洁，能用图片表述清楚的内容，就不用文字表述。

4. 美编

美编包括排版和美化，二者经常是同步完成的。排版侧重于谋篇布局，美化侧重于将原有的排版内容艺术化。

（1）设置画布大小。Photoshop 中新建一张图片时，会弹出对话框，要求输入画布大小的参数。通常竖长条形的图表新闻，宽度是固定的，长度随内容的多少而定。宽度设为 25cm，比较适合用计算机观看。长度的设定原则是足够长，尽可能长，例如，可以把长度设为 400cm，多余的部分可以裁掉，如果长度不够还可以增加画布长度。

（2）选择字体。宋体、黑体等正规、清晰的字体的变体比较常用，而手写体和其他花哨的字体，因为不容易识别而较少使用。字体的种类不宜过多，通常不超过 4 种。标题文字大于正文，标题文字通常采用较粗的字体；正文中的重点字句也可用加大字号、加粗的方式重点标识。

（3）颜色的使用。背景色奠定主题基调，正文颜色应该与背景色对比鲜明，方便看清；正文中的重点字句可以采用醒目的颜色；局部可以使用其他颜色点缀，防止画面过于单调。颜色数量不宜过多，通常不超过 5 种。

（4）收集图片素材。可以自己绘制视觉素材，若无法自绘素材，只能寻找网上的现成素材。如果图片商用，必须保证借用的素材不会引发版权纠纷。网上收集的素材往往风格不一致，可以采用"将素材改为同一色系""对素材施以同一滤镜"等方式使素材风格趋于统一。素材之间应留出足够的空隙，给读图者足够的喘息空间。

5．多人审阅

"多人"的目的是检验制成的图表能否被知识架构不同、对事件了解程度不同的人理解。在审阅过程中要重点检查表达是否清晰，消除错别字、病句，图表要让完全不了解事件背景的人轻松看懂。

三、新闻漫画

新闻漫画是"对新近发生的事实进行传播或评论的漫画，它既要具有新闻价值，同时又要遵循漫画的创作规律，是一种形象化的新闻传播手段"[1]，新闻漫画既能以漫画艺术形式传播新闻事实变动信息，又能对新闻事实发表形象化的评论。

在中共中央纪委监察部拍摄的一个视频里，河北省邱县波流固村村民徐文斌指着墙上一幅题为《照镜子》的漫画说："一看就知道，跟上面看电视说的都一样。"这位农民对新闻漫画的功能优势做了一个通俗的解释。

漫画往往采用夸张的形式传达信息和意见，其对新闻专业规范的执行与日常新闻报道有着一定的区别，我们不能拿摄影报道或文字报道的标准来要求新闻漫画发挥报道功能。这里对"新闻"的理解必须采取广义的概念，将"新闻"的内涵扩展到报道和评论范围。新闻漫画的报道功能与评论功能往往融合在一起，新闻漫画的评议功能比报道功能更强烈一些。

新闻漫画作为一种视觉形式，具有视觉美感，形象生动，幽默讽刺效果明显，在传播信息、评议事实方面往往能够给读者带来收受的愉悦体验，深受人们的喜爱。

陈小桃，原名陈雨婷，出生于 1994 年，是一位漫画创作者。2020 年 1 月 30

---

[1] 甘险峰．当代报纸编辑学[M]．广州：中山大学出版社，2013：159．

日,陈小桃在自己的微博上发送了一张原创漫画,"看到大家都在用家乡美食为武汉加油,画一张温暖点的画,相信一切都会好起来的"。漫画中,热干面躺在隔离病房里,煎饼果子、糖葫芦、小笼包、烩面、火锅、大葱、臭豆腐等一干美食卡通人物,在窗外为它加油鼓劲。这幅漫画转发量将近 9 万次,点赞超过 32 万次,引发的相关话题"加油啊热干面"阅读 1.5 亿次,讨论 5.1 万。

陈小桃的这幅作品画面温馨,令人感动,跟帖达到 21 365 人次,"反正我看到小桃儿这张图真的看哭了""你的漫画是我这段时间看到最可爱最治愈的东西了,谢谢全国各地人民的帮助,热干面一定会加油的""那么可爱的画,早晨忍不住临摹了一下!希望热干面快点好起来!"陈小桃后续还画了一些"热干面"漫画,很受关注,如图 8.7 所示。

图 8.7 陈小桃"热干面"作品

新闻漫画的创作者既有新闻媒体的专职漫画创作者或美术编辑,也有来自新闻媒体以外的自由漫画作者。融媒时代给了广大业余作者施展才华的空间和平台,我们应该给予那些所谓业余漫画作者以足够的重视。人民群众中蕴藏着宝贵的作者资源,甚至一些农民都有可能成为漫画家,成为新媒体时代"用户创造内容"的杰出贡献者。

邱县农民画漫画现象就是一个很好的例证[①],如图 8.8 所示。邱县是河北省邯郸市一个只有约 26 万人口的农业县,却有漫画家 3000 多名,邱县农民画漫画成为一道令人瞩目的风景。邱县共有 218 个行政村,每个村都有漫画墙。1983 年,

---

① 蒋举. 农民漫画挂"进"中央纪委网站[N]. 法治晚报, 2013-11-06.

邱县农民画家陈玉理、李青艾夫妇组织成立了"青蛙漫画组",培养了诸多"蝌蚪漫画家",最终促成了邱县农民画漫画的现象。华君武老先生称赞说:"青草池塘处处蛙,邱县农民画漫画。中国发展变小康,蝌蚪成了漫画家。"

图 8.8 中央纪委监察部网站采用多图转换形式呈现的邱县农民漫画

邱县农民漫画受到中央纪委的高度重视,中央纪委监察部网站上还专门开设了"河北邱县廉政漫画展"①,除刊登文字材料介绍"河北邱县以漫画为载体推动廉政文化建设"的情况、展览邱县农民创作的廉政漫画作品外,中央纪委监察部电化教育中心还专门拍摄了纪录片《小漫画里的大廉政》,用视频形式形象生动地介绍了邱县农民创作漫画、采用漫画反腐倡廉的故事。

四、图片运用

(一)相关与相符

新闻图片的使用必须遵循相关与相符原则,也就是说,刊登的新闻图片必须与新闻内容相关,而且新闻图片在与文字等其他媒介元素配合使用的时候,还要

---

① http://v.mos.gov.cn/qiuxian/index.shtml,2013-12-14。

注意媒介元素配合的相符性,具体如下。

(1)所选用的图片必须与报道主题相关,不应使用与新闻无关的图片。

(2)仅仅相关是不够的,还必须做到图片与文字相符,要确保主图与主标题相符合,能够互相印证。图片表现的是一种画面信息,而相配的文字表达的却是另外的信息,这就违背了图片运用的相符原则。

(3)新闻图片的运用不能伤及与新闻没有关联的无辜者。在传播负面信息时,使用与新闻无关的人物照片可能会让他们受到负面评价,进而影响其正常生活。新闻工作者应该注意保护无辜者免受此类侵害,不要因刊发照片而侵犯无关人员的肖像权、名誉权和隐私权,可采取模糊处理、拒绝刊登等措施予以防范。

(二)不要滥发图片

新媒体技术使得摄影图片获取和呈现的成本急剧降低。一方面,数码照相机已经普及开来,摄影不再像胶片时代那样高贵,拍摄照片也无须考虑费用成本问题,照片生成的数量迅速扩张。另一方面,互联网为照片的呈现提供了海量空间,单纯从媒体资源角度讲,新媒体在呈现照片时可以不用像传统媒体那样吝啬版面空间、电视时段了。

正因为如此,新媒体刊发照片容易泛滥。"随着数字技术的使用成本降低,工作效率提高,易用性增强,最终引发了影像领域的数字化革命,图像充斥着整个社会。"[1] "有些网站为了增加新闻点击率,为一条新闻配发十几张内容、主题近似的图片,不仅浪费网民的阅读时间,也浪费网站的存储空间。"[2]

应该警惕新媒体滥发图片的做法,不能因为新媒体环境下图片采集与呈现的低成本而随意发布图片。换言之,即便是新媒体也应该为用户挑选高质量的图片,不能无节制地向用户推送角度相近、内容雷同的照片,给用户带来不堪承受之重。

(三)允许的图片处理操作

除一些必要的后期处理外,对新闻图片,尤其是新闻照片的处理应该是越简单越好,越少越好。后期处理得越少代表着人为干涉越少,这有利于实现新闻真实。

应该禁止以下这些后期处理做法。

---

[1] 任悦. 视觉传播概论[M]. 北京:中国人民大学出版社,2008:21.
[2] 詹新惠. 新媒体编辑[M]. 北京:中国人民大学出版社,2013:57.

（1）凭空添加——新闻照片中原本没有的景象，在后期处理时为了视觉效果而人为增加上去，这是无中生有的造假行为，严重伤害了新闻真实性。

（2）抠除个别元素——抠除不同于剪裁，剪裁是一种重新的构图取舍，剪裁去掉的是周边整体影像，抠除却不这样做，它有意去掉个别视觉元素，是一种造假行为。

（3）反向——将被摄物体或人物的方向做颠倒处理，变成相反方向的样子，这也是一种新闻造假行为。

以下为允许的图片后期处理做法。

（1）剪裁新闻照片。新闻摄影的过程本身就是对被摄事物影像的选择性摄取，本质上也是一种剪裁过程。既然摄影是合法的，那么为什么又要反对后期的剪裁呢？既然前期摄影允许这种选择、取舍，那么后期对新闻照片的剪裁也应该是被允许的，剪裁新闻照片不具备非法性，应该允许这种操作。

（2）修掉污点、划痕。

（3）图像存储模式的改变。为了适应不同媒体的显示需要，改变图像存储模式是允许的，印刷模式的 CMYK 四色模式变成计算机屏幕显示的 RGB 三色模式，只是适应不同种类的媒体技术要求，呈现更好的表现效果，没有伤害到新闻真实性，这种操作是合理的、科学的，应予以支持。

（4）图片格式的转换。图片格式有很多，将其他格式转换成适宜在网页上呈现的格式，是图片编辑必须进行的技术处理，具有正当性、合理性。

网页上常见的图片格式主要包括 JPG、GIF 和 PNG 等。

JPG 的全称为 Joint Photographic Experts Group，意为"联合图像专家组"，JPG 压缩技术非常先进，可以用较小的空间获得较好的图像质量。JPG 是一种有损压缩格式，如果采用过高的压缩比则会使得图像质量下降，如果追求图像的高品质，就不要采用太高的压缩比例。网上的新闻照片通常都采用 JPG 格式。

GIF 的全称为 Graphics Interchange Format，意为"图像互换格式"，它是一种无损压缩格式，多用于动态图片处理，特别适合用于做透明效果或动画处理的非照片类、装饰性小图片。

PNG 的全称为 Portable Network Graphics，意为"可移植性网络图像"，它是一种位图文件存储格式，是一种非常新颖的网络图像文件存储格式。PNG 试图替代 GIF 与 TIFF 文件格式，并增加 GIF 文件格式所不具备的某些特性。PNG 压缩比高，生成文件容量小。①

（5）色阶、对比度、曝光的调整。照相机在摄影过程中不可能完全不变地记录被摄对象，摄影的过程本身就是器材对光影的处理与保存过程，其中必然会有偏差。后期图像软件进一步处理光影信息，可以看成照相机摄影工作的一种延续，是进一步的完善。

（6）文件大小的调整。"浏览感觉上没有延迟是用户体验最重要的衡量指标""在保证图片质量的前提下，我们应该使用尽量高的压缩比例"②，让图片变得易于传输。为了便于在互联网上传播，提高网页加载速度，通常有必要对所占空间过大的新闻照片进行处理，将其存储为 Web 格式，使其变成较小的图片。通常应该将单个的图片文件控制在 30KB 以内。一个 6MB 的新闻照片经过处理变成一个 30KB 的图片，前者是后者的 200 多倍，后者显然更适宜在网络上传播。

（7）底线是不要损害新闻真实性。对新闻照片的后期处理底线是不能损害照片的真实性，任何损害新闻真实性的操作都是非法的，应该予以抵制。

---

① 岳山，杨明．全媒体采编与应用[M]．合肥：合肥工业大学出版社，2012：140-143．
② 杨艾祥．下一站：用户体验[M]．北京：中国发展出版社，2012：100．

第九章
音视频

"视听传播对媒介系统的表意功能发生了重大影响，改变了传统的语言结构。"[1]视听传播主要借助音视频的采集与呈现来完成对信息的传递，给人类传播带来了新体验。音视频指的是音频和视频，相对来讲，音频是独立的媒介元素，视频是包容性更强的媒介元素。广播新闻报道采用单纯的音频播报形式，当然并不包括视频，所以说音频是更加单一的媒介元素。从现在的媒介技术来讲，在信息采集阶段摄像与录音通常都是一体化的，通常并没有只有图像而没有声音的视频，所以说通常的视频自然也包含了音频部分，视频与音频是一体化的。音视频是媒介杂交与化合的产物，"媒介杂交释放出新的力量和能量，正如原子裂变和聚变要释放巨大的核能一样"。"两种媒介杂交或交会的时刻，是发现真相和给人启示的时刻，由此而产生新的媒介形式，因为两种媒介的相似性使我们停留在两种媒介的边界上"。[2]

---

[1] 陈卫星. 传播的观念：修订版[M]. 北京：人民出版社，2008：167.
[2] 麦克卢汉. 理解媒介：论人的延伸[M]. 何道宽，译. 南京：译林出版社，2011：67，75.

一、音频

声音让故事完整，影像呈现如果离开了声音将变得残缺不全。声音是影像讲述的起点，无声则是影像讲述的终结。视频具有依附性，音频具有独立性。视频由于包容而对音频产生依赖，视频表达需要音频的协助才能带来圆满的感受。音频本身就能讲述故事。音频既能传递丰富的声音，还能通过声音来制造安静，利用声音阐释事件和人物，制造情感涌动的触点。

（一）音频的特性认知

文字穿越时间，声音穿越空间。音频是传输性媒介元素，音频记录和传输声音，音频具有即逝性。音频与时间具有线性对应关系，声音发出之后即会消失，不像文字、图片那样静止在原处。

音频具有内在性。声音是从物体的内部发出的，声音反映了物体的内在结构，通过敲击一个物体发出的声音就可以感知其内在结构，而无须破坏这个物体。人类的口语交流，声音也是从人体内部发声器官产生的。每个人听自己讲话时的声音与从录音设备里收听，区别都会很大，这是因为在自己讲话时声音会在口腔、鼻腔、脑腔中产生共鸣，声音除了从外部空气传播通道扩散，还会同时通过头骨传播通道到达内耳，而从录音设备里收听时却只有外部空气传播通道一条路径。声音比起视觉符号更加牵涉身体。

音频能够让人沉浸其中，音频具有构建中心的作用。当个体聆听声音时，声音向个体集中而来，声音将个体包裹，使个体成为听觉感知的核心。"视觉起分离的作用，听觉起结合的作用"，"视觉是解剖性的感知，与之相反，听觉是一体化的感知"，"听觉的理想是和谐性，是聚合"。[①]声音也是一种景观，人们在收听过程中对声音环境产生的印象就是声音景观。20世纪70年代加拿大作曲家默里·谢弗提出"声音景观"概念，为多个学科的研究打开了一个新领域。声音环境是外部

[①] 翁. 口语文化、书面文化与现代媒介[M]//克劳利, 海尔. 传播的历史: 技术、文化和社会[M]. 董璐, 何道宽, 王树国, 译. 北京: 北京大学出版社, 2018: 56-64.

的、客观存在的事物，声音景观则是经由听觉方式内在化、主体化的产物，"声音环境、声音景观、听觉方式三者之间并不存在先后的关系，而是一种感官文化的同构呈现"。①

（二）音频颇具亲密感

音频具有表情功能，同样的内容如果采用不同的音量、音色、语调、语速和节奏来呈现，传达出的情感与味道也会有所区别。音频是最好的激发想象力的媒介元素，音频在报道突发性新闻、现场直播以及传递带有私密感的信息方面具有独特的优势，音频播报容易使人产生在场的感觉和亲密的感觉。

在人们的交流历史中，语音交流通常都是在比较个人化、私密化的情况下展开的。相应地，音频传播也就很容易给用户带来私密感。音频具有强烈的私密感特征，这一点在社交媒体中的体现尤其明显。

微信公众号"罗辑思维"中，罗振宇坚持每天早上起床，为粉丝们推送一段60秒的音频，唠唠叨叨着他的"歪理邪说"。罗振宇在做一个60秒语音的互联网试验，他吸引了过百万的粉丝，他发起的"史上最无理"会员募集活动，6小时入账160万元，令人惊叹。

微信公众号"壹读"中女主播佳瑜每天晚上发来一段57秒的甜美语音，结尾处总会来一句"回复×××（关键词），送你一首歌。晚安！"听一首歌也不是什么新鲜的事情，关键是"壹读"中为用户送去的歌全是另一位女主播潘瑶的清唱。例如，2月14日这天回复"情人节"三个字，潘瑶便为你演唱一首《甜蜜蜜》，没有音乐，只有甜美的女生清唱，这种互动的确能给用户带来不同的体验。

无论是罗振宇四十多岁男人的声音，还是女主播佳瑜的甜美话语和女主播潘瑶的清唱，这种利用音频传递信息的形式，在增强亲密感方面的确有其独到之处。微信中的语音仿佛是你的亲密伙伴在你的耳边窃窃私语，这种传播带来的私密感是其他媒介元素难以比拟的。

（三）音频用于融合新闻

音频适合伴随收受，人们在读书、驾驶、收拾房间、工作过程中，可以同时伴随收听，一心两用。音频的收受还具有掩蔽效应。人类听觉系统具有将注意力

---

① 季凌霄. 从"声景"思考传播：声音、空间与听觉感官文化[J]. 国际新闻界，2019（3）：24-41.

集中于特定声源的功能,让人们从众多声音中快速寻觅和捕捉到自己感兴趣的声音,掩蔽其他不感兴趣的声音。

视频在融合新闻报道中的运用比较普遍,但这并不表明音频就一定没有它的优势和价值。有的用户可能没有时间和精力来阅读文字、收看视频,或者他们想要闭目养神,在这种情况下,音频传播的优势就凸显出来了。与视频相比,音频具有占用空间小、便于伴随收听等优势,在新闻报道中仍然具有不可替代的功能和价值,受到不少听众的青睐。

Marketplace Life 网站"在《芝加哥太阳时报》工作 35 年的摄影记者 John H. White 遭解雇"报道中,除了运用图片、文字,还在文字报道上面设置了一段 4 分 28 秒的音频,让整个报道更加生动亲切,如图 9.1 所示。

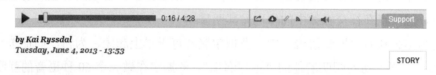

图 9.1 音频与文字共同报道

中国之声推出的融合新闻 H5 作品《天空飘来几十个字儿,都是你的事儿》,是一部"纯文字大片"。它的画面由文字组成的图案来动态呈现,而没有真正的人物、景象,所以称它是"纯文字大片"。这个作品借助声音和虚拟场景实现了融合表达的创新,其音频采集的街采风格凸显了真实对话感。①这个作品巧妙使用音频,对我们理解融合新闻呈现中的媒介元素起到了较好的佐证作用。

随着人工智能技术的进一步发展,声音成为未来传播主流介质的可能性也得到了增强,"声音在人工智能的加持下,实现了文字—语音自由切换,而语音合成、语音搜索、声控技术等,更是极大方便了人们的交流与生产生活"。②融合新闻生

---

① 详细分析可参阅:易建涛. 广播融合新闻的表达方式创新:以央广中国之声 H5 融合新闻"天空飘来几十个字儿,都是你的事儿"为例[J]. 青年记者,2019,1(上):51-52.

② 喻国明,王文轩,冯菲. "声音"作为未来传播主流介质的洞察范式:以用户对语音新闻感知效果与测量为例[J]. 社会科学战线,2019(7):136-145.

产过程中，要积极利用人工智能技术采集、加工和播报音频内容。

基于人工智能技术，湖南广播电视台广播传媒中心与科大讯飞联合开发了"中文语音文本智能编辑系统"。该系统具有音频一键转写文字功能，音频编辑无须逐字逐句地监听、剪辑，即可直接在文稿编辑窗里进行文字剪辑，利用人工智能技术对新生成的文字稿剪辑点自动进行降噪、淡入淡出等处理，依据原文稿声纹对新插入的文本进行语音合成，生成新的音频内容。该系统部署在生产制作云平台，大大降低了编辑人员的工作强度，节省了时间成本，同时保障了音频产品的可听性和美感。

湖南广播电视台广播传媒中心与科大讯飞构建了湖南电台知名主播音频声纹库，持续的训练提升了虚拟主播 AI 语音合成的模仿能力，原音相似度达到 90% 左右。这一应用也已经部署到云端，成为广播传媒中心生产制作云的一个 SaaS（Software as a Service，软件即服务）组件。全台所有的编辑、主持人均可使用这个组件，使该中心 8 个频率具备了低人力成本使用知名主播播报能力和播出海量内容的生产能力。[①]

（四）音频的采集

音频是融合新闻呈现的重要媒介元素，音频的采集则是决定音频呈现的关键环节，是我们应当掌握的专业技能，需要加强研究。

在传统媒体时代，音频采集以磁带录音机等传统设备为主，而在数字媒体时代，音频采集的设备正变得多样化和轻便化，除专业录音设备外，数码录音笔、手机、平板电脑等都具有采集音频的功能。

音频的采集是单一的，但通常视频采集的时候也同时包含了音频的采集。所以无论是单纯的音频采集，还是视频采集，其实都存在录音的问题。

（1）搞清楚麦克风类型。录音的前提是搞清楚麦克风的不同类型，要熟悉所用麦克风对拾取什么距离范围内的声音有效，把麦克风放在一个恰当的位置：是放在嘴边，还是放在更远一些的距离？是在室内使用，还是在室外使用？

（2）带上耳机。音频采集的时候要带着耳机，随时监控录音的质量。录音的

---

① 牛嵩峰. 用大数据和人工智能重构广播生态：关于广播内容生产、传播架构技术演进的思考[M]//姚远. 让思想晒晒太阳：芒果融合发展的思考与实践. 北京：中国广播影视出版社，2019：134-135.

时候要多用眼神、微笑、点头和其他表情给予回应,而不要回应过多的"嗯""啊""是"等短促的声音,拿麦克风的手指不要摩擦出声响,要让音频素材显得干净利落。

(3)控制好距离。"采访录音过程中无须不断地让拿着麦克风的手臂移来移去,你就必须缩短与采访对象之间的距离。椅子以 L 型摆放,这样,当你坐下时,你们的膝盖几乎要碰到一起了。除了站着采访,这是采用手持麦克风进行采访最有效的安排方式。"[①]手持麦克风采访时两个人的距离离得很近,这种亲密距离可能会让被采访者有所不适,而话筒伸到了被采访者嘴边,更会让被采访者感觉受到了冒犯。这个时候不妨向对方做一个解释,简单讲一下录音的工作原理与要求,让对方明白,一切都是为了获得更好的音质。

(4)避免噪声。不要对着麦克风吹气,不要让录音产生刺耳的声音,不要让被访者抢去记者的话筒,失去了采访控制权。

把话筒在衣服上固定好,避免摩擦声、撞击声。

话筒不要来回摆动,录音对象也不要来回摇晃身体。"有时说话人摇晃身体也会使声音发生变化,在采访中要告诉对方尽量保持身体的稳定。"[②]

(5)迅速检查录音。采访结束后要迅速检查录音,如果发现有问题,可以与被访者沟通解释,重新提问,重新录音。这个所谓的技巧适合仅仅补录几段更高质量的音频,它通常花费不了太长的时间。不要指望用它来代替你的采访全程记录,其中的道理是显而易见的。

(6)结束后重问技巧。弗罗里达大学新闻学教授 Mindy McAdams 在《买个录音笔,学习使用》一文中介绍了一个"结束后重问"的采访技巧,如果采访结束后你对录音并不满意,或者你在采访过程中主要采用记笔记而不是录音的方式记录,可以使用这个方法。关上录音笔,与采访对象做一个沟通,希望采集质量更高的音频,请对方就几个问题重新回答一下。被访者第二次回答问题,语言会更加紧凑,条理性会更强,记者能够得到更好的音频素材。

[①] 博伊德,斯图尔特,亚历山大.广播电视新闻报道[M].稽美云,译.北京:清华大学出版社,2012:186.
[②] 周小普.广播电视概论[M].北京:中国人民大学出版社,2014:158.

二、视频

（一）形象与融合优势

视频的最大优势是形象，在所有媒介元素中视频最容易被看懂和收受。看一段视频几乎不需要文化教育的储备，无论是谁都能轻松看懂。与文字不同，视频收受是最不需要想象力的媒介接触活动，视频让人直观其内容。视频尤其适合报道以下内容：① 对操作方法、动作的展示；② 文艺演出；③ 航空、航天；④ 事故现场；⑤ 景物、环境；⑥ 人物形象。

对于大多数网络新闻报道来讲，视频的制作不需要太过复杂，有视频总比没有视频好。一些很简单的视频往往能够诉说丰富的内容，胜过很多煞费苦心撰写出来的文字。"一图胜千言"，一个简单的视频又何止胜过千言。怎样打太极拳，怎样学习茶艺，单凭文字的描述是不容易被理解的，采用视频形式则简单明了得多。一个没有武术基础的用户，通过认真观看网络教学视频，每天仅仅抽出一二十分钟的时间，就可以在一个星期里学会二十多个太极拳动作。一个不懂茶艺的用户，通过观看茶艺视频，五六分钟就能学会怎么泡茶，原来不明白的一些问题就会迎刃而解。类似的视频给用户带来了很多美妙的体验，让用户感到愉悦。

视频既是一种独立的媒介元素，地位可以与文字、图片、音频相提并论，同时也是一种具有超强融合能力的媒介元素，能够将文字、图片、音频等媒介元素全部融入其中，使之成为一个有机整体。柴静的新媒体作品《穹顶之下》就是一个很典型的例子。

2014 年柴静从中央电视台辞职，成为一名自由职业者。她花费一年时间，自掏腰包一百万元调查了雾霾问题。2015 年 2 月 28 日早上 10 时 30 分，柴静的新媒体作品《穹顶之下》正式在互联网上发布；次日，也就是 3 月 1 日早上 9 点，不足 24 小时，该视频就被点击了上亿次，引起广泛热议。

《穹顶之下》在表现形式上不同于传统意义上的新闻作品，柴静用 TED 演讲方式将深度调查结果娓娓道来，极具震撼力和深刻性。TED 原指美国一家私有非营利机构，它创建于 1984 年，名称来自 Technology（技术）、Entertainment（娱乐）和 Design（设计）三个单词的首字母，旨在"用思想的力量来改变世界"。每年 TED 都会召集各领域杰出人物作为演讲嘉宾来分享见解，其演讲视频放在互联网上供全球用户免费观看。柴静的 TED 式演讲长达 100 分钟，这么长的演讲不但不枯燥，反而非常吸引人。

柴静的《穹顶之下》作品从整体上看是一个视频文件，但这个视频文件采用了一种典型的多媒体呈现方式，里面容纳了影像、音频、文字、图片等多种媒介元素，并将 Flash 动画、科幻电影特效、配音、无人机拍摄、移轴摄影、与现场观众的互动等诸多采集、呈现与传播技巧容纳在一起，凸显了视频超强的融合能力。从目前的媒体技术来看，视频除不能将网络互动设置融入其中外，其他的所有媒介元素都可融合进来，具有极强的包容性特征。

（二）视频的采集

视频采集要有蒙太奇思维，在拍摄之初就要设想画面剪辑效果，计划好拍摄什么样的画面，每个画面拍摄的时长。视频采集具有声画一体的特征，在采集图像的同时还要兼顾对音频的采集。

1. 多用固定镜头

摄像有推、拉、摇、移、跟等镜头运动手法，这些运动镜头配合固定镜头摄取画面，带来镜头表达的变化。不过，新闻拍摄还是应该多用固定镜头。

从影像质量的角度来讲，固定镜头摄取的画面更加清晰稳定，如果没有足够的把握，还是应该慎重使用其他运动镜头。尤其是在光线不足、大焦距镜头、操作不稳等情况下，推、拉、摇、移、跟等运动镜头就很容易让所摄画面虚化，给观众以眩晕感。

从镜头画面的表达效率角度来讲，多使用固定镜头能够加快新闻表达的节奏，提高镜头语言表达的效率，在相同的时间内传达更多的新闻信息。

2. 横屏还是竖屏

视频与照片虽然都是对画面的拍摄，但照片的拍摄可以采用横幅与竖幅形式，而电视时代视频拍摄通常只能采用横幅形式，因为竖幅拍摄的视频在电视屏幕上是躺倒的，人们又不可能像欣赏照片那样轻松地把电视屏幕竖过来。竖幅拍摄在电视时代通常被认为是一种不专业的做法，摄像人员竖幅拍摄是要被嘲笑的。

横幅拍摄具有通用优势，能够呈现更加宽广的视野，有利于保证在多个屏幕上的通用性。不过，大批网民使用手机竖拍的非职业做法，得到了抖音等 App 的迎合和认可，逐渐获得了合法性。而电视上播放的青春爆笑喜剧《生活对我下手了》，也采用了手机竖拍形式来呈现，宽大的电视屏幕两边留下了黑乎乎的面板，观众一点儿也不在乎。竖屏拍摄逐渐成为流行观念，一些人紧跟形势组织"转竖屏•换拍法"融媒体短视频摄制实训营，2019 年笔者的邮箱里就经常收到这样的广告邮件。群众使用手机的洪流，终于改变了影像拍摄的传统职业要求，竖屏思维占据了移动传播上风。

竖屏与站立的人体相似，竖屏更适合个体的呈现，横屏则更适合群体的呈现。竖屏视频拍摄是手机用户习惯的胜利，是移动传播时代的胜利，是拍摄技法规范适应媒介技术发展的产物。手机的使用者是个体，竖屏拍摄的对象是孤独的表演者，观看者也是孤独的个体。竖屏拍摄是移动传播取代大众传播的象征，是孤独个体的狂欢。

3. 采集设备多样化

视频采集设备已经多样化，包括专业摄像机、DV、手机、平板电脑、笔记本、摄像头、行车记录仪等。

专业摄像机是电视台等专业影像机构采集视频的重要设备，能够获得高质量的影像。DV 即普通数码摄像机，便于携带，便于操作，早已成为普通家庭用户及业余爱好者的首选。专业摄像机价位较高，甚至高达几十万元，而 DV 只需几千元，采集到的图像质量也比较高，所以受到人们的欢迎。

具有摄像功能的平板电脑、手机等更是方便了用户随时采录影像，极大地提升了用户生产影像产品的能力。

手机在采集视频方面的便捷性尤其值得称道："手机的简便性和便携性促进了动态描述类文本的普及和推广。"[①]手机配上自拍神器甚至成了 2015 年全国两会报道的靓丽风景，例如，山东卫视"周诺两会日记"的视频主要就是由主持人周诺用手机和自拍神器拍摄完成的。

---

① 余效诚. 数字读物论：论公众学习效率反馈模式的变革[M]. 北京：中国社会科学出版社，2013：63.

笔记本通常都带有摄像头，也可以采录一些影像资料。遍布大街小巷的摄像头更是成为了忠诚的无眠无休摄像师，采录的一些影像也能作为新闻报道的资料。行车记录仪为事故现场再现提供了视频铁证，释放着社会化影像生产的能量。

（三）网状的眼睛

调用监控摄像头拍下的素材，甚至可以制作成一部完整的电影。《蜻蜓之眼》就是这样一部大片，其素材全部来自监控摄像头拍下的视频。

艺术家徐冰及其团队调取全国公开的监控摄像头素材，从 11 000 小时视频中挑出了 81 分钟画面，剪辑讲述了一个悲伤的爱情故事。女主角蜻蜓小时候多病，17 岁被送到寺庙出家。蜻蜓后来不喜欢寺庙的市场化改变而返回世俗世界，在奶牛场找了一份工作。在奶牛场，技术员柯凡爱上了蜻蜓。柯凡为蜻蜓打抱不平，犯事进了监狱。出狱后，柯凡四处寻找蜻蜓，却一直没有找到。柯凡认定网红潇潇就是改头换面后的蜻蜓，可后来潇潇也失踪了。柯凡懊悔不已，决定整容成蜻蜓过去的样子。

徐冰说他早在 2013 年就想用监控摄像头的素材制作一部电影，他看到电视法制节目里出现了一些监控画面，觉得监控画面有一种特殊的魅力，如果能剪成一部电影就厉害了。2015 年，徐冰及其团队成员突然发现网络上有大量的监控视频出现，而且是分好类别、实时上传到视频网站上的。他们便在工作室准备了 20 台电脑，日夜不停地下载这些实时画面，同时也在做剧本。

《蜻蜓之眼》全片最早的一帧画面是 1999 年的监控视频，最后一帧画面是 2016 年 5 月的监控视频，素材总共跨越了 17 个年头。如果缺少某些必需的画面却没有下载到的，他们便有针对性地去寻找。比如，需要一个汽车在雨天山路上开过的画面，他们就先查看天气预报，看哪个地点的山区要下雨了，他们就锁定那个区域的摄像头。影片里插入了很多天灾人祸的画面，这些画面都是监控摄像头在长期的等待下才获得的瞬间。这些画面提供了杂乱的、无奇不有的、不可控的语境，凸显了人类的渺小和脆弱。

制作这部电影时，徐冰保留了监控画面原本 16∶9 的比例，同时保留了素材上面的时间码及各种标识。电影制作完成之后，徐冰团队挨个寻访视频中出现的人物，解决肖像权、隐私权问题，这个过程也被拍下来成为一个纪录片。

《蜻蜓之眼》蕴含深刻的哲理，充满了对技术的反思。越来越多的摄像头将世界变成一个巨大的摄影棚，分散在世界各地的摄像头成为网状的眼睛，对这个星球上的人们展开复眼观察。网络上实时上传并公开传播着复眼观察的影像资料，使得这个星球成为被实时监控的世界。

三、距离与角度

盖伊·塔奇曼在论述"电视新闻片及其社会角色"时借用了霍尔的社会距离理论，指出在六种可能的镜头中，"较远的个人距离""亲近的社会距离""较远的社会距离"这三种镜头在电视新闻片中是最为常见的，盖伊·塔奇曼将其称为"谈话距离"。[①]

简而论之，这三种距离对应的景别则是人物影像从上半身到全身，这种距离在新闻视频中是最为常见的。而"亲密距离""亲近的个人距离"主要使用特写镜头，侧重细节刻画，过于强调感情的流露和表达，不太适合以报道事实为己任的硬新闻报道。"公共距离在报道中是常用的，但是在涉及'个人'的报道中是禁止的""公共距离排除了讲话者与观众之间的个人和社会接触，而这正是电视新闻的标志。公共距离把拍摄对象去个人化，因此只适用于拍摄大众，而不适用于个人。"[②]

距离既指镜头与被摄对象之间的长度间隔，又指镜头画面带给观众的长度间隔感觉。对于不同焦距的镜头来讲，镜头与被摄对象的距离可以带来不同的景别，带来不同的长度间隔感觉，为了论述方便，我们在这里使用距离概念时，还是应该以镜头画面带给观众的长度间隔感觉为基本含义。以标准镜头来讲，视频中人物从上半身到全身，有利于增强镜头的中立性。

从新闻职业操作规范角度讲，盖伊·塔奇曼关于距离控制的理论是有道理

---

① 塔奇曼. 做新闻[M]. 麻争旗，等，译. 北京：华夏出版社，2008：121.
② 塔奇曼. 做新闻[M]. 麻争旗，等，译. 北京：华夏出版社，2008：123.

的，它能够体现一种职业追求，可以表现出记者的中立性，这种做法就像文字记者使用直接引语一样，是要有意拉开记者与采访对象的距离，体现一种超然的姿态，是一种有效的客观操作手法。

角度是镜头与被摄对象之间形成的位置关系，盖伊·塔奇曼论述角度问题时说，"电视新闻片对于空间的安排同样避免了戏剧性建构的可能""对于新闻拍摄者来说，真实性要求他们去'平拍'发生的事件，也就是把摄像机放置在与普通人的视线同样的水平高度上。其他任何方式都被认为是对事实的'破坏'"[1]"所谓的真实是以某个可接受的角度为基础的"[2]。对于摄影、摄像等媒介技术的运用来讲，角度的选择极有可能会对新闻呈现的真实性、客观性产生影响，"首先应考虑拍摄的内容能反映事物的一般情况及其特征"[3]，其次才是视觉冲击力问题。从遵循新闻职业理念的角度看，为了体现一种客观精神，更加真实地表现新闻信息，而不至于扭曲形象，采用平拍是一种比较有把握的做法，虽然这种做法可能会降低影像的视觉冲击力——可以考虑将其作为一种新闻职业操作方法，甚至将其当作一种在大多数情况下通行的职业规范。

但即便如此，视频采集也不能从一个极端走向另一个极端。一方面，距离的控制和角度的选择应该遵循客观原则，采用有利于真实、客观、公正呈现新闻信息的做法；另一方面，也不要将这种操作建议当成教条和圣旨。融合新闻报道还要顾及引人入胜的要求，不同的题材、不同的节目形式对新闻规范的要求又会有所区别。那些强调趣味、情感的软新闻，视频采集也应该更为自由些。

基于上述理由，我认为有必要强调这种认识：遵循新闻客观原则，视频拍摄应该注意角度的选择和距离的控制。多采用平视角度，视频中人物以从上半身到全身的形象为主，这有助于增强镜头的中立性。如果有必要，在不伤害新闻专业主义精神的前提下，对于一些强调情感刻画或趣味故事元素的报道，不要拘泥于刻板的操作方法，也可以大胆而又恰当地使用亲密距离、亲近的个人距离、仰拍、俯拍。

---

[1] 塔奇曼. 做新闻[M]. 麻争旗，等，译. 北京：华夏出版社，2008：117.
[2] 塔奇曼. 做新闻[M]. 麻争旗，等，译. 北京：华夏出版社，2008：119.
[3] 兰福特. 摄影向导[M]. 陆柱国，译. 北京：人民美术出版社，1996：12.

四、短音频、短视频的好处

融合新闻中的音视频运用不能简单地等同于广播电视新闻制作，换言之，那种耗时费力的广播新闻、电视新闻未必就适合融合新闻的呈现要求，短音频、短视频或许更适合融合新闻的呈现需要。

澎湃 CEO 邱兵的一个观点很值得思考，"邱兵认为，澎湃做可视化新闻，有个禁区，就是不做电视新闻。他说，在客户端上传播效果最好的，是 48 秒到 1 分钟的短视频，要接地气，有新闻性，能实现社交平台的全分享"。①短音频、短视频便于抓住重点，节省用户的时间，更切合融合新闻对多媒介元素呈现的需求。如果将音频、视频的采制延长成为广播新闻、电视新闻，那倒反而背离了融合新闻的精神理念，回归到传统新闻的样式去了。

尤其是对于移动互联网媒体的融合呈现来讲，短音频、短视频的运用就显得更有必要了。

一些文字记者甚至是普通用户录制的短音频、拍摄的短视频也会受到欢迎。虽然与专业录音师、摄像师相比，这些文字记者和普通用户显得很业余，但只要内容精彩，业余选手录制的短音频、拍摄的短视频也能吸引大量的注意力。

澎湃 2015 年黄金周视频直播基本上就是由文字记者完成短视频拍摄的，例如，派出的文字记者拍摄一个流浪艺人在丽江弹吉他这样的短视频。这类短视频从技术操作上来讲肯定要容易得多，但带来的访问量却很惊人，"这类短视频访问量几乎是文章的 10 倍"。②

我在融合新闻研究中强调短音频、短视频的运用，但并不是完全反对使用长的音视频元素，也不是要将广播新闻、电视新闻说得一无是处，因为那样做并不符合客观实际。融合新闻研究在倡导融合的同时，也不反对分化的需求。广播新闻、电视新闻采制更加规范完整，也依然具有自身独特的价值，可以满足新闻分

---

① 甘恬．邱兵：轻易关报纸是不合理的[J]．传媒评论，2015（10）：20-22．
② 甘恬．邱兵：轻易关报纸是不合理的[J]．传媒评论，2015（10）：20-22．

化的需求，满足不同人群的新闻收受偏好。但短有短的好处，短音频、短视频更符合融合新闻的理念要求，便于组装、分享和传播，更适合融合新闻报道的需要，更有利于保障融合新闻报道的传播效果。融合新闻报道应该高度重视短音频、短视频的运用，不要因为使用不当而走回传统广播电视新闻呈现的老路。

五、音视频 UGC

UGC（User Generated Content），用户创造内容，是指处于互联网终端的用户不再仅仅以被动姿态消费信息，而是同时以传播者的身份主动投入到内容信息的生产过程中，为内容生产贡献力量。用户创造内容的形式类别主要包括以下几种。

（1）发布博客，如在新浪博客、腾讯空间上发布个人文章；发布微博，如在新浪微博发布 140 个字以内的信息。

（2）微信应用，通过微信交流，发布和转发信息。

（3）协同编辑，在百度百科、维基百科上协作生产。

（4）资源共享发布，如到百度文库里发布课件、文章、PDF 文件等，在视频网站上发布影像文件。

（5）参与媒体生产，专门为新闻媒体提供用户自己采集或掌握的文字、图片、音频或视频信息资源。

（6）评论发帖，如在网络新闻后面跟帖，在百度贴吧发帖，在论坛里发表评论等。

（7）问答社区，如在百度知道、新浪爱问里提出和回答问题。

（8）页面访问，用户访问任何页面都会产生浏览数据，这些数据也是用户生产的内容。

对于用户创造内容来讲，视频的创造要比照片、文字复杂一些，这会限制用户对视频内容的生产积极性。但对于现有的视频新闻，只要用户感兴趣，分享视频却并不是什么难事。CNNIC 的研究表明[①]，2012 年年底中国网络视频用户达到 3.72 亿，与 2011 年年底（3.25 亿）相比增长了 14.46%。只有 14.2%的用户拍摄

---

① CNNIC. 2012 年中国网民网络视频应用研究报告[R/OL]. 2013：10，26.

过视频（笔者的调查数据为 14.31%，非常接近），8.2%的用户对视频素材编辑加工过，高达 82.6%的人什么都没做过。但用户分享视频的积极性比较高，49%的用户分享过视频。

与音频相比，用户创造视频文件的积极性要更高一些。笔者的抽样调查表明，新媒体功能应用中摄像的中选率为 14.31%，而录音的中选率仅为 8.03%，用户在日常生活中使用摄像功能要比录音功能高近 6 个百分点。用户生产视频内容的概率明显高于音频，这意味着用户为新闻媒体提供视频内容的基础要更好一些。

用户生产视频内容在突发新闻报道中发挥着重要作用，当重大突发新闻发生时，用户在生产和分享视频方面会表现得更加积极。2005 年 7 月 7 日伦敦爆炸案发生后，BBC 新闻台当天就收到了超过 1000 件用户提供的影像。自 2005 年开始，对用户提供内容的管理就成了 BBC 新闻编辑部管理的首要步骤。BBC 用户生成内容中心对用户提供的内容进行归档，"监视公众呈送来的材料并确保材料送给了新闻节目"。[①]

新闻媒体在使用用户创造的内容时，必须注意鉴定内容的真实性。还要注意版权归属问题，必须弄清楚"对于送来的图像，谁真正拥有版权"。[②]如果用户并不是版权所有人，新闻媒体就应该思考使用用户提供的内容是否构成了侵权。

六、短视频与直播

短视频已经晋级为主流视频业态。短视频与直播、电商、社交相融合，涉及娱乐、文旅、教育、知识、新闻等诸多内容样式，业态蓬勃发展，生机盎然。短视频创新了融合新闻叙事方式，"短视频+直播"丰富了融合新闻呈现形态，提升了新闻传播的实时性、参与性和现场感，媒体融合进入短视频与直播赛道。目前短视频平台同时包括短视频业务和直播业务，已经成为一片红海。电视直播与网络直播融合，多个平台渠道分发，彰显着直播问政节目的强大监督力量。

---

① 博伊德，斯图尔特，亚历山大. 广播电视新闻报道[M]. 嵇美云，译. 北京：清华大学出版社，2012：214.
② 博伊德，斯图尔特，亚历山大. 广播电视新闻报道[M]. 嵇美云，译. 北京：清华大学出版社，2012：216.

(一)短视频运营

短视频平台里有很多动人的故事，诉说着机遇的珍贵和个人成功梦想实现的可能性。孙德海原来是威海一名玻璃厂工人，他现在已经成为美食达人抖音大V：麻辣德子。疫情发生后，他筹集善款10万元捐献给武汉。麻辣德子现有抖音粉丝3733.2万，而威海本地总人口也不过280多万。麻辣德子"双十一"一个小时直播，卖出7000个不粘锅，销售额171万元。从抖音官方对麻辣德子的宣传来看，他接一条广告大概在30万元到35万元，加上直播带货等，业界人士推算他年入千万应该很轻松，听起来很振奋人心。

刘佳是位美女律师，她的抖音号"刘佳律师"主打知识分享，每一期都把内容揉碎，推出了"注射死刑的药物从哪儿来""打小三违法吗"等短视频，做得非常有吸引力。这个账号第一条短视频发布日期是2020年2月21日，用了不到一个月发布了64条短视频，粉丝量就达到了291.3万，几乎每一个短视频点赞数都在1万以上，最高的一条短视频获赞222.5万。

短视频运营需要依靠流量。流量不是表面上看到的那么简单，不是靠卖丑或者卖萌就可以有的，而是需要入驻者选择一个垂直领域，不断地发抖音。

运营者必须高度注意"垂直"这两个字，抖音对垂直的要求极其苛刻，入驻者必须深刻理解抖音对"垂直"的定义。抖音所要求的并不仅仅是账号垂直，而是要求入驻者发布的所有内容仅限于单一主题，平时自己观看、关注、点赞和评论，也都必须是这一领域的，而且每天花在上面的时间不能低于70分钟。抖音本质上是为偏科生而设计的，极度偏科生尤其受抖音青睐。入驻者要关注这一个领域，不要关注另外的领域。

从人的全面发展角度看，这是备受诟病的头条"推荐算法"逻辑。抖音的这种设计让人只沉迷于一件事，掩盖对其他领域事物的注意力。而新闻需要全面反映社会，抖音对"垂直"的定义与新闻学的价值取向并不吻合，其实并不利于传统新闻业务操作。融合新闻工作者要研究短视频平台对"垂直"的定义，研究算法规则，优化选择，扬长避短，增强短视频新闻传播效果，否则，短视频的运营将变得非常困难。

短视频是新闻媒体推进媒体融合发展的重要业务手段，成为主题宣传新渠道，也取得了一些成绩。截至2020年3月30日，云南广播电视台在抖音等平台共发布有关疫情防控短视频 1500 余条,总观看量超过 20 亿,其中抖音平台 13 亿,快手平台 3.5 亿,微博平台 3.5 亿;短视频点赞量、转发量、评论量超过 3000 万。[①]央视新闻抖音号发布作品 3060 个,获赞 29.9 亿,拥有粉丝 8613.9 万。[②]整体上看,新闻媒体在短视频业务方面仍有很大发展空间,需要进一步熟悉打法。央视新闻在新闻媒体抖音号中算是运营业绩最好的,看起来粉丝数量很大,但需知粉丝数量几百万甚至上千万的个人抖音号并不鲜见,所以即便是央视新闻也没什么值得骄傲的。我们再来看看前文所述麻辣德子个人抖音号同期数据,麻辣德子仅发布了 300 个做菜视频,粉丝数量居然高达 3733.2 万。这种个人抖音号内容主题单一,真正掌握了短视频的垂直打法,以少胜多,而很多新闻媒体往往不习惯也不擅长垂直打法,短视频的运营反而效果不佳。

(二)视频直播热潮

直播本是传统媒体时代电视媒体的高门槛业务活动。随着移动互联网和直播平台的发展,中国电商一路高歌猛进,淘宝商家积极开展直播带货,直播最终发展成为全民运动。人人都能做主播,人人都可以直播。中国已经掀起了视频直播热潮,这种全民运动式的直播具有很强的娱乐属性。

除娱乐属性以外,中国网络直播还具有很强的电商属性,注重利用直播带货促销。2020 年 1 月 7 日,李佳琦走进辽宁扶农助农第一线,在一个半小时的直播中,成交量超过 20 万单,销售额超过 1000 万元。其中,售出朝阳小米 25 万斤,丹东产鱼罐头 40 万罐,风味红肠 40 万根。[③]

新冠肺炎疫情期间,很多地方官员直播带货,成为一道美丽的风景线。抖音设立的"山货上头条"字节跳动扶贫官方账号打出了"助力湖北"标语,其组织的"战役助农在行动"话题,旨在促进新冠肺炎疫情期间农产品供需两端的信息对接,相关短视频播放量达到 23.8 亿次,很多地方政府官员在短视频中推荐当地土特产品,收到了很好的传播效果和促销效果。

[①] 卢钢、彭明辉等. 融媒体战疫,各有各的打法[EB/OL]. (2020-04-07). https://mp.weixin.qq.com/s/cy_MFtnvjy31EqjI0sxSPA.
[②] 本书作者在 2020 年 6 月 26 日 6:35 调查。
[③] 电商扶贫 李佳琦一小时卖 20 万斤朝阳小米[EB/OL]. [2020-06-22]. http://ln.people.com.cn/n2/2020/0110/c378489-33704138.html.

菏泽市人民政府携手阿里巴巴集团举办了"云赏牡丹"大型直播活动,4月7日下午,菏泽市委书记张新文、市长陈平直播带货,引来围观。市委书记张新文直播时首先推荐了一款微型盆栽牡丹,他说盆栽牡丹能够净化空气,特别适合放在屋子里养,7到10天浇一次水,不要阳光直晒,很快就能开花。市长陈平化身牡丹专家,向网友介绍了菏泽牡丹产业发展状况,详细讲解了牡丹深加工产品的特点和功效,还向网友推介了陈集山药、菏泽汉服等产品。菏泽加快直播经济发展,成功培育腰部以上带货网红100多人,直播经济正在成为电商发展新的增长点。①

与直播带货的强大势头相比,新闻业务在一些社会化直播平台里的表现还处于弱势。新闻媒体应该抢占网络直播资源,积极利用网络赋能做好新闻直播,有效促进融合新闻传播,增强社会影响力。

(三)问政直播的威力

电视与网络融合直播,发挥视频内容生产优势作用,做好问政节目,加强舆论监督,是重振电视新闻影响力的好办法。

山东广播电视台融媒体资讯中心打造了大型问政节目《问政山东》,节目中的问题非常尖锐。节目以问题为导向,动真碰硬,聚焦群众关心的热点、难点问题,督促职能部门践行承诺,每周邀请一个省直部门主要负责人参与电视问政,公开向社会和群众做出答复。《问政山东》作为山东省级全媒体问政平台,一体化推进"电视问政""网络问政",形成了"全媒体联动问政+政府机关反馈答疑全媒体发布+省直部门工作社会公开打分评价"的监督机制。

2020年6月18日19:00,《问政山东》直播节目问政临沂,主要围绕临沂市干部工作作风问题以及群众关心的现实问题,聚焦临沂市各部门落实情况,展开问询。临沂市市长孟庆斌走进山东广播电视台演播室,接受电视问政、网络问政。

问政节目中曝出,临沂市花费5600多万元打造的"智慧临沂商城"网站只能扫出"小鸟",临沂市城区内仍存在黑臭水体等问题。对此,主持人在直播现场毫不留情,对临沂市市长及相关局长加以询问。"媒体的监督作用很厉害,确实可以

---

① 山东这个市市委书记、市长直播带货!引87万人围观,成交16 327单[EB/OL]. (2020-04-08). https://mp.weixin.qq.com/s/SVeqag1Zooc-VNTxjsdJFg.

促进社会良性发展，"临沂网友刘涛看了节目以后说，"这些记者也挺能钻研的，问话很犀利。"

问政节目在22家直播平台同步直播，除了山东卫视公共频道，还同时在人民网、山东省人民政府网、齐鲁网、闪电新闻、海报新闻、山东交通广播、人民日报党媒平台、央视新闻+、央视频、央广网、人民视频、抖音、快手、今日头条、腾讯新闻、百度新闻、新浪新闻、凤凰风直播、新浪微博一直播、知乎直播、一点资讯等同步播出。用户可以在闪电新闻客户端和新浪微博发表评论、实时互动，还可拨打热线电话提供线索，反映问题。

这档节目很受关注，反映出社会对舆论监督的强烈需求。舆论监督是新闻媒体最为重要的一个职能，没有舆论监督、只会唱赞歌的新闻媒体将很快被群众抛弃。不忘初心，方得始终。舆论监督就是新闻业的初心，融合新闻生产必须不忘这个初心。电视问政和网络问政直播相融合，借助网络渠道广泛传播，有效实施了舆论监督，凸显了新闻业的社会价值，让老百姓看到了希望，给人们以力量。

第十章
搜索引擎优化

网民的数量在迅速增长，通过网络渠道收受新闻的用户比例越来越高。在互联网世界里，通过输入关键词搜索新闻正成为网民收受新闻的一个习惯。

2020年4月28日，中国互联网络信息中心发布第45次《中国互联网络发展状况统计报告》，该报告显示，截至2020年3月，中国网民规模为9.04亿，互联网普及率达64.5%，网络新闻网民使用率和搜索引擎网民使用率排名都很靠前。相关研究表明，网民计算机上网搜索和手机常用综合搜索引擎搜索的内容中，搜索新闻的比例均为第一位，占比分别为60.8%和58.3%。另外，当遇到感兴趣的信息时，70.6%的网民会通过手机搜索相关内容。新闻生产过程中必须高度重视网民搜索新闻的行为习惯，加强搜索引擎优化研究、加强关键词运用是数字媒体环境下新闻工作者必须面对的课题。

一、引论：倡导、分类与疑问

（一）加强搜索引擎优化的倡导

融合新闻本质上属于网络新闻，新闻传播的网络环境决定了融合新闻需要注重搜索引擎优化问题。"新闻编辑室中的内容可以被优化,从而提高在搜索引擎上的曝光率,并促进社交网络上的分享。"①关键词的运用通常被看作搜索引擎优化(SEO, Search Engine Optimization)过程中至关重要的环节,作为互联网产品形式的融合新闻应该加强关键词的研究和运用。

传统新闻学通常不需要考虑搜索引擎优化的运用问题,但在互联网环境下融合新闻工作者却不能对搜索引擎优化、对关键词的运用问题视而不见。目前对搜索引擎优化的研究和运用多集中于网站营销推广领域,而非新闻学领域,这不能不说是新闻学研究,尤其是融合新闻学研究的一个缺憾,应该引起新闻学界的关注。

现在就连和尚发微博都特别重视关键词的运用,在互联网平台上工作的职业新闻工作者又岂能对关键词掉以轻心?延参法师在峨眉山讲解佛法,他说着一口河北沧州普通话赞美"绳命"(生命),几只猴子爬到他身上捣乱,延参法师因这段视频迅速走红。网上流传延参出家前曾做过《沧州日报》记者,但延参只承认自己做过当地一家杂志的记者。延参法师很注重新媒体的运用,懂得发微博配照片的功效,并和徒弟们一起钻研视频制作技术。网友发现延参从 2010 年 9 月开始在微博中频繁使用关键词,"他开始大量地用明星名字作为关键词,然后加一段不知所云的话……"例如,"#王力宏#单纯地看待这尘世,自有一份安然。所有的一切都是虚幻的,自己的心境创造一切"。②

融合新闻中使用人们经常在搜索引擎中输入的关键词,才能增加被搜索到的概率,才能增加新闻被收受的机会。加强搜索引擎优化的研究,加强关键词的运用,有利于增强融合新闻传播的影响力,有助于融合新闻传播价值最大化的实现。

(二)核心关键词和长尾关键词

关键词是用户在搜索引擎中输入的寻找信息的文字,关键词可分为以下两类:① 核心关键词——用户在搜索引擎中输入的寻找新闻信息或其他资讯信息的核心代表词语。② 长尾关键词——不具有核心代表性,搜索量少且不稳定,可延伸、

---

① 奥登. 优化:高效的 SEO、社交媒体和内容整合营销实践及案例[M]. 史鹏举,译. 北京:电子工业出版社,2012:45.
② 赵佳月,魏奇琦. 延参法师 你要我说实话吗[J]. 南方人物周刊,2012(26):11-13.

范围广，可以积少成多带来搜索流量的关键词。

长尾关键词由 2~3 个词或短语组成，这两三个词语通常分别具有主语、谓语的功能，甚至可以组合成一个能够表达完整意义的疑问句，如"雾霾"是核心关键词，"雾霾对皮肤的危害""雾霾天气注意事项""雾霾天气形成的原因是什么"等是长尾关键词。

（三）搜索引擎优化的相关疑问

融合新闻中使用关键词会面临这样的疑问：新闻学中 SEO 及关键词的运用和研究有什么价值？怎样确立和使用关键词？怎样保证好的阅读效果？如果这些问题能够被完美地解答出来，那将是对融合新闻学的一个贡献。

商业网站工作人员比较注重关键词的使用，但是传统新闻工作者往往很少考虑关键词的运用问题，他们容易在运作新闻网站时忽略关键词问题，甚至怀疑使用关键词的价值。与房地产网站等行业网站不同，新闻网站涵盖的内容通常并不仅仅局限于某一行业领域，新闻网站进行搜索引擎优化的必要性也是摆在新闻工作者面前的一个问题。而对于操作层面的具体技术则更需要我们去探讨，虽然一些具有网络和计算机专业背景的人士研究了关键词问题，并在很多商业网站中加以大量运用，但具体到融合新闻领域，却仍然存在转换问题，确定新闻网站的核心关键词、长尾关键词并使用好关键词，不能完全照搬非新闻网站的惯常做法。

另外，记者通常喜欢按照自己的思维习惯写作，如果非要在新闻稿件中设置关键词，刚开始则会让很多记者难以适应，并有可能使得文章显得生硬，影响阅读效果。如何在新闻报道中兼顾可读性和 SEO 是一个非常现实的问题，必须避免因为添置关键词而损害文章可读性的做法。

二、SEO 及关键词运用的价值

我们之所以将 SEO 引入融合新闻业务研究领域，并重点研究关键词运用问题，是因为 SEO 以及关键词的运用具有独特的价值。

探究融合新闻报道中 SEO 及关键词运用的价值问题，可以帮助我们更加深刻地理解和重视搜索引擎优化。在融合新闻采集与呈现中，SEO 和关键词的运用至少具备以下价值。

（一）SEO 有效促进融合新闻的传播

中国台湾世新大学的实验研究表明，SEO 在提升页面排名、吸引流量等方面具有明显的作用。"实验前与实验后网站的网页造访次数、浏览量、访客单次造访页数、访客跳出率以及访客平均停留网站时间，无论从何项数据来看，经过本实验的操作后，都有相当大幅度的成长，也间接证实了操作搜寻引擎优化变因除可以影响网页排名外，亦可以影响网页的造访次数、浏览量、访客单次造访页数、访客跳出率、访客平均停留网站时间等数据。"[①]例如，在研究人员进行搜索引擎优化后，网页排名普遍有了提升，有的增幅甚至高达 400%，有的关键词组合排名高居 Google 搜索页面第 2 名；每日网页访问人数从 10.74 增长到 17.37，增幅达到 62%；网页跳出率从实验前的 53.46%下降到了 49.27%，降幅为 7.83%，也有了较为明显的进步。[②]

搜索引擎不仅仅只对文字有作用，搜索结果中也包含视频、音频、图片等形式。搜索引擎优化之后，融合新闻中以文字、图片、音频、视频等媒介元素呈现的信息更容易被网民搜索到，这将有利于提升融合新闻页面的流量，促进融合新闻的有效传播。

2008 年以后谷歌改变了算法，"把不同形式的数字内容融入它的搜索结果之中。这种改变，包含了搜索蜘蛛找到的相关的短小视频。"[③]百度目前除提供文字搜索服务外，也已经研发和开放了图片搜索业务。

搜索引擎在搜索文字、图片、音频、视频等融合新闻表达元素方面的成效会越来越明显，SEO 专家也积极建议在新闻稿中添加图片、音频、视频等多媒介元素，来提升搜索引擎优化的效果。[④]多种媒介元素的综合运用对于搜索引擎优化十分重要，融合新闻本身就强调使用多种媒介元素来报道新闻，融合新闻的搜索引

[①] 黄怡动. 搜寻引擎优化变因分析影响排名之研究[D]. 台北：世新大学，2010：56.
[②] 黄怡动. 搜寻引擎优化变因分析影响排名之研究[D]. 台北：世新大学，2010：46，48，52，53.
[③] 伊文恩. 社会化媒体营销技巧与策略[M]. 王正林，王权，肖静，等，译. 北京：电子工业出版社，2012：295.
[④] 奥登. 优化：高效的 SEO、社交媒体和内容整合营销实践及案例[M]. 史鹏举，译. 北京：电子工业出版社，2012：133.

擎优化也自然而然地具备了现实依据。换言之，融合新闻在 SEO 方面是具有先天优势的，融合新闻的搜索引擎优化具有可操作性，也容易产生效果。

研究搜索引擎优化有助于理解用户的新闻收受偏好，了解用户的新闻信息需求，发现新的机会，增强新闻采制的针对性，优化新闻传播效果。不过，与图片、音频和视频搜索相比，文字搜索仍然是目前最为成熟的技术，其应用频率也最高。基于上述原因的考虑，对融合新闻搜索引擎优化的研究，本书的重点也主要集中于关键词研究。

（二）关键词意味着用户对新闻的关注

上升最快的关键词意味着网民注意力正在形成涨潮之势，媒体可以运用关键词技术来审视自己是否遗漏了对突发新闻、热点新闻的报道。

《赫芬顿邮报》具有"美国互联网第一大报"美誉，号称用 6 年时间战胜了百年大报纽约时报。赫芬顿邮报新闻业务制胜的一个重要技术是搜索引擎优化——时刻紧盯搜索引擎上关键词的变化情况，最大程度上满足用户的新闻关注需求。

赫芬顿邮报专门安排一部分工作人员密切注视谷歌搜索关键词的变化情况，找到最受关注的搜索关键词，并依据这些搜索关键词撰写新闻报道，及时发布出去。在互联网环境下，新闻业已经变成了以链接为基础的经济，"网站不是依靠生产的内容获得收入，而是依靠流量。"[①]关键词意味着用户对新闻的关注，找到那些最受关注的关键词，采写并及时发布相关新闻报道，是一种尊重和满足用户新闻需求的有效做法，为用户提供了一种精准新闻服务。

（三）关键词是报道策划的重要参考指标

热门的关键词意味着大量用户的信息需求，具有较长的生命周期。数据研究者通过对百度事件类热词的模型分析发现，时事政治事件类热词的寿命最长，平均达到 52 天；社会事件类热词周期为 45 天左右；自然类热词周期为 15 天左右。应该将热门的关键词当作新闻报道策划的重要参考指标，在热词生命周期内尽早推出融合新闻页面，充分利用文字、图片、视频、音频、互动设置等元素报道。

2015 年 1 月，360 新闻引入大数据分析，策划推出了 14 个深度盛典专题。这

[①] 胡泳. 报纸已死，报纸万岁：报纸转型的关键策略[J]. 新闻记者，2011（11）：16-17.

些融合专题就是 360 工作人员依据关键词搜索数据而确立的,"先由热搜词和月度人物数据、新闻搜索平台来'跑数据',由此得出网友关注度最高的人物和新闻事件,在此基础上,选出 14 个最具看点的专题。"[①]360 深度盛典专题页面中每个组成部分都标识了媒体关注度和用户关注度指数,专题页面右侧还设有一个关注度图,这个图呈五边形,用图形面积分别代表国外媒体、国内媒体、自媒体、朋友圈、微博的关注情况。页面下端还设有"深度·数据"栏目,以折线图的形式呈现从 1 月到 12 月网友点击量和媒体转载量的变化情况。

如果确认突发新闻、热点新闻已经发生,媒体应该尽快组织力量进行报道,这个时候谁先推出内容谁就占据优势,搜索引擎在排名时就会优先考虑谁,媒体的报道就会在热词生命周期内占据更多的时间,媒体就有可能吸引到更多的用户。

媒体应该关注上升最快的搜索词,关注和研究热门搜索词,可以考虑将这些热门搜索词整理成为新闻关键词,看能否在新闻报道中恰当地使用这些词语。这样的关键词如果可以妥当地运用到新闻写作中,将有利于获取流量。

百度风云榜(http://top.baidu.com)推出风云时讯、人物、事件、生活、科技、金融、汽车、娱乐等搜索词榜单,点击进入"事件"榜单,还会看到社会民生、体育热点、娱乐八卦等细分的搜索词榜单。风云时讯、人物、生活、科技、事件及社会民生、体育热点等榜单所列的搜索词新闻性很强,百度对相关领域的热门搜索词和上升最快的搜索词均做了排列,相关数据可以用作融合新闻选题策划的参考。

三、关键词确立的原则与策略

关键词有效促进了融合新闻的传播,关键词意味着用户对新闻的关注,它是报道策划的重要参考指标,具有明显的应用价值。而应用关键词的首要环节则是确立关键词,我们有必要事先弄清楚关键词确立的原则和新闻传播中运用关键词的个性化要求等问题。

[①] 蒋韦,华薇. 360 网站:年度新闻盛典 大数据来排榜[N]. 中国青年报,2015-01-30(7).

（一）遵循诚实、具体和有效原则

确立融合新闻关键词应该遵循诚实、具体和有效的原则。

1. 诚实

不能欺骗用户，用户通过搜索关键词来到相关新闻页面，应该能够看到与关键词相关的内容，不要让他们感到失望。真实是新闻的生命，新闻人应当行为坦荡、诚实可靠，使用虚假的关键词将用户骗到自己的网站上来，有损媒体品格和声誉，不利于媒体的长远利益。

2. 具体

人们在搜索的时候，输入名词的频率要远远高于动词。对于搜索引擎优化来讲，选用名词做关键词更为重要。关键词应该具体，能够释放个性化信息，给过于宽泛的关键词加限定词语能够使其具体化。"新闻"是一个过于宽泛的关键词，容易淹没在搜索的海洋里，用这样的名词做关键词其实没有多大意义。可以通过加限定语、词语组合的形式让关键词变得具体，如"舟山渔业""威海特色小镇""烟台海洋牧场"，这样的关键词更加具体，更容易凸显出来。

3. 有效

所谓有效，是指关键词确实有人搜索，能够吸引用户来到网站浏览相关页面，能够给网站带来流量。应该优先考虑搜索次数多的关键词和容易竞争的关键词，搜索次数多的关键词才有实际价值，但是只考虑搜索次数而没有顾及到竞争难度，也是不可行的。竞争难度很高的关键词不容易将用户吸引过来，不容易带来流量。不考虑自身的具体情况，盲目选择了竞争难度过高的关键词，同样没有实际意义。

（二）注意新闻的个性化要求

新闻本身的变动特征非常明显，与电子商务网站、企业网站、行业网站相比，新闻类网站在确定关键词时应该顾及自身的个性特点，不宜生搬硬套一般的SEO书籍里所讲的操作技术开展工作。

新闻的性质与一般资讯的性质区别较大，二者本质的区别在于新闻是随时变动的，很多资讯，尤其是商品信息却在很长时间里并不变化。这就导致新闻网站与非新闻网站在确定关键词的操作规则上必须有所区分，如果还按照普通网站搜索引擎优化设置关键词的做法来处理相关问题，新闻网站，尤其是具体的新闻页面关键词就很难产生实效,在操作上也往往会变得难以开展。设置新闻关键词需要密切关注和参考当下热门关键词搜索排名情况,操作过程要迅速、灵活、高效。

新闻报道应该更加注重长尾关键词的运用,长尾关键词的运用一般不需要做刻意的研究,它的运作关键是页面基本优化和大量的内容支撑。在页面优化工作做好的基础上,最重要的工作就是全力以赴地做好内容生产,加强职业记者报道力量和用户的内容生产。内容生产做得好,不用刻意考虑特定关键词,长尾效应会自然产生出来。所以,即便是从 SEO 的角度考虑,新闻媒体的制胜之本仍然在于新闻生产,我们必须重视新闻生产对用户需求的满足。如果忽略内容生产,却要找一些旁门左道,这无疑是本末倒置,也无法从根本上做好新闻网站的搜索引擎优化。

新闻网站必须做到足够强大,能够覆盖住最大面积的新闻报道。新闻媒体的竞争将主要不再表现为单篇报道的竞争,而表现为所有报道组成的整体的竞争。新闻报道是质量的竞争,同时它更是报道数量和报道覆盖面的竞争。单独拿出一篇报道,你做得比别人好,这还远远不够,你必须保证你有足够多的报道,有别人没有的报道,至少不能漏报新闻。媒体的新闻覆盖面越广,媒体就能更加有效地吸引长尾关键词搜索,这是在网络环境下新闻媒体竞争的一个关键。

四、借助网络工具确立关键词

关键词的确立和运用既涉及整个网站的结构性分布问题,也涉及具体页面具体报道的运用问题。融合新闻工作者应当善于借助追词助手和百度指数等网络工具加以查询、比较,确定最终的新闻关键词。

(一)事先问自己一些问题

在确立关键词时应该首先问自己一些问题,让这些问题引领我们寻找到合适的关键词:我们能为用户提供哪些新闻?我们提供的新闻有什么特色?我们有竞争力的新闻服务是什么?用户寻找新闻时会搜什么样的词?其他新闻媒体都使用什么样的关键词?这些关键词的搜索次数多不多?

从整个媒体运作层面来讲,应该初步确立几十个关键词,到追词助手或百度指数上查询搜索次数等情况，选定2~3个网站首页关键词、2~3个频道关键词。专题页面和普通页面的关键词确立，则需要根据具体的新闻内容而灵活变动，注重发挥长尾关键词的作用。

（二）运用网络工具搜集关键词指标数据

将预设的关键词输入追词助手关键词框，单击"查询"按钮可以得到相关关键词及其数据。追词工具提供各个关键词的搜索量、百度收录情况和关键词竞争难度指数（P指数）等数据，这些数据导出之后可以成为一个Excel数据文件。

追词助手提供的相关关键词词数分为100、200、500、1000、2500、5000和不限等七个等级，笔者以"雾霾"为关键词输入查询（2014-11-13），得到了100个相关关键词的数据，导入生成Excel文件，部分相关关键词及其数据如表10.1所示。

表10.1 "雾霾"相关关键词查询列表

序号	关键词	搜索量	百度收录	P指数
1	雾霾	6037	100 000 000	难
2	雾霾天气形成的原因	1407	7 560 000	难
3	雾霾的危害	897	4 840 000	中等
4	雾霾 英文	72	2 860 000	易
5	北京雾霾	729	19 400 000	中等
6	雾霾口罩	43	16 200 000	中等
7	雾霾预报	43	100 000 000	中等
8	英拉 他信雾霾游北京	0	35 900 000	中等
9	雾霾图片	98	8 940 000	中等
10	雾霾指数	273	13 700 000	中等
11	雾霾 英语	55	4 270 000	中等
12	雾霾是什么	307	4 570 000	中等
13	雾霾的形成	84	38 500 000	中等
14	雾霾天气	323	78 600 000	中等
15	王菲吐槽北京雾霾	0	2 290 000	易
16	中国城市雾霾天气排名	0	5 630 000	中等
17	多地陷入严重雾霾	0	2 350 000	易
18	雾霾天气吃什么清肺	8	918 000	易
19	防雾霾口罩	135	5 340 000	中等
20	霾	648	100 000 000	中等

续表

序号	关键词	搜索量	百度收录	P 指数
21	PM2.5	11 798	100 000 000	难
22	上海雾霾	62	4 170 000	中等
23	雾霾天气形成的原因及危害	1	7 130 000	中等
24	北京雾霾天气形成的原因	11	7 170 000	中等
25	雾霾治理	245	6 110 000	中等

一般地，搜索引擎收录页面数越大，这个关键词的竞争难度也就越大。某个关键词的相关页面总数多，说明参与这个关键词竞争的页面多，竞争难度大。反之，则竞争难度小。如果这个数值在七百万以上，则竞争难度很大。

表 10.1 所列数据中，"雾霾"是网民搜索次数比较多的关键词，但百度收录量为一个亿（100 000 000），竞争难度太大。"北京雾霾"的搜索次数要明显少一些，但百度收录量不到两千万（19 400 000），这一关键词的竞争难度要低得多，属于中等难度的关键词，相对来讲，将它用作关键词的页面更容易被搜索引擎收录、呈现，如表 10.1 所示。

在百度指数里查询"雾霾"，可以了解相关关键词的搜索排名情况，从中可以捕捉确立恰当关键词的有用信号。百度指数还会列出上升最快的相关关键词，也可作为确定新闻关键词的参考。相关信息如图 10.1 所示。

相关检索词	热度	上升最快检索词	
1. 北京雾霾	热度	1. apec 雾霾	536% ↑
2. 雾霾天气形成的原因	热度	2. 美国大使馆pm2.5实时查询	147% ↑
3. 雾霾的危害	热度	3. smog	84% ↑
4. 霾	热度	4. 环保水处理	67% ↑
5. 雾霾指数	热度	5. 北京放假6天	55% ↑
6. 雾霾天气	热度	6. 沈阳雾霾	49% ↑
7. 雾霾 英文	热度	7. 雾霾的成因	28% ↑
8. apec 雾霾	热度	8. 问天网 上海	17% ↑
9. 雾霾天气的危害	热度	9. 大气污染	16% ↑
10. 雾霾作文	热度	10. 环境治理	16% ↑
11. 北京放假6天	热度	11. 中国环境问题	15% ↑
12. 环境污染	热度	12. 环境问题	14% ↑

图 10.1　"雾霾"相关关键词搜索排名及上升情况

（三）参照网络工具提供的数据，确立合适的关键词

综合参考追词助手、百度指数提供的数据，结合媒体定位和竞争实力情况，

依据"大搜索量、低竞争度"原则,确立合适的新闻关键词。

"雾霾的危害"这个关键词在百度指数中搜索排名第三,较为靠前。追词工具显示其搜索量为897,相对来说这个搜索量比较大;P指数为中等,竞争难度不是太大,可以考虑将其确立为关键词。对于这个案例来讲,"北京雾霾""雾霾预报""雾霾天气"等关键词也值得考虑。我们甚至还可以预测,对于关注具体地域空气质量的人们来讲,类似于"唐山雾霾""上海雾霾""济南雾霾"这样的关键词搜索量可能会有较大上升空间,可以通过加地域限定词的形式推出新的关键词。

此外,百度指数会提供关键词用户搜索指数和媒体指数"热点趋势"变化折线图,也可用作关键词确立的参考,如图10.2所示。

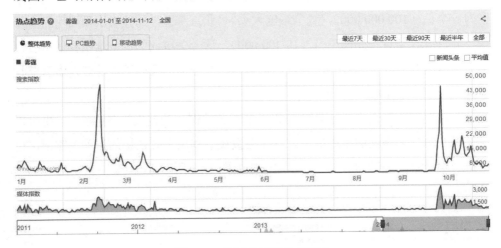

图 10.2　百度关键词热点趋势

百度指数"新闻监测"同时列出关键词媒体指数和相关新闻,如图10.3所示。

百度指数"人群画像"还会提供特定关键词搜索用户的地域分布、兴趣分布和人群属性,更加具体地描绘关键词搜索用户的形象。例如,笔者查询"雾霾"关键词时,百度指数"人群画像"表明对这个关键词搜索的用户主要集中在北京、浙江、广东、江苏、上海、河北等东部地区;用户兴趣分布主要表现为"影视Fans""吃货达人""旅行达人""家庭医生";用户年龄主要集中在20~49岁,性别以男性为主,男性占比78%,明显多于女性。图10.4为百度指数"人群画像"中对关键词搜索"人群属性"的示例。

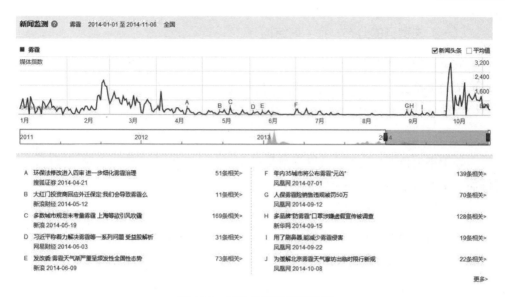

图 10.3　百度关键词新闻监测

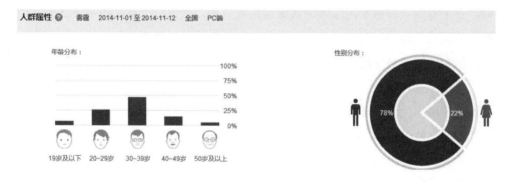

图 10.4　百度关键词搜索"人群属性"

五、新闻关键词的分布与运用

就总体结构来看，从网站首页、频道首页、专题页面到普通页面，关键词的分布呈现金字塔结构样式。而就具体运用来讲，则要特别注意关键词在网页标题标签、描述标签、关键词标签和新闻报道等特定位置的运用。

（一）关键词的分布：金字塔结构

关键词的分布遵循金字塔原则，换言之，从关键词运用数量上来看，网站首页处于塔尖位置，选用的关键词数量最少；频道首页、专题页面处于塔身位置，关键词数量按倍数递增；普通页面处于塔座位置，运用的关键词总量也是最多的。

1．网站首页

处于塔尖位置，选用的关键词数量最少，一般用2～3个核心关键词即可，关键词选定后变动较少，相对固定。

2．频道首页

体现新闻分类特点，每个频道使用2～3个核心关键词，各个频道累加的关键词数量成倍数增加。每个频道的关键词一旦确定则很少变动，相对固定。

3．专题页面

专题页面是融合新闻发布的主要形式，每个专题页面使用2～3个核心关键词，各个专题页面累加的关键词数量成倍数增加，处于这个层次的关键词数量比频道首页明显增多。融合新闻页面或专题页面的关键词要根据具体的新闻内容而定，这类关键词是变动的。

4．普通页面

处于塔座位置，普通的新闻报道多数以单篇稿件的形式出现，每个新闻页面都要有自己的关键词，每个页面设置2～3个核心关键词，这个层次的页面数量最多，关键词总量也最多。由于新闻各有不同，每条新闻的关键词都要根据具体的情况而定，这类关键词很难事先确定，处于变动状态。

（二）关键词在新闻页面中的具体运用

1．网页标题标签

网页标题位于融合新闻网页浏览器窗口最上方的蓝色条幅，通常显示在搜索结果列表的第一行，位置醒目重要。网页标题标签是搜索引擎单页优化最重要的内容，"标题是页面优化第一位的因素，是搜索引擎判断页面相关性最重要的提示"。[①]甚至可以这样理解，网页标题标签是专门为搜索引擎而设置的，新闻报道

[①] 昝辉．SEO 实战密码：60 天网站提高流量20 倍[M]．北京：电子工业出版社，2012：163．

的标题是首先为读者写的，而网页标题却是首先为搜索引擎写的。

网页标题标签 HTML 代码格式如下：

```
<head>
<title>新闻标题—新闻类别（新闻频道）名称—新闻网站名称</title>
……
</head>
```

每个新闻页面都应该写好带有个性化信息的网页标题标签，准确描述新闻报道的核心内容，与其他页面区分开来。网页标题标签的撰写格式通常为"新闻标题—新闻类别（新闻频道）名称—新闻网站名称"，如"习近平会见法国外长法比尤斯—高层动态—新华网"。

"新闻类别（新闻频道）名称—新闻网站名称"，也可以根据具体情况只保留"新闻网站名称"，或者将二者合并简化为"网站简称+新闻类别"，例如，可以把"高层动态—新华网"简化为"新华网"或"新华高层动态"。

网页标题标签的写作要注意设置关键词，并尽量将关键词前置，"HTML 页面标题在排名算法中是一个非常重要的因素，因此它必须包含目标关键字""为了让消息表达得尽量清楚，您应该将重要的关键字放在标题的起始处"[1]。网页标题标签中新闻标题部分的写作通常取自新闻报道的标题，但并不要求必须完全照搬新闻标题。有的新闻报道标题可能会很长或者是多行标题，并不适合一字不差地拿来做标签中的标题，遇到类似的情况可以简化处理，突出最具吸引力的内容，力争在关键词搜索竞争中占据优势。

百度、谷歌等搜索引擎搜索结果列表通常最多能显示 30 个中文字符，网页标题标签字数不应该超过 30 个汉字。而按照新闻学研究的观点来看，读者最佳视野以 10 个以内字数为宜，字数太多会增加用户读取信息的困难，让用户体验变差。笔者认为，网页标题标签中新闻标题部分的写作可以 10 个字作为最佳参考标准，最多不要超过 20 个字。

2. 描述标签、关键词标签和新闻报道

除网页标题标签外，网页描述标签和关键词标签也是搜索引擎优化十分关注的地方，在 content 后面的引号里添加适当的内容即可：

---

[1] JENNIFER GRAPPONE, GRADIVA COUZIN. 搜索引擎优化[M]. 赵利通, 译. 北京: 清华大学出版社, 2009: 157.

```
网页描述标签    <meta name="description" content=" ">
关键词标签      <meta name="keywords" content=" ">
```

网页描述标签是对融合新闻报道页面整体内容的概述,可以容纳 125 个汉字,这部分内容类似于新闻提要题,也可将其看成比较全面的新闻副标题,写作上可以参照提要题的写法,并注意使用关键词。网页描述标签的写作应该采用完整的句子来描述,将关键词融入到这些句子中,不能只是并列几个关键词。它是用完整句子连成的简短段落,而不是名词性短语的罗列。

关键词标签的写作则相对简单得多,只要在关键词标签里填写融合新闻报道 2~3 个核心关键词即可。

融合新闻报道既是写给用户看的,也是写给搜索引擎看的,搜索引擎看到了才有利于让更多的用户看到。从这个意义上讲,融合新闻的报道要注意关键词的运用,应该把关键词合理地分配到新闻网页中,为了避免内部竞争,同一个关键词不宜反复出现在多个新闻页面中。

新闻报道中还要注意关键词密度的掌控,关键词密度是指关键词总字数占所在新闻页面中的所有文字的百分比,网站运营通常将其控制在 2%~8%,新闻报道尤其不要刻意加大关键词使用的频率,要在保证自然顺畅的前提下使用关键词。

重点在新闻标题、小标题、导语、结尾和部分段落句首处设置关键词,标题中应该尽早出现关键词,这些地方是搜索引擎便于寻找信息的地方,十分关键。

HTML 对内文标题着重强调,以标签<h1>、<h2>等依次显示标题级别和分量的大小,<h1>是级别最高的新闻标题,应该尽量贴近<body>标签,这将有利于搜索引擎尽快掌握融合新闻报道的主题信息。

六、新闻关键词的使用注意事项

关键词的运用还有一些注意事项需要引起重视。我们主张适度运用关键词,不要因为重视融合新闻关键词的研究就走向了另一个极端,把融合新闻关键词的运用问题予以神化。应该切记"过犹不及"的道理,不要拘泥于关键词的运用。另外,我们也反对一些网站为了眼前利益而采用"伪原创"的做法。

（一）适度运用，掌握分寸

新闻具有变动性特点，在处理关键词的问题上，既要注重核心关键词，又要注重长尾关键词。有一些关键词可能搜索的人数并不多，但这类关键词总量提高上去之后，搜索的总人数也会是一个可观的数目，带来的流量也是可观的。这类关键词就是长尾关键词，其操作要点在于两点：第一，必须保证足够数量的新闻能够得到及时更新；第二，必须注重用户创造内容。

融合新闻报道注重关键词的运用，但同时还要掌握好分寸，应当适度使用关键词，不要走向另一个极端。不要不加控制地滥用关键词，滥用关键词也有可能会导致搜索引擎的惩罚。搜索引擎优化应当不露声色，自然得体。不要生硬地使用关键词，不要因为使用关键词而破坏掉文章的顺畅感和可读性，使写作变得僵化、别扭。

（二）反对"伪原创"

一些网站采用"伪原创"的方法，将一篇文章改头换面，加进去关键词，把这样的文章当成自己网站的原创稿件，以求蒙骗搜索引擎给予好的排名。"伪原创"的做法不值得提倡，这种投机取巧的做法终究不是长远之计。况且"伪原创"在本质上属于抄袭、剽窃，是一种欺骗用户的行为，依靠"伪原创"从事互联网新闻传播工作，归根结底是没有发展前途的。另外，我们也不要低估搜索引擎的智能特征，"伪原创"毕竟是一种撒谎行为，难免不留下把柄，搜索引擎未必就识破不了其中的把戏。

我们看重流量，但更要看重流量背后人的因素，看重用户的体验和评价。注意使用关键词是我们树立新媒体传播意识的体现，但它同时要求我们要有好的职业操守，能够提供高品质的新闻服务。如果不是采用正大光明的手段，仅仅将关键词的运用当作一种投机取巧的伎俩，即便暂时提升了流量，最终也是留不住用户的。

（三）不要拘泥于关键词的使用

除关键词的使用外，融合新闻页面在搜索引擎中的排名至少还受以下三点因素的影响：① 获得的链接数量；② 用户对融合新闻元素的评价和使用方式；③ 更为关键的是,"搜索引擎排名取决于你的内容对最终用户有多大的价值"[①]。

获得的链接数量越多,用户对融合新闻元素的评价和使用方式越积极、越丰富,融合新闻页面在搜索引擎中的排名就越靠前。内容真正有价值是基础和根本,有价值的内容才有可能吸引到更多的链接,才有可能让用户给予好评,用户才有给予多种形式评价的积极性,关键词的使用才能是锦上添花,起到正面促进的作用。

通过正确运用关键词,通过搜索引擎优化,我们要把用户引向我们的优质新闻报道资源,为他们提供高品质的新闻报道服务。假若没有高品质的新闻报道,暂时的流量提升就没有太大的意义,因为最终吸引用户的是新闻报道内容,用户掌握最后的决定权。所以,我们既要注重搜索引擎优化,学会有效使用关键词,更要注重融合新闻报道品质的提升。

[①] 伊文恩. 社会化媒体营销技巧与策略[M]. 王正林,王权,肖静,等,译. 北京:电子工业出版社,2012:314.

第十一章
超链接

一、如何看待超链接的价值

没有超链接就没有互联网,超链接把各种资源联结成信息之网。超链接,又称链接,是指从网页的某个位置链接指向另外一个目标,这个目标可以是另外一个网页,也可以是本网页的另外一个位置,还可以是一个文件或程序。存放超链接的页面是源页面,链接指向的页面是目标页面。超链接在融合新闻报道中的价值主要表现在以下几个方面。

(一)超链接具有参考文献功能

从写作形式上看,新闻报道通常并不需要标注参考文献,传统新闻报道以消息来源的形式处理相关问题。从严谨性上看,其对出处的标注不像学术作品那样严谨,一方面,它使得新闻报道更加简洁,省却了烦琐的程序;另一方面,它也使得人们很难继续就某一感兴趣的信息或问题寻根溯源,进行更为深入的探究。

超链接实现了参考文献的功能，它同时满足了呈现形式的简洁要求和用户深入研读的需求。用户首先看到的是一个完整的新闻报道，它没有烦琐的表现形式，提高了表达的效率，而有兴趣的读者则可以点击超链接进入相关页面继续阅读——有时超链接的页面呈现的信息量可能会很大，甚至会远远超过原来新闻报道的容量。

采用超链接的形式使得新闻报道能够满足不同用户的不同需求，它增强了新闻报道的功能，方便了读者收受信息，并使得新闻报道有了更加严谨的形式，满足了读者继续阅读研究的需要。

（二）超链接让新闻报道在时空中穿梭

超链接使得新闻报道能够与过去的报道、资料相通联，并能够延展到未来——现在的报道也有可能被未来的某个新闻报道链接，成为未来报道的背景资料。从这个意义上讲，超链接使得新闻报道得以在时空中穿梭，它赋予了新闻更强的活力，它延长了新闻的生命。新闻有可能不再是易碎品，超链接增强了新闻的文献价值，"今天的新闻就是明天的历史"，超链接使得新闻报道成为有据可查的历史存在，提升了新闻的价值，延续了新闻的生命。

（三）超链接改变了新闻叙事方式

传统新闻报道往往是单一的、孤立的，在传统媒体条件下，新闻报道很难实现与其他报道的灵活联系和互动，它们成为一个个孤立的存在，缺乏活力。

在传统媒体条件下，连续报道中各个新闻稿件之间虽然有联系，但这种联系也是基于同一报道主题叙事的需要，它是迫于事件进程、采访调查、篇幅时段等限制而对同一新闻事实的切割，并非能够与其他主题稿件灵活链接，仍然逃脱不了孤立的特性。它仍然是线性的报道体系，而非立体化的报道体系；它仍然是一个封闭的体系，而不是一个开放的体系。

超链接让新闻报道立体化，它改变了传统的新闻叙述方式，新闻报道不再是孤立的、线性的、封闭的，新闻报道变成了联系的、立体的、开放的结构。超链接提供了更加丰富多样的信息，它让新闻报道变成了一个开放的体系，使得新闻报道更加丰满。

二、怎样运用超链接

（一）超链接的方式

根据超链接所处位置的不同，超链接的方式主要分为两种：文中链接和文尾链接。文中链接是指对报道当中出现的关键词语、句子或其他媒介元素做链接；文尾链接是指在报道结束的地方重新开辟空间，以参考文献的形式罗列相关文件的标题并予以链接处理。

根据超链接指向对象数量的不同，超链接还可以分成单一对象链接和多个对象链接。单一对象链接是指链接仅指向一个目标对象，当点击超链接时没有其他指向对象可供选择；多个对象链接是指链接指向多个目标对象，当用户将鼠标指针放置到它上面时，屏幕上会自动弹出一个链接标题页面，用户可以根据个人兴趣选择点击具体的链接标题。

新华网《美媒：斯诺登让俄美压力大 奥巴马或取消访俄》[①]对标题中的"斯诺登"做了超链接处理，它采用了多个对象链接方式，当鼠标指针放到"斯诺登"关键词上时，屏幕上立即弹出一个包含有五个链接标题的页面，我们可以任意选择其中的一个标题点开阅读，如图11.1所示。

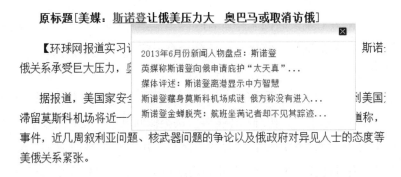

图11.1 多个对象链接案例

---

① http://news.xinhuanet.com/yzyd/mil/20130719/c_116610351.htm，2013-07-19。

采用单一对象链接的形式是一种传统的方式，它很常见，也易于被手动编辑操作。单一对象链接没有为用户提供更多选择的空间，有时会显得比较单调，但如果它提供了精彩的内容，却会帮助用户降低选择的成本。

多个对象链接的优点显而易见，它尊重了用户的个性需求，并极大地扩展了信息量。随着媒介技术的发展，多个对象链接方式的应用价值逐步得到了凸显，新的链接应用也会不断被开发出来。链接技术应该充分利用计算机网络自动处理信息和具有超强计算能力的优势，为用户提供更具价值的信息链接服务。随着时间的推移，新闻事实会出现更新的发展或变动，网民的关注兴趣也可能会发生变化，借助计算机网络技术，超链接的对象可以相应做出自动变化或调整，从而为用户提供更加卓越的信息扩展服务。

（二）设置关键词搜索链接

凡是遇到关键词的地方均可考虑给予搜索引擎链接，用户只要将鼠标指针移到关键词上就可以点击链接，阅读更加详细的信息。腾讯即时通信工具 QQ 聊天窗口具有这种功能，例如，当用户在谈到星云大师的时候，"星云大师"关键词下面会出现虚线，将鼠标指针移到关键词上面点击，则会在右侧弹出搜索结果窗口。用户能够看到星云大师的博客、星云大师视频、星云大师图片、百度百科、相关新闻资讯等搜索结果页面，采用关键词搜索链接，便于用户轻松、快捷地了解详情。

（三）更加广泛的搜索链接

每个用户对关键词的认定和理解都会有所不同，每个用户在收受新闻的过程中的疑问也会千差万别，新闻工作者有时很难把握所有用户的口味。编辑按照自己的理解对部分关键词做了链接，但还是会有一些用户认为有的地方需要更加深入地搜寻相关信息，而编辑却并没有提供链接。

融合新闻报道应该考虑用户的这些个性化问题，采取积极有效的手段满足用户的需求。从传媒技术上讲，传统媒体很难解决类似问题，但互联网技术却可以轻松地应对此类问题。可以采用这样的设计思路——用户将有疑问或感兴趣的词语选定，单击鼠标右键便会弹出搜索对话框，由用户从搜索结果列表里选择适当的页面点击浏览，收受相关信息。图 11.2 是凤凰网专题《苏格兰独立公投》[①]截图，选定

[①] http://news.ifeng.com/world/special/scotland，2013-09-15.

关键词"苏格兰"后单击右键可以看到"用 综合搜索 搜索'苏格兰'（S）""用 百度 搜索"等字样，点击这些字样后可以看到包括"苏格兰_百度百科""苏格兰的最新相关信息"等在内的搜索结果列表，用户可以选择阅读，深入了解。

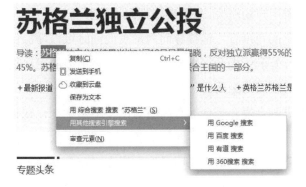

图 11.2　搜索链接案例

（四）提防死链接

不管采取什么形式的链接，保证链接的有效是最关键的。

文中链接、文尾链接等直接对相关文字开展的链接尤其需要注意提防死链接，由于链接的文件被删除等原因，读者在点击链接时，页面却不能正常显示，这种情况是需要警惕的。

可以通过设置"纠错反馈"功能，让用户及时提供死链接信息，及时予以改正，给用户留下美好的阅读体验。

三、基于 SEO 策略的链接技术

从搜索引擎优化的角度考虑，超链接是影响目标页面主题相关性和链接权重的重要因素，超链接表明了源页面对目标页面的肯定，一个超链接代表了一次投票，通过分析页面间的链接关系，搜索引擎能够分析出比较重要的新闻页面。融合新闻报道在运用超链接技术时，应该加强两个方面的操作：一是要高度重视内部链接；二是要积极寻求外部链接。

（一）高度重视内部链接

内部链接是指网站内部页面之间或同一页面不同位置之间的链接，如果能够做内部链接，任何一个新闻媒体通常都不愿意将链接导向外部网站，因为链接导出很可能就意味着用户的流失。相关链接指向内部页面可以保全用户注意力资源，而从搜索引擎优化的角度看，链接导向内部页面同时可以增加目标页面的主题相关性和链接权重，有利于提升搜索排名，有利于将更多的用户吸引到网站上来，内部链接的价值是显而易见的。

内部链接要求融合媒介平台拥有高质量的报道基础，否则链接指向就会失去实用价值，就不能为用户提供优质新闻服务。而从这个意义上讲，内部页面如果可以提供充分的链接保障，那也说明了这个媒介平台具有稳固、优良的新闻传播基础，拥有一个强大的新闻数据库作为支撑，它在长期的新闻报道中能够保持一以贯之的职业操守，是值得信赖的。

链接本身表明了一种信赖关系，一个页面能够被链接，说明这个页面的内容是被对方所看重和信任的。链接的内容范围非常广泛，融合媒介平台必须具备足够雄厚的新闻基础，才能够保证链接在内部就可以解决，内部链接需要网站自身能够提供足够多的值得信赖的背景资料。

另外，搜索引擎对每个新闻页面内部链接的数量是有限制的，超过了这个数量限制则会受到搜索引擎的惩罚，搜索引擎会忽略这样的新闻页面，或忽略超出部分的链接指向页面（目标页面）。谷歌的链接数量限制是 100 个[①]，但对大多数融合新闻报道来讲，100 个的数量限制是非常宽容的，一个新闻页面通常不会也没有必要做那么多超链接。如果用户有疑问，需要深入了解不同的关键词，可以采用前文所述的"更加广泛的搜索链接"方法，选中相关词语重新搜索选择收受。

（二）积极寻求外部链接

外部链接是指网站页面与其他网站页面之间的链接关系，寻求外部链接是指融合新闻报道要争取被更多的外部网站链接。在一定范围之内被更多的外部网站所链接，这说明了融合新闻报道能够被更多的网站认可，搜索引擎也会基于这些

[①] 吴泽欣. SEO 教程：搜索引擎优化入门与进阶[M]. 北京：人民邮电出版社，2008：145.

外部链接的数量和质量来判断其价值，给予更高的评估和更好的搜索排名。

寻求外部链接要比设置内部链接困难得多，内部链接是由融合新闻工作者自己决定的，可操控性强，外部链接却很难操控，别的媒体是否愿意链接你的报道是不容易预料和控制的。

从搜索引擎优化的技术与方法上看，增加外部链接可以利用分类目录、交换链接和使用链接诱饵等方法，但这些方法未必完全适用于具体的融合新闻报道页面。分类目录是指采用人工收集网站的方式，把网站资源整理并存放到一个目录体系里。交换链接是指不同的网站互作链接。分类目录和交换链接主要是对网站整体来讲的，并不适合具体的新闻报道页面。SEO 操作技巧里讲的链接诱饵强调软文、网络广告和共享软件的使用，多是针对商业网站采取的一些方法，不能直接照搬到融合新闻报道上来。

不过，链接诱饵给融合新闻报道的启发仍然存在，融合新闻报道用不着费尽心思写软文、做广告，只要把注意力集中到热点新闻、实用资讯上，吸引更多站点的转载和链接就足够了。寻求外部链接更主要的依赖于内容的权威和吸引力，只有新闻内容做到足够好，才有可能吸引到外部链接。另外，必须注重用户的力量，用户参与创造内容、发表评论意见、分享新闻页面，会将融合新闻报道外部链接的网不断散开，这是扩大外部链接的有效方法。

四、能否链接到别的网站

互联网倡导开放的精神，不要害怕链接到外部网站，甚至不要害怕链接到竞争对手的网站上去。不是拘泥于自己的网站，而是本着一种包容的精神看待超链接问题，体现了一种大度、自信的风貌，有利于赢得用户的尊重，有利于新闻业务的长远发展。

很多时候，融合媒介平台运营者担心主动链接了别的网站，会稀释自己页面的 PR 值（Page Rank，佩奇等级）。但事实上，PR 值和搜索排名的关系已经不再那么相关[1]，其重要性已经明显下降了。很多搜索引擎注意到了这一问题，改进了

---

[1] 欧朝晖. SEO 智慧：搜索引擎优化与网站营销革命[M]. 北京：电子工业出版社，2009：55.

算法,给予导出链接价值计算。换言之,如果导出链接做得好,不但不会折损源页面的价值,反而会提升其搜索价值,这是搜索引擎对导出链接的激励,融合媒介平台运营者应该有足够的信心做好导出链接。

导出链接操作的关键是要真正为用户服务,寻找到权威可信的网站,不能采取轻率的态度,找一些搜索引擎不认可的坏网站做链接对象。

融合新闻本身是一个开放的系统,只要需要,就可以把链接延伸到外部网站去。这种做法的出发点是为了方便用户,而不是为了媒体运营者的私利。在运用超链接的时候不要斤斤计较网站流量,不要害怕用户跑到别的网站去,不要只盯眼前的利益。如果你有一种不求回报的服务精神,发自内心地为用户考虑,完全为了用户体验而设置超链接,从长远看,终将会有更大的收获,我们将会收获用户的忠诚和信赖。

如果别的网站提供的资料是有价值的,而我们仍不愿意做链接,那么摆在我们面前的路只有两条:一是重新整理相关资料,把这些资料放到自己的网站上;二是装作什么都不知道。第一种做法有的时候是可行的,例如,当这项工作不是特别费力,偶尔可以尝试。但如果当这项工作变得非常烦琐,这有可能会耗费新闻工作者更大的精力,得不偿失。第二种做法——装作什么都不知道,不为用户做引向其他网站的链接,这会让用户感到不方便,也会令媒体形象打上折扣,是一种短视行为,违背了融合新闻的包容精神。

华盛顿邮报网站在报道马航客机失联事件时,就大方地链接了新华社英文报道页面,值得称道。当用户点击报道正文中带下画线的新华社链接(Xinhua News Agency)[①]时,用户可以方便地进入新华社图文报道页面[②]:

China's state-run Xinhua News Agency, which has a reporter aboard the Haixun 01 ship, reported that a black box locator heard the signal Saturday at around 25 degrees south latitude and 101 degrees east longitude — broadly in the same area

---

[①] Chinese ship hears pulse, possibly from missing Malaysia Airlines flight's black box[EB/OL]. http://www.washingtonpost. com/world/asia_pacific/chinese-ship-hears-pulse-possibly-from-missing-malaysia-airlines-flights-black-box/2014/04/05/ df1dfc97-8308-450e-9f7e-6c94c2f4bf6d_story.html, 2014-06-08.

[②] Chinese search vessel discovers pulse signal in Indian Ocean[EB/OL]. http://news.xinhuanet.com/english/china/2014-04/ 05/c_133241023.htm, 2014-06-08.

where the search effort has been concentrated in recent weeks, in the Indian Ocean about 1 000 miles northwest of the Australian city of Perth.

赫芬顿邮报对于改写自其他媒体的报道，通常会提炼出其精华，对新闻标题进行搜索引擎优化，并慷慨大方地链接原来报道所在的网站。赫芬顿邮报在链接其他网站方面的做法使得他们可以规避侵犯版权嫌疑，"另一方面，链接其实不会带来流量的流失，因为没有多少人会真的去点击那些原创性的网站"[①]。

如果需要，就不要惧怕链接其他网站，除非这样的网站不值得信赖。本着方便网民的原则，把与新闻相关的有点击价值的网站链接在页面上，这种宽容大度的做法将会赢得网民的尊敬和信赖。

五、展示关键词新闻链接条目

百度新闻免费代码（news.baidu.com/newscode.html）提供"展示关键词新闻"服务，只要输入关键词，即可获得相应代码。将文本编辑框内的代码复制到融合新闻网页里，即可显示百度每日更新的新闻，融合新闻页面可以与百度同步更新，而这一切将会自动进行，并不需要网络编辑额外付出更多的劳动，如图11.3所示。

图 11.3 展示关键词新闻代码

百度"展示关键词新闻"搜索关键词位置可选择"标题"或"全文"，数量限

---

① 胡泳. 报纸已死，报纸万岁：报纸转型的关键策略[J]. 新闻记者，2011（11）：16-17.

制可选择"5 条""10 条""20 条"。我们以"空气质量"为例,将其输入关键词文本框,单击"我要代码"按钮后,立即获得相应的 HTML 代码。把这些代码复制到融合新闻网页里,届时将看到如下的搜索新闻条目,如图 11.4 所示。

图 11.4　自动呈现的关键词搜索新闻条目

第十二章
互动

　　互联网并非首创了互动，互联网是对互动进行了彻底全面的升级。互动成为网络新媒体报道的典型标志，虽然传统媒体也存在与受众互动的问题，但就即时性、广泛性和深刻性来讲，传统媒体的互动无论如何都无法与网络新媒体的互动相媲美。

　　融合新闻报道可采用文后跟帖、论坛、微博、微信、即时通信工具、电子邮件、二维码、意见调查、社交分享等多种形式、多种渠道加强互动，甚至可以采用更加直接的互动呈现形式，让用户直接参与到融合新闻的报道过程中，共同完成新闻内容的最终呈现。

　　互动是互联网的天然属性，互动的过程也是群体创造的过程。在互联网时代，"企业不应该将个人视为被动的接受者，而应该在定义价值和创造价值的过程中转变理念，将个人视为积极的群体创造者"。[1]具体到融合新闻报道来讲，互动将用户群体与职业新闻工作者联结起来，把广泛的信息来源、多样的见解、创新的表述纳入新闻一体化协作生产过程中，让每一个要素都创造出价值。

---

[1] 托马斯瓦米，高哈特. 众包2：群体创造的力量[M]. 王虎，译. 北京：中信出版社，2011：32.

一、互动的效用

(一) 互动是高关注度新闻的标志

互动是高关注度新闻的标志，点击率高的新闻往往具有比较高的互动人次，新闻跟帖评论的绝对数量通常比较大。

表12.1列出了网易新闻点击排行榜（1小时前点击榜）互动与点击量等相关数据[①]。榜单前九名的新闻点击量少的为343 695，高的为4 484 046。从中可以看出，这些点击量位居榜单前九名的新闻大都具有高互动性，跟帖条数和参与互动的人次都很高，每条新闻后面的跟帖数少的为514条，高的达到7002条；参与互动人次少的为4709人次，高的则达到55 677人次。

表12.1 新闻互动与点击量

新闻标题	推荐数量	跟帖数	参与人次	点击量
01. 马来西亚官方承认客机或在马六甲海峡失联	67	860	29 314	4 484 046
02. 知情者：周滨之父曾欲在退休后回老家种植水果	81	1176	35 934	4 286 029
03. 美调查机构疑马航370航班在失联后仍处飞行状态	213	5811	41 386	3 205 033
04. 马民航局人士：军方对失联客机情况可能有所隐瞒	132	6581	47 298	3 182 730
05. 吉隆坡警方对一名失联客机飞行员住家进行搜查	112	1972	16 630	2 568 145
06. 山西晋济高速隧道爆炸共造成31人死亡9人失踪	77	7002	55 677	2 496 698
07. 业内人士：马航失联客机或遭遇比劫持更特殊情况	54	4959	29 322	1 509 397

[①] 网易新闻点击榜（1小时前点击榜），http://news.163.com/rank/，2014-03-13 18:15。参与人次是指包括跟帖、顶、分享等在内的互动总数。数据由笔者整理。

续表

新闻标题	推荐数量	跟帖数	参与人次	点击量
08．马来西亚军方否认事发当早曾击落不明飞行物	28	514	7329	995 798
09．中乌军事合作展望：俄售华技术比乌贵数十倍	7	687	4709	343 695

高互动性表明了用户对具体新闻内容的关注兴趣，我们可以将互动看成新闻关注度的一个指标，用以表征融合新闻传播的成效。高互动性有利于扩大新闻的传播覆盖面，有利于提升新闻传播影响力，它是高关注度新闻的一个典型标志。

（二）互动将用户纳入生产体系

"互联网精神是互联网的基因。互联网的发展是自下而上的，是一种开放、平等、自由的状态。互联网没有任何国际协议，也不是由国际组织创办的，被世界所认可是因为它自身的吸引力。只要你的网络接受 TCP/IP 协议就能接入互联网，这就是它的基因。"[①]互动让原本封闭的报道开放起来，它给予用户平等地位，让用户成为自由的内容创造者。互动将融合新闻与传统新闻区分开来，互动是对用户最好的奖赏，它是媒体注重客户服务的表现。

互动为用户创造内容提供了机会，互动是用户创造内容的方式，互动将用户创造内容纳入了生产体系。没有互动，用户就很难实现媒体内容的创造，用户创造的内容更无从谈起纳入融合新闻生产体系。网友的跟帖已经成为新闻内容构成的有机部分，人们在接收专业新闻工作者提供的新闻信息的同时，也关注众多网民的评论意见和提供的新闻信息，也喜欢将网民的意见作为认知参考。我们必须将互动提高到内容生产的高度，通过互动把用户创造的内容纳入新闻生产体系。

单纯从新闻操作的客观、规范等角度来看，单一用户可能不如职业新闻记者专业。但从总量上来看，用户提供的海量信息中却可能包含着价值极高的信息。绝大多数新闻在刚刚发生时，记者很难就在现场，公民记者可以很好地弥补这种缺憾，及时提供富含新闻价值的信息。

用户乐意拿出时间和精力无偿提供新闻信息和评论意见，这就无限扩展了新

---

① 于洋，张婷樾．胡启恒院士入选"互联网名人堂"，本报进行专访 互联网发展呼唤开放诚信融合[N]．人民日报，2013-07-04（14）．

闻生产的接口，新闻报道成了一个开放的平台，媒体得以借助用户的无限力量壮大自己的生产队伍。注重互动，将用户纳入新闻生产体系，顺应了互联网数字平台新闻生产的机制要求，是新闻生产的一次大解放。

互动的过程是开放式协作生产的过程，信息产品的生产都应该高度重视互动的作用。除新闻的生产外，图书和杂志也应该将互动纳入开放式生产体系。唐·泰普斯科特和安东尼·D. 威廉姆斯的《维基经济学：大规模协作如何改变一切》是一本论述互联网时代大规模协作的著作，该书最后一章的题目是"维基经济学使用手册"，这一章忠实地践行了他们著作的理念——开放式协作生产。这一章只有两页，第一页的正文内容只有 5 个字"请编辑此书"；第二页的内容只有三句话，"加入到我们的大规模协作生产中来！""这里需要您的加入！""加入到我们的大规模协作生产中来，请登录×××网站，共同编写一本 21 世纪战略指南——《维基经济学使用手册》！"①读到这里，笔者输入了该书提供的网址，浏览了相关内容。×××网站是唐·泰普斯科特和安东尼·D. 威廉姆斯专门为他们的图书《维基经济学：大规模协作如何改变一切》建立的网站，试图打造一个协作生产图书内容、有效宣传图书的平台，他们的这种做法值得我们学习和借鉴。我们的图书作者也应该注意利用网络媒体为读者服务，延伸图书价值链条，加强与读者的互动，积极采用集体的智慧，创新图书内容的生产模式和推广模式。

《少年卡夫卡》是非书亦非杂志的刊物，收录了村上春树与其所著畅销书《海边的卡夫卡》读者往来的 1220 封电子邮件，记录了读者对书中人物的感悟、疑问以及对作者的意见等内容。作为畅销书的衍生媒介产品，《少年卡夫卡》正是读者参与到媒介产品生产过程中的生动案例，"让别人也可以看到网页上公开的交流，虽然范围有所限定，但是可以成为一个讨论园地，再以铅字媒介针对不特定的多数读者发行，真是高明的创意"。②媒介融合时代，读者不再满足于单方面地接受信息，他们还拥有表达自我的需求。编辑应当及时提供服务，扩展为用户服务的边界，帮助用户释放强大的内容生产力。媒介融合背景下，用户创造的内容更容易被收集和传播，编辑要做的是将用户原创内容按照特定主题规整加工，进行策

---

① 泰普斯科特，威廉姆斯. 维基经济学：大规模协作如何改变一切[M]. 何帆，林季红，译. 北京：中国青年出版社，2012：291-292.
② 鹫尾贤也. 编辑力：从创意、策划到人际关系[M]. 北京：北京联合出版公司，2017：183.

展,以更具创意、更适合在媒介上传播的形式面向大众传播出去。

(三)互动有利于提升访问流量

互动有利于提高新闻点击量,互动能够使访问流量提升,这就扩大了新闻传播覆盖面,提升了新闻影响力。互动的情况从一个侧面说明了新闻引起人们兴趣的能力,通常来讲,互动越是频繁,新闻就越能吸引人们的关注和点击,如表12.2所示。

表 12.2　互动次数与点击次数

日　期	分享消息量	互　动　次　数	URL 被点击次数
2012-09-09	112 764	6195	771 307
2012-09-08	115 026	4720	726 217
2012-09-07	104 159	4738	659 548
2012-09-06	98 429	4401	664 887
2012-09-05	105 160	5459	683 710
2012-09-04	110 024	6586	681 766
2012-09-03	103 077	7375	639 076

注:徐志斌《社交红利》数据

腾讯微博开放平台的一项研究证明了"互动的增加也会极大拉升回流访问数据"[1]。在腾讯微博与唱吧合作的一次线上分享大赛中,后台数据显示了互动次数与 URL 被点击次数的直接关系,"产品发布后,后台中分享数据开始上升,回流访问数据曲线也呈现出同步上升的趋势"[2]。

《互动拉升》访问流量具有长尾效应,以前的评论、推荐、分享等互动行为会拉动日后的信息消费。"获得回流的链接并不完全是由当天分享的消息产生的,至少有一半来自过去的历史消息。互动,延伸了信息的生命周期,得到了长尾效应。"[3]亚马逊图书销售排行榜的数据很好地证明了这一点,消费者评论数多的商品其销售排名也往往靠前,尤其当这种评论表现为五星好评的时候,这种由互动带来的长尾效应非常明显。先前用户评论的历史信息,帮助后来的大批用户做出了消费决定。

---

[1] 徐志斌. 社交红利[M]. 北京:北京联合出版公司,2013:170.
[2] 徐志斌. 社交红利[M]. 北京:北京联合出版公司,2013:171.
[3] 徐志斌. 社交红利[M]. 北京:北京联合出版公司,2013:170-171.

《南方周末》微信公众号 Web 开发工程师罗杨研究发现,排名前 100 的稿件有十几篇是旧稿。他推测这应该是有人将旧稿搜出来,再次转发的结果。[①]这也是互动拉升访问流量具有长尾效应的体现,我们做自媒体要高度重视传播长尾现象,做持久传播产品,用后来的新闻热点将以前的产品再次激活,让以前的产品重新获得传播力。

二、将用户创造内容融入新闻生产

新华社微信公众号文章《刚刚,沙特王储被废了》[②],正文只有一句话,45 个字,"沙特国王萨勒曼 21 日宣布,废除王储穆罕默德·本·纳伊夫,另立穆罕默德·本·萨勒曼为新任王储。"监制署名为刘洪,编辑署名包括王朝、关开亮、陈子夏等三人。

这条微信公众号文章的互动很有意思。网友扬科维奇留言表示不屑:"就这九个字还用了三个编辑。"这条留言的点赞数达到了 10.4 万。编辑回复的时候毫不示弱:"王朝负责刚刚,关开亮负责被废,陈子夏负责沙特王储。有意见???"这条回复的点赞数更高,达到了 12.8 万。网友 Linear algebra 还嫌事不大,做了补充:"了字由刘洪宝宝负责",编辑马上回复:"'已经五百年没人叫过我宝宝了!'——年过四旬的老刘同志流下了激动的泪水。"

网友 Rice Eater 这样点评:"你看看人家新华社,标题简明扼要,文章直切要害,隔壁一群老喜欢做标题党的自媒体编辑真该好好学学。连公众号都玩不过国家系列。"网友泪泪留言说:"我一条条看完了评论回复,瞬间就爱上了新华社的微信小编,这路线我喜欢!"新华社编辑没有板着脸孔做新闻,而是与用户展开鲜活的互动,共同创造内容。新闻严肃,编辑逗趣,这是时代的进步。

互联网新闻生产与传统媒体新闻生产的一个典型区别在于,互联网新闻生产打破了专业精英的垄断,变成了泛社会化的新闻生产,用户不再是单纯的信息消

[①] 岳淼,叶铁桥. 转合:移动互联网时代媒体访谈录[M]. 北京:人民邮电出版社,2017:1.
[②] 刚刚,沙特王储被废了[EB/OL]. (2017-06-21). http://mp.weixin.qq.com/s/75-QKDcu-0GWOKOP7iAkOg.

费者，而是变成了新闻生产的重要参与者，成了与新闻传播工作者具有平等地位的主体创造力量。如何汇聚用户的力量，吸收社会性新闻生产成果，是融合新闻报道的一个关键。

赫芬顿邮报是一家成立于 2005 年的美国网站，到了 2011 年其流量就超过了纽约时报网站，获得了"美国互联网第一大报"的美誉。"众创""众包"是新闻生产的新形式，赫芬顿邮报成功的秘诀是依赖用户创造内容的力量。赫芬顿邮报拥有 12 000 多名公民记者和超过 3000 名核心博客作者，还有更多的收受群体，赫芬顿邮报依赖这些义务工作者，开创了崭新的内容生产模式，赢得了成功。

用户喜欢互动，具有表达和倾诉的愿望，愿意为内容创造贡献力量。用户创造内容的一个常见形式是在新闻后面跟帖评论，为了保持对用户的起码尊重，为用户生产内容创造友好的氛围，即便是批评我们的评论，我们通常也不鼓励删帖。用户生产内容这一行为过程本身就是用户创造内容的内在动机，用户耗费精力和时间创造内容，在大多数情况下并不能获得额外的报酬，但这个过程却让用户乐在其中，内容生产本身成了用户的快乐源泉。

爱德华·德西（1970 年）通过研究认为，人类动机分为内在动机和外在动机，内在动机是指行为本身即是一种回报，外在动机的回报则来自行为之外，如报酬。爱德华·德西强调了两种具体的内在动机：① 自治的愿望——自己能够决定自己做什么，怎么做；② 有胜任感的愿望——愿意具备胜任某项工作的能力。[1]

对于融合新闻报道来讲，用户创造内容的动机主要表现在以下几个方面。

（1）自治——创造内容的主动权掌握在用户手中，做与不做、何时做、怎么做，全由用户自己说了算。用户自我掌控，享受自治的乐趣。

（2）胜任感——我能提供新闻信息，我具有掌握信息资源的优势和价值，我具备表达的能力。

（3）分享——用户天生具有分享的愿望，分享不会变少，相反，却会成倍增加，带来回报。

"用户模式大于一切工程模式"[2]，媒介融合必须重视用户作为创造主体的价值，真正将用户融合进内容生产环节，使其成为内容生产的主体力量。"对于今天

---

[1] 舍基. 认知盈余[M]. 胡泳, 哈丽丝, 译. 北京：中国人民大学出版社，2012：80-88.
[2] 黎万强. 参与感：小米口碑营销内部手册[M]. 北京：中信出版社，2014：25.

的用户来讲，信息消费过程也是信息生产过程，信息生产也是一种信息消费方式。促进用户的信息消费行动向信息生产活动延伸，或者促进其信息生产成果为更多用户共享，是新媒体信息生产的重要特点之一"①。应该为用户创造内容设置方便的平台入口，让网民参与到新闻报道中来，将他们发现的新闻便捷地发送给新闻媒体。

《华尔街日报》在报道马航 MH370 客机失联时，在其网站专题页面上设置了一个"纪念墙"板块，请求用户提供有关 227 名乘客和 12 名机组人员的信息，以示纪念，如图 12.1 所示。华尔街日报鼓励用户通过社交媒体或电子邮件提交文字、图片或视频，比较恰当地处理了用户参与新闻报道问题——既积极采纳了用户提供的信息，又寄托了对遇难者的哀思。

图 12.1　华尔街日报"纪念墙"

下面有关乘客焦微微的报道是由一位落款为 Rose Yu 的用户提供的。

焦微微，32 岁，中国人

焦微微将怀孕生子当作人生大事，为此还专门学了一门心理学课程。

焦微微曾经在奇虎 360 科技有限公司（Qihoo 360 Technology Co.）和用友（Yonyou）等网站工作，后来辞职在家陪伴 2012 年 5 月出生的儿子王墨恒。

她与丈夫王睿、儿子以及父母一同在马来西亚东部的沙巴旅行。

---

① 彭兰．再论新媒体基因[J]．新闻与写作，2014（2）：4-8．

大家都知道她是个有耐心的母亲，能够沉着应对孩子的脾气，让孩子逐渐安静下来。焦微微对王墨恒的爱称是"墨老板"。

一家人在沙巴度假时，焦微微在腾讯的微信（WeChat）即时消息服务上分享了一些照片。其中一张照片是她夸张地面对镜头微笑着，头上戴着一个五彩缤纷的蝴蝶结。焦微微离开北京那天空气污染特别严重，她原本打算回国后参加大学同学的一个小型同学会。她发了一条微信消息：北京的朋友们，你们委屈了，等我回北京，和你们同呼吸，共命运！

——Rose Yu

Rose Yu 是遇难者的朋友、同事，还是亲戚，我们不得而知。Rose Yu 除了讲述焦微微的故事，还在另一块纪念墙上写下了焦微微的丈夫王睿的故事："王睿时年35岁，毕业于清华大学会计学专业，是波士顿咨询公司的一位主管，老家在河北省邯郸市。"Rose Yu 提供的文字并不逊于职业记者的描述，这些文字清晰而又简洁地描述了相关人物的故事，令人感伤。

BBC 非常重视用户创造内容的生产机制，它的手机新闻客户端有一个"Send to BBC News"功能入口，用户可以随时点击进入，在"发送新闻给 BBC"的空白页面上书写自己的报道，参与内容生产，点击并发送给 BBC，如图 12.2 所示。

图 12.2　发送新闻给 BBC

三、网上调查与表情反馈的设计

配合新闻报道的网上调查也是一种有效的互动手段,它让用户得以参与内容的创造,奉献自己的认识与评价。这种调查的设计不能简单等同于一般的市场调查,市场调查问卷结构复杂,系统性强,问题数量少则十几个,多则几十个,通常需要十分钟至半个小时的时间,这种调查的实施通常需要调查员当面劝服和赠送礼物报酬等机制的协助,并不适合新闻报道的网上调查。

配合新闻报道的网上调查应注意以下几个方面的思考。

1. 如何设计问题

应该找到用户的兴趣点,把握住新闻报道容易引起的争议之处,将其设计成调查问题,询问用户的看法与意见,满足用户的表达与倾诉欲望。

山东冠县农家女陈春秀 16 年前被冒名顶替上大学,她只得外出打工。2020 年 5 月 21 日,陈春秀在学信网上查询学籍信息时,意外发现自己竟然曾在山东理工大学就读,这才知道自己被顶替了。相关部门展开调查,顶替者陈某某被停职,学籍也被山东理工大学注销。陈春秀向山东理工大学提出重新上学的请求,但对方以"无此先例"为由拒绝。针对此事,头条新闻在微博上开展了投票调查,这样的调查问题很受网友关注,大家很愿意通过投票来表达自己的看法,如图 12.3 所示。

2. 设计几个问题

网民参与调查往往是刹那间的行为,他们不会拿出太多的时间参与调查。网上调查的问题应该极其简洁,并要严格控制问题的数量,以 1~3 个问题为宜。如果问题过多,网民会产生畏难情绪,放弃参与调查。

3. 如何鼓励用户参与调查

在很多情况下,愿意参与调查的用户往往是产生了说话的愿望,他们是发自内心地想要表达一下自己的意见。但即便如此,还是应该采取多种方式鼓励用户参与调查。参与调查者可以在调查结束后立即看到调查结果,就是一种很好的鼓励方式;也可以采用抽奖的方式,鼓励用户参与调查。

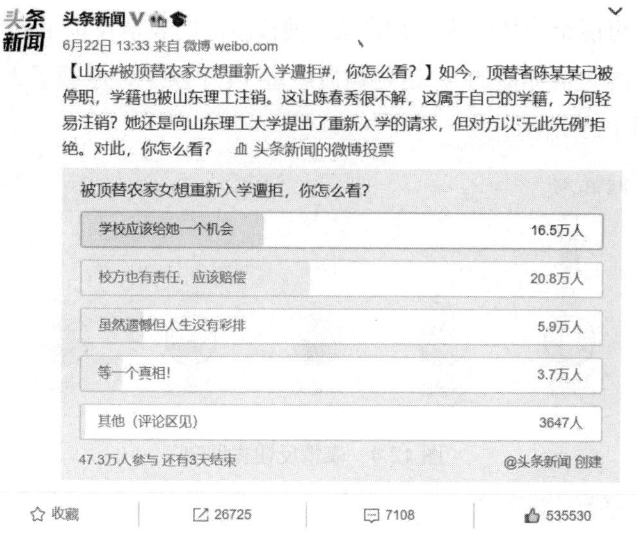

图 12.3　微博投票调查

另外需要说明的是，网上调查通常并不是采取真正意义上的随机抽样方法展开的，其结果也不能用来推断全体网民的意见。随机抽样有着严格的统计学规定，其关键就是它必须遵循随机原则。网上调查并没有遵循随机原则，是否愿意参与调查全由用户自己说了算，愿意参与调查者的情况与不愿意公开表达意见者经常存在系统性偏差。但作为一种收集用户反馈意见的渠道，配合新闻报道的网上调查仍然具有积极意义，它是用户参与内容创造的有效途径，给予网民一个表达意见的机会，是媒体与用户进行互动的有效形式。

还有一种网上调查值得关注，那就是表情反馈式调查。笔者曾在临沂在线网站做了一个关于小岭村村民捐款救助白血病女童的报道，图 12.4 就是报道末尾的一个表情反馈式调查，截图时浏览次数为 4887，有 162 位网友做了表态。临沂在线的新闻报道后面没有给用户提供自由发表意见的论坛渠道，而是设置了这样的表情反馈式调查，它询问用户看完报道后的心情，备选项包括"感动""同情""愤怒""搞笑""难过""支持""雷人"等，如图 12.4 所示。

网站关闭论坛功能往往是一种无奈之举，谁都知道开通论坛，让用户自由地发表意见是最好的鼓励用户创造内容的方式，但是具体到社会现实环境的约束，就应该考虑尽量避免由于用户的刺激性言论带来的惩罚。单纯从言论自由的角度讲，网民说什么话是他们的自由，即便他们肆无忌惮也是他们的事情，但网民发言的自由却有可能给媒体带来灭顶之灾。搜狐新闻的表情反馈中有句话:"一切尽在不言中,新闻表情你懂的",这句调侃短短 14 个汉字,承载了太多的含义,意味深长,如图 12.5 所示。

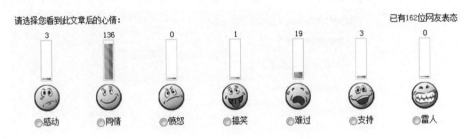

图 12.4　表情反馈式调查

图 12.5　搜狐新闻表情反馈

　　如果关闭论坛,不设置用户互动环节,那么新媒体与旧媒体又有什么区别?!新媒体如何解决这种两难问题呢?采取这种表情反馈式调查是一个解决办法,它反映了媒体在政治约束与职业追求之间的权衡,它有效约束了刺激性言论的发布,规避了政治风险,同时它毕竟又给网民提供了发言途径和互动平台,满足了用户创造内容的需求。虽然这是一个比较保守的做法,但有总比没有要好。从媒体适应复杂的社会环境,有效解决生存与发展难题的角度来看,它也可以被看成一种民间智慧。

四、游戏与新闻的融合

　　游戏是一种有效的新闻互动形式,游戏与新闻的融合是一个值得关注的发展方向。

第十二章
互动

2015年是中国人民抗日战争暨世界反法西斯战争胜利70周年,这年9月3日天安门广场上还举行了我国第一次胜利日大阅兵。腾讯网为纪念抗战胜利70周年特别推出了《壮歌——纪念抗战胜利70周年腾讯网专题报道》,这个融合新闻专题专门设置了"游戏互动"栏目,汇聚了"全民画汉奸""化身间谍改变历史""一颗子弹的故事""一键搜寻抗战老兵""高考中的抗日战争"等五个小游戏。当用户将鼠标指针移动到每个小游戏图案上方时,图案会自动反转出二维码,用户用手机扫描二维码之后就可以参与游戏互动,如图12.6所示。

图12.6　腾讯融合新闻专题《壮歌》中的游戏互动①

点击进入"化身间谍改变历史"这个小游戏,在一个旋转圆盘上会出现五位间谍的照片,我点击化身成了达斯科·波波夫,选择"立刻行动",游戏指示说:"你获得了日本很有可能偷袭珍珠港的情报,美国联邦调查局局长胡佛将接见你。请点击右侧服装,选一身合适的外套去见胡佛。"我点击选择了一套彩色休闲西服,结果显示:"以花花公子形象示人,情报未被采信!"游戏同时告诉我历史真实情况:"波波夫在美国期间大肆挥霍,与著名女演员约会,因此,胡佛认为波波夫只是个花花公子,只知道声色犬马,并对波波夫提供的日本可能偷袭珍珠港的情报不屑一顾。"

我再次点击化身为川岛芳子——清朝皇室后代,在日本成长,是个汉奸,参

---

① http://news.qq.com/zt2015/krsl70/index.htm#plmd,2015-09-22。

与了"九一八事变",张作霖命丧其手,结果显示:"125 958 人拒绝化身为川岛芳子",我单击"惩罚汉奸"按钮,看到了汉奸遭受电刑骷髅闪烁的可怕影像。

虽然将游戏运用到新闻报道中也引起了一些人的质疑与反对,但游戏与新闻的融合步伐依然没有停止,新闻游戏化的案例也在不断推出,如菲律宾媒体 Rappler 的《反饥饿计划》(*Hunger Project*)、半岛电视台的交互式新闻游戏《偷渔》(*Pirate Fishing*)等都是新闻游戏化的著名案例,《偷渔》甚至还为半岛电视台官方网站吸引了 80%以上的新增用户。①

在传统新闻学的观念里,新闻娱乐化通常都是不被认可和推崇的,将游戏运用到新闻中或新闻游戏化很容易被归属到新闻娱乐化的范畴,从而受到排斥。笔者个人并不喜欢玩游戏,但这并不妨碍笔者依然较为乐观地看待游戏在融合新闻互动中的应用价值,笔者觉得应该对游戏在新闻互动中的应用持相对开放和稳重的态度,具体如下。

(1)积极尝试运用游戏互动的形式。游戏增添了新闻收受过程的乐趣,使得新闻互动形式更加多样化,强化了用户的参与感,有积极意义。游戏互动的这种积极意义应予以肯定和支持,应当鼓励游戏在融合新闻互动中的恰当应用。

(2)游戏不可滥用。游戏的运用应该在真实、客观、公正报道的原则框架之内进行,游戏与新闻的融合须特别注意新闻伦理要求,避免二次伤害。

五、社会化资源利用与及时反馈

(一)社会化资源利用

社会化媒体的生产机制是典型的"用户创造内容",社会化媒体本身已经成为重要的新闻信息释放平台。社会化媒体扩展了新闻消息来源,改变了传统的新闻采访方式。在传统媒体时代,地方媒体记者并不容易采访到明星、名人;但在融媒时代,地方媒体记者却可以方便地采集到名人的信息。记者只要关注社会化媒体,总会容易地搜集到有价值的名人信息,甚至只要关注社会化媒体上不同消息

---

① http://news.qq.com/original/quanmeipai/quanqiuxinwenbianjishi.html,2015-06-10。

来源的发言，就能实现对一个新闻主题的简单报道。

遍布社会各个角落的摄像头为融合新闻报道提供了丰富的社会化资源。

中国从 2004 年开始试点启动"平安城市"工程，其中的一个重点是建设视频监控系统。新浪数据（2013）显示，中国安装了 3000 万个摄像头，平均每 43 个人就被一个摄像头监控着。另外，摄像头的数量还在以年均 20%的速度递增。一个人从早上出小区大门到晚上从便利店购物回家，一天大约平均被摄像头拍摄 6 次。英国的情况更突出，英国安装了 590 万个摄像头，平均每 11 个人就被一个摄像头监控着，一个英国人平均每天被摄像头拍摄 300 次[1]。

遍布公共交通道路、学校、医院、超市商店、企业事业单位、社区的摄像头成为视频信息的重要来源，这些影像也可以纳入融合新闻报道中。

每年高考的时候公共交通都会成为社会关注的问题，人们尤其关心考点周围的交通情况，考生及考生家长会担心自己能否准时到达考点，司机会担心途经考点的时候是否会有交通管制。新闻媒体在报道类似新闻的时候应该借助这些摄像头的力量，这些摄像头能够转动方向调整视角，还能够推拉镜头，可以快捷地提供不同角落的视频。

事实证明交通警察在报道交通问题上的表现要比大多数记者更加专业，由交通警察做播报员，从交警指挥中心传回交通影像，已经成为新媒体时代交通问题新闻播报的惯常做法。美国广播电视数字新闻协会董事会成员凯西·沃克在云南人民广播电台做媒介融合、台网互动交流时介绍说，丹佛市 850KOA 电台的交通信息主要"通过监听警方对话、监看交通路口摄像头等方式获取"。[2]同样的道理，融合新闻的报道要充分调动社会力量，只要具有新闻价值，社会提供的信息就应该被考虑应用到新闻报道中。

从数据新闻生产的逻辑角度看，"分析事件背后的'相关关系'成了数据新闻的出发点，也日渐成为大数据时代新闻生产的思维基础，变革了新闻生产方式"。[3]摄像头记录了人们的社会生活轨迹，采集和存储了庞大的人群行为数据，这些数

---

[1] 新浪"图解天下". 被"监控"的生活[EB/OL]. （2013-09-11）. http://news.sina.com.cn/c/t/20130911/1259134.shtml.

[2] 覃信刚. 媒介融合、台网互动解析[M]. 昆明：云南人民出版社，2013：7.

[3] 张超. 数据新闻的发展特点：以网易、新浪、搜狐的数据新闻为例[J]. 青年记者，2014（4）：10-11.

据可用于分析人群行为的相关关系,预测人群行为的发展趋向,它们是数据新闻挖掘和生产的一个重要源泉。

(二)及时反馈的必要性

新媒体的互动应该强调时效性,要迅速做出反馈,不能像传统媒体那样端着一副大架子。有的杂志刊发声明:"半年内未接到用稿通知,作者可对稿件自行处理",这是典型的传统媒体思维,媒体处于明显的优越地位,并不顾及作者的利益。即便是学术论文也有时效性问题,刊物也应该给予作者及时的回馈——到底是采用还是不采用。

新媒体研究者在使用博客、微博、即时通信工具、电子邮箱等过程中也应该注重与用户互动,这种互动体验也是很重要的一笔财富。新媒体研究者不能仅仅将研究搁置在书本和理论论证之中,一方面在理论上强调用户互动的重要性,另一方面却在自身媒体实践中忽视用户互动。要谨防这种叶公好龙式的研究,这种做法违背了新媒体精神,没有给予互动的另一方以足够的尊重和珍惜。

反馈应该及时,不要拖延。拖延的后果很可能就是不再反馈,这会让互动彻底失败。看到留言或来信时,应该立即组织回应。期盼反馈的信息会不断更新,一旦暂时搁置对问题的回复,我们通常也就将这个问题永远地放弃了,我们不可能再有时间回过头来回复这个问题,新的问题会源源不断地涌现,推着我们一直向前走去。

六、使用二维码:联结与延伸

二维码是在平面二维方向上记录数据符号信息的黑白相间矩形图案,它在代码编制上巧妙运用几何图形来对应计算机二进制代码 0 和 1,表示和记录数据符号信息。

微信对扫码是极其重视的。2013 年 8 月 5 日微信 5.0 版发布,微信二维码扫描功能得到了明显强化和全面扩展。此前,微信"扫一扫"主要是指二维码扫描,版本升级后,微信除了二维码扫描,还增加了条形码扫描、封面扫描、街景扫描和翻译扫描等功能。包括二维码扫描在内的"扫一扫"将线上线下联结起来,"不仅仅是电商对手要承受打击,线下很多商家也将面临生存危机。"①二维码既可以应用在数字新媒体中,也可以应用到旧媒体中。新媒体技术重新打造了旧媒体,旧媒体挪用了新媒体技术,我们有时就能在报纸上看到印刷的二维码图案,有时电视屏幕的角落也会出现二维码图案。利用二维码,平面报纸可以被打造成立体报纸,传统电视也与网络世界连接起来。"我们会逐渐习惯于某种类型的媒介体验,从而对其中所应用的技术采取视而不见的态度。"②用户很快就能适应新媒体技术或旧媒体中采用的新技术,二维码现在已经为用户司空见惯,不要说简单地扫描二维码,现在就连制作二维码图片也已经变成轻而易举的事情了。

二维码的制作非常简单,通常用户到网上搜索关键词"二维码"即可见到在线二维码生成器,使用这种免费的二维码生成器,用户可以制作名片、电话、短信、网址和电子邮件等二维码。使用任何一款安装有二维码扫描软件的手机即可轻松读取二维码中的信息。

值得注意的是,二维码的制作应该尽量控制字符数量,如果字符数量过多,二维码制作出来后就不容易识读。现在很多二维码的内容其实主要是一个网址,并没有太多其他内容,这样做的好处就是为了让二维码便于识别,具体的内容和功能交由这个网址来实现就好了。另外,如果二维码的尺寸过小,一些识别能力差的手机也很难识读出来,有的报纸印刷一个很小面积的二维码,非常模糊,不便于手机扫描识读。

报纸、电视等传统媒体使用二维码,主要的一个用途是利用二维码连通互联网世界。二维码本身只要提供一个链接地址,用户扫描并点击这个链接就可以进入网络,丰富的内容和功能全部交由网站来实现就可以了,原来有所局限的旧媒体,现在则可以容纳海量信息,一切新媒体技术都可为旧媒体所用。二维码是旧媒体的延伸工具,它将旧媒体延伸到了新媒体。通过二维码,旧媒体得以延伸到互联网世界,传统媒体之间的界限在互联网上消失了,原本分离的媒体得以融合,相互渗透。

---

① 萧秋水,秋叶语录,油杀臭干. 微信控 控微信[M]. 北京:人民邮电出版社,2013:24.
② 伯顿. 媒体与社会:批判的视角[M]. 史安斌,译. 北京:清华大学出版社,2007:231.

第十三章

社交分享

分享是互联网的基因，互联网的缔造者就是一批具有分享精神的科学家。如果那些科技先驱不具有无私分享的精神，他们可能仅仅依靠互联网方面的专利早就成了全世界最富有的人。融合新闻作为互联网新闻的一种形式，也必须注重社交分享的运用。

新闻媒体的核心产品是内容，对内容的分享是互联网传播的重要路径。分享为互联网传播提供了能量，成为传播的动力源泉。新闻与社交具有天然的关联性，用户在收受新闻的过程中需要社交分享，社交分享是融合新闻的有机组成部分。分享具有便捷性、零成本的特点，社交媒体促进了分享，分享提升了新闻的影响力。

一、社交分享是人的天性

分享是互联网用户的天性，用户每天在社交媒体上转发大量信息，"晒"出各种各样内容，令人目不暇接。分享之所以成为人的天性，是有生物学和社会学基础和原因的。人类是灵长类动物、社会性动物，与他人建立关系、交流信息是人的本能,"人的大脑是社会性大脑,特别善于分析群体中朋友和对手不断变化的意图和倾向。我们的大脑就是为了建立社交关系网而生成的。""与社交圈子内的其他成员分享信息看来是人性的一个中心特点。"①

马斯洛需求层次理论认为人类需求从低到高可分为五层:生理需求、安全需求、社交需求、尊重需求和自我实现需求。社交分享里面蕴藏着巨大的能量,我们应该给予社交分享以足够的重视。

信息的分享与社会交往关系密切,没有信息的分享便没有社会交往,交往的过程也即分享的过程。与交往相对的是独处,与分享相对的是克制分享。交往处于变动的状态,独处则表现为相对安静的状态。从人生反思的角度讲,人既需要交往,也需要独处。交往是扩张,独处是内敛。交往容易导致碎片化,独处则是对碎片化的整理。周国平在《孤独的价值》一文中说得好:"人之需要独处,是为了进行内在的整合。""在交往中,人面对的是部分和人群,而在独处时,人面对的是整体和万物之源。"②交往与独处有机结合,才是健康的人生。每个人对交往与独处的需求并不一样,每个人对信息分享的需求也各不相等,分享也应该把握度,有时则可能需要克制分享的冲动。你如果使用社交媒体频繁地推送内容,很可能让你的好友反感,还容易将重要信息掩盖;如果你在朋友圈刷屏,时间长了也容易被拉黑。在这种情况下,你需要克制分享的冲动。

二、评价新闻的重要指标

对于媒体与新闻的评价,平面媒体通常使用发行量、读者调查等指标或方法,广电媒体通常使用收视(听)率、收视(听)人口、观(听)众调查等指标或方法来表征相关信息。传统媒体,尤其是平面媒体通常是对整个媒体情况展开调查,很少针对一则具体的新闻进行评估。虽然从理论上讲,可以采用问卷调查、深度访谈或开座谈会的方法收集读者对一篇新闻报道的评价意见,但日常新闻报道数

---

① 斯丹迪奇. 从莎草纸到互联网:社交媒体 2000 年[M]. 林华,译. 北京:中信出版社,2015:18,22.
② 周国平. 我喜欢生命本来的样子[M]. 北京:作家出版社,2017:177,183.

量很大，在实际操作中无法大规模地开展类似调查。换言之，对于平面媒体来说，每一则具体的新闻在实践中通常是没有办法被评估的，它不具有可操作性。

相比较而言，广电媒体的那些调查指标可以具体到一个新闻节目的评价，例如，可以采用个人收视记录器法来调查电视节目收视情况。但这种调查必须采用抽样形式开展，调查结果的可靠性受抽样方法、样本量和调查实施的影响，调查结果能否真正反映受众对某一条具体新闻报道的喜好也是不好把控的。

新媒体平台上融合新闻报道的评价有了新的变化，社交分享成为评价新闻的重要指标。用户认为一条新闻值得关注，可以一键分享到社会化媒体上，社交分享数量全面反映了新闻收受者对具体新闻的关注情况。值得注意的是，传统媒体的受众意见是被动调查的结果，而社交分享却是由用户主动做出的反馈。传统媒体的调查通常还需要一定的时间间隔才能看到结果，社交分享意见却是即时的和随时变化的。社交分享不是通过抽样方法获取相关评价信息，它无须去推断新闻收受者的整体情况，也不存在所谓的抽样误差、置信度等问题。社交分享本身就是全部新闻收受者主动做出的反馈，它直接反映了用户通过社交媒体分享新闻信息方面的整体评价情况。

评价一条网络新闻的指标至少包括点击量、跟帖量、交互量、分享量、用户增长量，分享量的重要性要高于其他指标。因为分享才能带来增长，分享量提高了，点击量、跟帖量、交互量、用户增长量才会有新的提高和突破。

社交分享不仅仅从数量上反映了用户对某一条具体新闻的关注情况，同时还能提供更加具体的意见。用户在分享一则新闻的时候，通常还喜欢发表自己的意见，通过文字表述、表情符号运用等手段阐释自己的情感与见解，透露更加详细的个性化信息。

与传统媒体的调查相比，网络媒体的调查指标更加公开透明，"记者们可以实时了解作品的热门程度，竞争对手同样可以对某篇文章的热门程度进行分析，而政府部门也可以做到这一点"。运营者可以方便地查看一则新闻的分享次数，外界也可以直接查看分享数据，或者通过应用程序接口调用轻松获得分享数据，分享的意见也是公开的、具体的，点击量、跟帖量、点赞量等指标通常更是直接面向所有用户公开。而传统媒体却极其保守调查数据，至多公开一些于己有利的数据，而这些所谓的数据真实可靠性还总是令人质疑。对于某一条具体新闻的受众评价意见，传统媒体无法做到全面对外公开透明，传统媒体自己甚至还不能掌握具体新闻的评价意见，拿不出对每一则新闻的评价数据。

三、网络分享代码的生成

新闻页面要充分考虑用户的分享愿望，设置多样的分享按钮，方便用户将自己关注的新闻信息一键分享到自己的社交媒体上。这样做的好处对于媒体而言也是显而易见的，它提高了新闻传播效率，让新闻以病毒传播方式快速传递，扩大了新闻传播覆盖面。

一些网站会提供代码服务，例如，加网提供包括分享按钮、社会化评论框、"猜你喜欢"等代码。百度也提供分享按钮代码，用户可以在百度"代码获取>分享按钮"里获取。复制这些代码，将其粘贴在新闻网页<body>和</body>之间的任意位置，网页的相应位置就会出现分享按钮，用户可以将新闻一键分享到 QQ 空间、新浪微博、腾讯微博、人人网、网易微博、开心网、百度贴吧、豆瓣网等社会化媒体，非常方便。如果网站使用模板，将代码复制到网站模板后，分享按钮将自动出现在所有页面上，如图 13.1 所示。

图 13.1　分享按钮

以下是百度提供的分享按钮代码：

```
<!-- Baidu Button BEGIN -->
<div id="bdshare" class="bdshare_t bds_tools_32 get-codes-bdshare">
<a class="bds_qzone"></a>
<a class="bds_tsina"></a>
<a class="bds_tqq"></a>
<a class="bds_renren"></a>
<a class="bds_t163"></a>
<span class="bds_more"></span>
<a class="shareCount"></a>
```

```
    </div>
    <script type="text/javascript" id="bdshare_js"
data="type=tools&amp;uid=6737574"></script>
    <script type="text/javascript" id="bdshell_js"></script>
    <script type="text/javascript">
    document.getElementById("bdshell_js").src="http://bdimg.share.baidu.com/
static/js/shell_v2.js?cdnversion=" + Math.ceil(new Date()/3600000)
    </script>
    <!-- Baidu Button END -->
```

分享按钮的设置应该注意数量的控制，分享按钮数量过少则不利于满足众多用户不同的分享需求，而分享按钮过多则会使页面设计繁杂，增加了用户寻找和选择的困难。

比较合理的做法是，先确定好分享的主要指向媒体平台，优先满足最强势媒体平台的需求，再适度扩展其他目标平台的需求。通常可以设置 5 个左右的分享按钮。如果需要就再设置一个扩展按钮，用户单击这个扩展按钮，则会弹出更多的分享目标去处。

表 13.1 是笔者整理的国内一些主要网络媒体新闻页面设置分享按钮的情况，这些媒体为新闻页面平均设置了 5 个分享按钮，少的设置了 3 个分享按钮，多的设置了 8 个分享按钮，甚至可以扩展到 100 个以上。例如，新浪新闻页面设置了 5 个分享按钮，另外可扩展至 118 个分享媒体去处。

表 13.1 分享按钮数量统计

媒　　体	分享按钮数量/总数	主　要　指　向
新浪	5（118）	新浪微博、QQ 空间、人人网、腾讯微博、豆瓣等
网易	6	易信朋友圈、网易微博、新浪微博、QQ 空间、人人网、有道云笔记
腾讯	4	腾讯微博、QQ 空间、QQ 好友、新浪微博
搜狐	3（14）	新浪微博、QQ 空间、人人网等
新华网	5（58）	新华微博、QQ 空间、新浪微博、腾讯微博、人人网等
人民网	8（58）	人民微博、新浪微博、QQ 空间、腾讯微博、人人网、搜狐微博、网易微博、百度一键分享等
凤凰网	3	新浪微博、QQ 空间、腾讯微博

分享按钮平均个数：5（37）（括号内为扩展按钮数量，2013-12-10）

四、留下新闻工作者的痕迹

用户对新闻工作具有好奇感,他们喜欢与职业新闻工作者互动,也喜欢了解新闻工作者的一些情况。

笔者调查发现,总计八成多被调查者对与新闻工作者的互动表示了好感。其中,34.73%的被调查者想看到记者、编辑的个人文字介绍材料,19.72%的被调查者想看到记者、编辑的个人照片,14.31%的被调查者想看到记者、编辑的个人视频材料。

文字具有精确表达的优势,图片和视频具有形象化的长处,社交分享应当注意多种媒介元素的组合运用。

从拉近与用户的距离、增强媒体的亲和力、促进互动与分享的角度考虑,适当开放新闻工作者的一些信息是非常必要的。

Marketplace Life 网站在芝加哥太阳时报裁撤摄影部、解雇摄影记者的报道下端设置了"关于作者"板块——附有本次报道作者的照片①,简要介绍了作者身份,并提供了作者的推特账号,如图 13.2 所示。

图 13.2 Marketplace Life 网络报道下端的作者介绍

腾讯《新闻百科》左侧的主要版面用来图解新闻报道,右侧的狭窄版面则用来呈现"百科二维码下载""编辑""推荐收听"等内容,其中"编辑"部分会将

---

① KAI RYSSDAL. Photojournalist John H. White on layoffs, 35 years at Chicago Sun-Times[EB/OL].(2013-06-04). http://www.marketplace.org/topics/life/photojournalist-john-h-white-layoffs-35-years-chicago-sun-times.

本期内容制作者的个人信息公布出来,如图 13.3 所示。腾讯《新闻百科》留给用户关于本期内容制作者的信息主要包括以下几个方面。

图 13.3 《新闻百科》新闻工作者信息

（1）微博收听按钮——用户单击这个按钮后即可在 QQ 微博空间里关注该新闻工作者，成为其粉丝。

（2）该新闻工作者的姓名及其负责的工作，如"编辑：孟立昕""制图：郑成"。

（3）该新闻工作者的个人关键词描述。

（4）该新闻工作者的微博网址。①

用户在收受新闻信息的时候，可以方便地了解到是谁在向大家播报新闻信息。新闻工作者的个人照片、文字介绍和视频资料还有助于形成个人品牌效应，有助于用户信赖感的培养和新闻收受体验的优化，对促进互动、分享与传播都是有益处的。

五、社交媒体优化促进分享

社交媒体优化的目的在于分享——通过优化，促进用户在社交媒体平台分享

---

① http://news.qq.com/newspedia/179.htm, 2014-06-08.

内容产品，为传播不断注入社交能量，借助社交实现传播的有效扩展。搜索引擎优化关注读者和机器人，社交媒体优化关注读者和共享者。要创造值得分享的内容，让分享便捷、容易。平时也要主动评论、分享他人的内容，要有鼓励分享的举措。

2006年，罗希特·巴尔加瓦（Rohit Bhargava）首创了"社交媒体优化"这一术语，英文全称 Social Media Optimization，缩写为 SMO。2010年，巴尔加瓦更新了社交媒体优化五大规则，即创造分享性内容、让分享更容易、奖励参与、主动分享、鼓励混搭。巴尔加瓦认为，社交媒体优化是指对站点进行优化，使之能够更容易地被链接，更容易被定制化的社交媒体搜索到，更多地被相关社交媒体正面提及。[①]社交媒体在国内以微博、微信等为代表，在国外以 Facebook、Twitter 等为代表，社交媒体优化能够有效提高内容产品在用户中的能见度和参与度。巴林·米歇尔等研究者针对 Facebook 设计了一个社交媒体专家系统，这个系统涉及状态、照片、视频、相册等在内的426个变量。研究表明，如果采用最优策略，Facebook 上帖子的网络规模可以增加61%。[②]多拉林·罗斯曼和斯科特·W.H.杨对蒙大纳州州立大学图书馆网站采取社交媒体优化前后的网站数据进行了比较，研究发现网站优化后来自 Facebook 的访问量增长了5003%，来自 Twitter 的访问量增长了273%。[③]

社交媒体优化被提出后，在一段时间内为人们所热议，但不久就沉寂了。几年后，与社交媒体优化相关的病毒式传播概念被提出并且广为流传，这才使得社交媒体优化重新回到大众的视野中。社交媒体优化的工具也从最初的只提供社会化登录、内容分享发展到现在的社会化评论，从原先的单一功能发展到现在完善的系统化整合[④]。社交媒体优化的适用范围很广，适用于任何想要提高网络访问量的机构、企业、团体和个人。目前，国内新闻学界正面提及社交媒体优化的研究

[①] 郑悦. 从 SEO 到 SMO[J]. IT经理世界，2011（19）：94-96.

[②] BALLINGS MICHEL, VAN DEN POEL DIRK, BOGAERT MATTHIAS. Social media optimization: Identifying an optimal strategy for increasing network size on Facebook[J], Omega, Vol.59, 2016:15-25.

[③] DORALYN ROSSMANN, SCOTT W.H. YOUNG. Social media optimization: making library content shareable and engaging[J]. Library Hi Tech, Vol. 33 No. 4, 2015: 537.

[④] 杨志丹. 社会化媒体优化技术在网站中的应用和开发[C]//Proceedings of 2017 4th International Symposium on Computer, Communication, Control and Automation (3CA 2017). Information Engineering Research Institute, USA, Singapore Management and Sports Science Institute, Singapore, 2017:6.

成果仍然很少，需要提升重视程度。社交媒体已经成为新闻流动最为重要的渠道，新闻工作者应该加强社交媒体优化的研究和运用。本书主要以巴尔加瓦的五大规则为指导，对社交媒体优化的操作加以阐释。

（一）创造分享性内容

社交媒体优化的目的是分享，首要的工作是创造人们乐意分享的内容。我们应该生产具有分享诱惑力的优质内容，让内容自带传播基因。想一想当我们看到什么新闻时愿意与家人、朋友分享，那样的内容就具有分享性。新鲜、有趣、独特的内容可能会带来病毒式传播，赋予新闻更多次生命。我们要尽力凸显信息的稀缺性和话题性，让分享者显得很有面子，愿意主动分享。

社交媒体带来多次传播的可能性，什么样的内容更容易被分享，是新闻工作者必须考虑的问题。BuzzFeed 利用"清单体"实现了网络中更大规模的传播。所谓"清单体"（listicle，也即 list 和 article 的合成）就是把丰富庞杂的内容提炼为某种清晰、简化、轻量的排序形式[①]。给新闻内容做减法，符合用户短、平、快的信息接收习惯要求。

我们现在从事新闻生产，要关注三个基础动作，并从这三个动作入手，增强传播力。三个基础动作即用户在朋友圈看到优质内容时点入、读完、转出的动作，这三个动作里面充满玄机。"点入"对应的是标题，标题有吸引力读者才有可能去点击，所以把标题做好非常关键，这关系到后续动作的引发。"读完"对应的是内容，内容精彩，富有节奏，用户才有可能读完，甚至还会欲罢不能。"转出"对应的是情绪，对应的是用户对内容的认同，只有触动用户的情绪，让用户深刻认同文章的内容，用户才有可能完成转出的动作。

从数据指标上看，点击量当然很重要，因为点击量直接表明了文章的传播情况，但更重要的是分享量，是读者在看了文章内容后转出的情况，因为"转出"意味着对点击量的拉升，意味着点击量的持续增长。

（二）让分享更容易

新闻页面通常要设置分享按钮，鼓励用户将自己认为有价值的内容一键分享到各类社交平台。目前，用户更倾向于使用智能手机的客户端来获取新闻信息，

---

① 王斌，李峰. 平台型媒体的运营模式分析：以新闻聚合网站 BuzzFeed 为例[J]. 新闻战线，2015（15）：52-55.

这些软件也有一键转发的功能。如果没有一键分享按钮，老虎啃天，无从下口，社交分享就太困难了。

在文本中带上相关的话题，加上合适的标签，善于使用超链接，类似实用技巧可以增强新闻内容的可见性。微博的推荐、热搜等功能，也有利于新闻内容实现向未订阅用户的传播。在这个过程中，新闻机构账号的粉丝数量可能会上涨，社交媒体新闻传播的效率能够得到提升。

内容生产与内容分发是两个并重的环节，它们之间存在着能量的交互。内容分发的权力经历了由编辑到社交再到算法的进化过程，目前的分发模式主要包括编辑推送、算法推荐和社交分享，这三种模式都很重要，不能仅仅依靠某一种模式，而应该采取"三合一"的内容分发模式。编辑作为专业人士，以价值观为导向分发内容，编辑推送有利于舆论引导，有利于实现内容分发的公正性和价值观引导。算法提升了内容分发的效率，将人们从繁重的劳动中解放出来。社交媒体已经成为互联网时代的信息消费入口，社交让内容分发带有人情味，带有温度。社交分享是一种十分有效的传播方式，社交主要取决于用户个人对文章的认同。我们应该让分享变得更加容易，通过社交分享，让资讯得以广泛传播。

（三）奖励参与

奖励参与者的核心是同用户互动。通过设置评论功能，用户可以表达自己的看法，也可以评论其他用户的跟帖。编辑主动回复用户评论对用户来说是一种荣誉，同时也会激励其他用户关注新闻内容，参与互动。使用数据分析软件可以了解到哪些帖子提到了新闻账号或者账号发布的新闻内容，编辑对这些帖子进行有选择的回复也是对参与者的鼓励。

与新闻机构相比，其他机构在社交媒体上对参与者的奖励，则不仅仅停留于精神上的满足，而是表现出更加物质化的倾向。在手机端游戏中，开发者往往会以游戏中的虚拟货币为回报，要求玩家在社交媒体上分享游戏内容。淘宝商家经常给予发帖者以现金奖励。在奖励参与者方面，新闻媒体应该尝试更多的方式，和用户建立更广泛的关联。

（四）主动分享

社交媒体优化利用自身所长，将用户发布的信息再次传播，不仅能在内容上进行优化处理,还能在传播速度和传播范围上展现出巨大的威力[①]。新闻媒体最好的推广者是新闻工作者本身,新闻工作者要关心内容分发,利用社交媒体主动分享,积极拓展新闻产品传播面。

互联网内容生产与内容分发是一个有机整体,不可分割。那种只管内容生产,而不关心内容分发的观念是不对的。我们现在从事内容生产,必须有一个全局观念,在生产内容的同时还要关心内容分发,致力于内容分发。

内容分发做不好,内容生产的价值就无法实现。传统媒体时代,记者编辑不关心发行,发行的数据并不立即表现出来,每一篇稿件的阅读数据没有体现。新媒体时代,内容传播情况却会即时反馈出来,点击量、互动情况等数据置于大庭广众之下。新媒体内容生产者不关注内容分发是不行的,那些数据就明明白白地摆在那里,谁敢说这些数据与内容生产无关?现在内容生产已经与内容分发绑定在一起了,内容生产者要维护自己的职业尊严,不关心分发显然不行。

有的内容生产者只将眼光局限于生产本身,觉得内容分发不是自己分内的事情,对内容分发没有兴趣,这种观念对新媒体运营非常不利。从事新媒体运作,团队成员的利益是绑定在一起的,每一个成员都应该关心内容的分发,并尽自己最大努力为内容的传播注入能量。否则,生产的内容传播不出去,内容的影响力就无法释放,内容生产投入再多的力量也无法产生效益,内容生产环节的工作也就前功尽弃了。

融合新闻工作者必须更新观念,内容生产人员眼光不能仅盯着采写编排,还要有整体观念,有大局意识,既要关心生产又要关心分发,只有这样,融合新闻工作才有可能取得最终的胜利。

(五)鼓励混搭

巴尔加瓦的第五项规则是"鼓励混搭"(Encourage the Mashup)。"混搭"是指用户在新闻内容的基础上添加自己的内容和观点,从而混合出新的内容。"鼓励混搭"是指使用社交媒体分享内容,并允许用户谈论你的报道,让用户将他们的

[①] 杨志丹. 社会化媒体优化技术在网站中的应用和开发[C]//Proceedings of 2017 4th International Symposium on Computer, Communication, Control and Automation (3CA 2017). Information Engineering Research Institute, USA, Singapore Management and Sports Science Institute, Singapore,2017: 6.

评论和你的报道自由地混合。[①]用户在转发时附上自己的观点或说明，原本已经被接收的新闻内容经过二次加工后，再次回到信息流中，有利于引起社交网络其他用户的关注。

　　社交媒体时代，新闻很容易经历一个祛魅和复魅的过程。用户将原本的新闻事实解构，根据自己的理解重构对新闻事件的认识。用户的个人观点有时会产生比原稿更大的影响力，鼓励混搭，鼓励再用，有利于扩大信息产品的社会影响。

[①] 柯罗茨. 融合新闻学实务[M]. 嵇美云, 译. 北京：清华大学出版社, 2016：151.

第十四章
社交媒体

　　社交媒体是用来发布、分享和评价信息的数字化媒介工具或平台,社交媒体具有便捷的沟通和对话功能,主要包括微信、微博、社交网站、博客、播客、论坛等。网友戏称《论语》是最早的社交媒体,更进一步说它是印刷版的微博集:① 每条论语都控制在 140 个字以内;② 碎片化写作,多是孔子晒心情;③ 注重互动,孔子经常与子贡、颜回、子路等同学沟通和对话,展开回复互动;④ 孔子有 3000 多个粉丝,其中 72 个粉丝是加 V 大号。

　　为什么要重视新媒体?为什么要高度重视社交媒体?因为新媒体、社交媒体已经成为信息消费入口。为什么说传统媒体要融入互联网?融合的价值是什么?媒体融合的一个重要价值表现为,如果传统媒体不走媒体融合之路,就会丧失信息消费入口,就将被时代社会淘汰。必须高度重视社交媒体,将其提升到信息消费入口的战略地位。否则,媒体组织将丧失话语权和社会影响力。

　　融合新闻的运作应该注重发挥社交媒体的作用,扩大融合新闻产品的影响,强化与新闻用户的互动效果。融合新闻既包括"合",又包括"分"。融合新闻既有页面集成的形式,也有通过多种渠道散发信息的需要。在互联网平台上运作新闻,无法回避社交媒体的使用问题。

　　除新闻的集成外,将融合新闻制作过程中采集的信息制作成微产品,通过社交媒体及时发布出去,可以扩大新闻的影响。利用社交媒体与用户密切交流、开展对话,有利于提升融合新闻的互动效果。应该鼓励新闻工作者申请账号,积极使用社交媒体。

一、社交媒体的使用

(一)社交媒体账号

(1)微信号的注册。微信号要便于记忆,不要太长。用数字作微信号是一种好方法,例如,干脆就用QQ号作微信号。要把微信号和QQ号、手机号绑定在一起,便于好友查找添加。

(2)姓名公开。微信是熟人社交媒体,应该使用真实姓名。但还是有很多人喜欢用网名,让人猜来猜去也猜不出是谁,降低了沟通效率,真是太不明智了。

公开真实姓名有利于增加信任感,昵称要用自己的真实姓名,不要使用虚假的网名。可以在昵称中植入关键词:公司、职业、产品、地点、电话等,姓名一定要放在最前面,例如,刘波—耐磨件铸造、冯莹—"私享家"为你写书、高峰—太歌创意。

(3)头像真实。社交媒体应该使用本人的真实头像;如果使用真实头像确有不便,也可以使用本人的漫画头像或著作封面。

(4)自我介绍。应该在社交媒体账号中主动介绍自己,不应该模糊自己的真实身份。可以介绍自己供职的媒体、担任的职务,也可以介绍自己的职称、学历和有影响力的作品。

(5)认证账号。认证社交媒体账号有利于促进公众信任,应该鼓励对账号做认证。

(6)让别人扫你的二维码的快捷办法。把微信号二维码截图设置成手机桌面,点亮手机就能让别人扫码。

(7)为新朋友设置备注信息。"备注名"一栏标注对方的真实姓名,同时还要记录其工作单位、职位、专业、地域等信息。

(8) 打败脸盲症。与对方合影留念，进入与对方聊天窗口，将合影照片设置成当前聊天背景。以后每次聊天时就能看到对方的照片，不怕记不住对方。

（二）内容发布与传播

（1）信息期待。笔者调查发现，被调查者希望在新闻工作者的社交媒体上看到新闻内幕、新闻工作者的个人评论和有关采访过程的信息。此外，用户对新闻工作者在社交媒体上发布的个人感受、转载的信息、趣闻趣事、新闻花絮也比较感兴趣。

（2）真实为首。信息的真实性依然是最重要的问题，记者在社交媒体上发布信息时应该加强对信息的核实，确保发布的信息真实可靠。时效性虽然也很重要，但发布速度必须让位于真实性，记者不应该为了追求时效性和独家性，草率发布信息。

（3）表述要求。新闻工作者在社交媒体上的表述，应该注意遵循客观原则。发表评论时要有独立见解，语气要平和，要善于以理服人，而不是以气势压人。在此基础上，可考虑提升语言的生动性和美感。

（4）谨慎拆分。很多社交媒体会限制信息长度，例如，将文字长度限制在140字左右。如果内容过多，也只能拆分成几个帖子，但拆分帖子的行为却未必能够得到欢迎。为了保持表述的连贯性，提升帖子的全文阅读率，在社交媒体上发布信息时最好一帖搞定。

（5）影像刊播。社交媒体刊播影像的首要要求是清晰，图片、视频应该容易辨认；其次，也是非常重要的则是伦理要求。变态的、血腥的、残忍的、丑陋的、尸体的、色情的图片或视频容易引起不适，也违背了新闻伦理，应该尽量避免刊播。

（6）文字说明。大多数用户在看照片、看视频时喜欢阅读文字说明，文字说明让影像传播更加清晰明了，能够提高影像收受的效率，在社交媒体上发布影像时应该配发相关文字说明。

（7）微信传播矩阵。打造"媒体企业微信公众号+老总个人微信号+员工个人微信号"微信传播矩阵，采用"公众号+朋友圈"发布传播模式，公众号发布专业产品，个人微信号转发扩散，力争传播覆盖面最大化。个人微信号转发时要有时间差，避免对共同好友的狂轰乱炸。

（三）互动与社交

（1）发表评论。新闻工作者使用社交媒体发表评论时，应该注重公正、客观和理性等专业原则或要求，其次才是有趣、个性和开放。

（2）回应跟帖。如果时间和精力允许，新闻工作者应该积极回复网友的跟帖。对网友跟帖的回应越及时就越能满足用户的心理需求，大部分回应可以在一天之内完成，如果能在一个小时内做出回应则效果将会更好。

（3）谨慎删帖。有的社交媒体不允许对已经发布的信息做出修改，如果发现缺陷也只能任其存在或者删除帖子。很多用户会对删除帖子的行为产生反感，所以删帖还需慎重。这就要求我们在发布信息时应该尽量做好检查和校对，将缺憾减少到最低程度，一旦信息在社交媒体上发布就尽量不要删除。

（4）交往品质。记者在社交媒体上与网民交往时，应该注重优良品质的养成。诚实守信、平等交往、尊重网民等品质非常重要，另外，在使用社交媒体时，还要注意语言文明，注意形象的维护。

（5）打赏。打赏也是一种互动，能够让你的作品赢利。可以直接使用社交媒体的打赏功能，也可以将微信"收付款"二维码截图备用，实现打赏收费功能。

（6）点赞。点赞传达了积极信号，但不要成为点赞党。要对自己确实欣赏的内容点赞，要让对方察觉你的点赞是认真的，是有选择的，而不是见到什么都点赞。

（7）度的把握。不要频繁地通过个人窗口推送信息，哪怕你再爱他，也要控制自己，但推送红包除外。不要强迫对方转发你的垃圾信息，不要强迫对方关注某个公众号之后给你投票、给你的孩子投票。

（8）退群有风险。退群会被视为一种背叛组织行为，具有一定的风险。

（9）不要一开口就问"在吗""在哪里"。大家都挺忙的，有事直接讲，不要一发微信就问"在吗"。出于隐私考虑，如果不是特别需要，也不要一上来就问"你在哪里"。一种不想告诉对方位置的回答是"我在你的心里"。

（10）不要群发测试对方是否拉黑或删除了你。群发验证是否有人拉黑或删除了自己，而且还在群发帖里详细介绍具体动机和做法，这种行为不可取。这种方法可以检测出来哪些人拉黑了你或删除了你，但与此同时更会伤害你的朋友，招来反感。

有效的检测方法是将好友拉入群聊，但并不发言（一旦发言，群就真正建立了），待检测完毕后删除并退出群即可解散，在整个过程中不会打扰到其他人：如果对方"拒绝加入群聊"，说明他拉黑你了；如果发现"你无法邀请未添加你为好友的用户进去群聊"，说明他已经把你从好友名单里删除了。但即便如此，我们也不鼓励这种测试。因为对方是否拉黑或删除某个人，那是他们的自由，我们没有必要太在意这件事情。可以在粉丝量逼近5000大关的时候，清理一下那些"伪朋友"，腾出名额给新朋友。

（四）互动的新尝试

互动是社交媒体的基因，基于社交媒体的新的互动形式有待我们去开创。如何在融合新闻报道过程中开发新的互动形式，让社交媒体在融合新闻互动过程中发挥更大的作用，值得我们探索。

微信是当前中国社会使用频率最高、社会影响力最大的社交媒体平台，2015年央视春晚与微信"摇一摇"合作，让观众可以在特定时间摇手机抢红包，引发了人们广泛参与互动的热情。春晚节目与观众互动的这一新形式，也成了春节期间重要的网络事件。腾讯方面提供的数据表明，微信投入了超过5亿元人民币的红包，除夕当天微信红包收发总量为10.1亿次，春晚微信摇一摇互动总量高达110亿次。央视春晚还组织了"晒晒全家福，上2015央视春晚"全球征集活动，用户只要关注"央视综艺"或"央视新闻"微信公众号，回复"全家福"，就可参与上传。节目开播仅一个小时，就有3900万人次上传了全家福照片。[①]

通过微信等社交媒体平台实施的"抢红包"、上传全家福虽然未必完全适应主题各异的融合新闻报道，但此类新媒体互动形式却依然能够为融合新闻的互动提供借鉴。在慈善报道、体育赛事、娱乐新闻等题材的融合新闻报道中，可以利用微信红包、腾讯公益等社交媒体功能组织互动；参考上传全家福照片的做法，在日常的融合新闻报道中可以鼓励用户上传有价值的新闻照片，让用户参与到融合新闻生产中来。

而微信于2015年3月31日宣布开放的摇电视功能则进一步拓展了利用社交

[①] http://news.sina.com.cn/c/2015-02-20/072831534746.shtml，2015-02-20。

媒体增强新闻互动的空间，电视台与节目方提交接入申请后可在微信摇电视平台开通互动功能。微信摇电视功能可以识别听到的电视节目，告知用户正在收看哪个电视频道以及其他电视台的互动节目单等信息，用户进入互动平台后可以发表自己的意见，可以与其他用户交流看法，还可以参与电视台组织的抽奖等活动。摇电视互动可以预约，还可以将相关信息分享给其他朋友。目前凤凰卫视中文台《全媒体大开讲》、江苏卫视《新闻眼》等节目已经开通了微信摇电视互动功能。

互动的形式是多样的，更多的互动形式有待人们去创造。融合新闻应该对新的互动形式保持积极的态度，善于使用新媒体互动形式，不断优化新闻互动的效果，满足用户的互动需求，让用户在不断更新的互动中创造更大的价值。

二、微信写作与编排

微信是中国人应用最为普及的社交媒体，它是用户创造内容、浏览信息、分享交流、购物支付的重要工具，已经高度嵌入中国人的日常生活。微信是融合新闻生产与传播的重要渠道，加之融合新闻也有社交媒体优化的需要，所以微信写作与编发就成了新闻人应当密切关注的重要问题，需要展开论述，这种论述既要涉及公众号内容生产，还应涉及个人朋友圈发布等环节。

（一）新媒体标题

标题是吸引用户、促使用户继续阅读分享的首要元素。标题的主要作用不在于把文章内容概括清楚，而在于吸引用户点击、打开。做标题不要满足于用户阅读了文章，更为关键的是要让用户愿意去分享，分享是继续传播，不分享则是传播的终止。

标题制作要具有诱惑力，但又不要做标题党。自媒体的标题制作虽然从风格上有了新的变化，但真实、简洁、精彩等要求并没有发生质的变化。标题党虽然貌似具有诱惑力，但标题党只在标题上故弄玄虚却并没有提供干货，时间一长就会引来读者的反感。标题党骗取点击量的行为终究靠不住，职业新闻工作者不应该步其后尘。现在，平台已经开始利用算法模型打击标题党，所以即便是从内容分发的角度考虑，也不能做标题党。把标题做好，但不做标题党，让算法青睐，让文章获得更多的分发机会才是正途。

印刷媒体标题写作通常都会严格限制字数，追求短的标题。例如，1975 年 4 月 6 日，《人民日报》上的标题《蒋介石死了》，只有 5 个字。社交媒体里公众号文章的标题字数却没有那么严格的要求，标题相对来讲要长一些。蒋介石去世的消息，换作微信公众号或许得起个这样的新媒体风格标题：《他当过刺客、赌徒、校长，娶过三房太太，他杀人无数，退居海岛仍然各种不服，他 88 岁终于死了！》[①]。标题变长，关键词数量明显增加，有利于搜索引擎优化。印刷媒体标题的表述通常中规中矩，社交媒体的标题没有那么多束缚，更有个性，更有亲切感。

《南方周末》原创稿件《刺死辱母者》首发于 2017 年 3 月 23 日的该报官网，稿件标题具有《南方周末》风格，却并不适应移动互联网时代的传播要求，未能引爆传播。

2017 年 3 月 24 日 14 时 51 分，凤凰网新闻编辑将标题改为《山东：11 名涉黑人员当儿子面侮辱其母　1 人被刺死》。标题修改后，此稿终于引来第一波大规模媒体转发。

距离凤凰网转载此稿仅过去 22 分钟，3 月 24 日 15 时 13 分，网易的新闻编辑将标题改为《女子借高利贷遭控制侮辱　儿子目睹刺死对方获无期》。网易新闻 App 在同一时间节点同步转载此稿，标题变成了《母亲欠债遭 11 人凌辱　儿子目睹后刺死 1 人被判无期》。网易的传播势能异乎寻常，将凤凰网远远甩在身后，4 月 3 日跟帖已达 240 万。

包括微信公众号在内的新媒体标题，写作方法和技巧至少包括以下类别。

（1）做对比，如：

疫情十万人死得悄无声息，一个黑人之死为何惊天动地

那年头，大学老师是讲学而不是教学

（2）直接喊话，或使用引语，如：

紧急提醒！这种"购物津贴"别领

警惕！我国已全面进入汛期　水利部：做好防大汛准备

[①] http://mp.weixin.qq.com/s/oLORUtHXwqWqsz0dWT_5_Q, 2017-02-24.

"快递叔叔救了妈妈,dān wù 送空调了,请您别怪他"

(3)采用个性化表达方式,或者套用有效句式,如:

"美国之音"被美国封杀

新疆=河南+山东+河北+北京+天津+山西+陕西+湖北+安徽+江苏+上海+浙江+湖南?

套用有效句式,可以形成张力,显示个性,给读者以深刻印象。"凤凰WEEKLY" 微信公众号强调标题制作一定要用套路,采用被无数数据检验过的有效标题模式,如套用"对不起""要不是"句式:

对不起,你朋友圈里的网红景点都是骗人的

要不是看了《本草纲目》,我还以为李时珍真的是个医生

(4)引诱和催促阅读,如:

山东一女子高考"落榜"16年才知被顶替!官方回应

微信更新了这项功能!网友:年轻时犯下的错终于能弥补了

(5)诉诸挑战,采用激将法,如:

咱沂南人天天说的这13个字,只有0.1%的沂南人会写!

(6)数字入题,突出"最""第一",如:

"90后"夫妻住深山生9娃,肚里还有一个!丈夫一句话引热议

清华大学工程类专业首居世界第一位

(7)揭示内幕,勇敢表达,如:

暗访网络色播:女主播直播中过劳猝死,职场、人妻、教师、萝莉,剧情花样翻新,老板年赚几千万

(8)实用、贴近,关注健康、环境等因素,如:

北京新发地菜市场切割三文鱼案板中检测到新冠病毒,应该怎么办

(9)名人效应,如:

@达康书记,请用乳山海蛎子守护爱情

(10)触碰内心最柔软的地方,触动读者的情感,带来感伤或愉悦,如:

李文亮妻子今日在武汉生下男婴:老公送给我最后的礼物

5名初中女生"捡到"迷路男童,接下来的操作太温暖了

（二）快节奏表达

社交媒体写作必须适应手机阅读的需求，加快表达的节奏。

纸媒写作也是讲究节奏的，电子媒体写作当然就更应该注意这个问题了。

使用短句子，使用最简单的主谓句来表达。

使用短的段落，甚至一句话一段。勤按回车键，多分段。

多留空白，段落之间要有空行，充分缓解阅读的疲劳感。

印刷媒体段首通常空两个字符，网络媒体段首一般不用空两个字符，顶格书写快速行文即可。

下面这条微信朋友圈内容是笔者的一次经历，一句话一段，表达的节奏很快，如图14.1所示。

图 14.1　微信朋友圈《你体会到电脑包落在火车上的感觉吗》

（三）增强亲和力

社交媒体写作需要亲和力，不能再像传统媒体那样板着一副脸孔，拒人于千里之外了。

中国传媒大学学生会微信公众号文章《广院杯足球赛 B 组集锦明日半决赛烽火再起》，在报道教职工队伍赛场表现时，用了很多不落俗套的语言——"老师们毕竟都是老油条了""风骚的跑位""10号老杨"——这些语言用在老师身上，一反常规，轻松活泼，很有亲和力，很风趣。

教职工作为B组的种子队伍，人员配备十分齐整。

老师们毕竟都是"老油条"了，赛场经验可以说是非常丰富了，在场上处理球十分合理。

虽然年纪大了，体力开始跟不上年轻小伙了，可是娴熟的带球加上风骚的跑位，总能让他们将皮球很好地控制在自己的脚下。

10号老杨在场上活力十足，能力之强令年轻人佩服。

教职工队伍的明星球员，当属9号王林蕃老师。

作为教工队的单箭头，他的速度和盘带让对方后卫吃尽了苦头。

小组赛中他也是4场打入了10球，位居射手榜第二。

在队伍成功打进4强后，王老师的进球表演一定还能继续。[①]

（四）公众号的编排

微信公众号本身的编辑功能简单粗暴，易用性不是很强，可以使用135编辑器来完成公众号文章的编辑。另外，安装名为"新媒体管家"（https://xmt.cn/index）的插件也是一个可以尝试的办法，这个插件方便了新媒体文章的编辑和管理。

微信公众号对编辑的消耗很大程度上表现在它的严格限制上——对绝大多数的公众号进行推送次数的严格限制，一天只能推送1次；对修改进行严格限制，一篇文章仅可以修改1次，总计最多修改20个字符（以前能够修改的字符数甚至只有5个），支持增、删和替换（以前仅支持替换）；预览链接仅提供临时链接，不提供永久链接；编辑器功能不易用等。

"新媒体管家"可以实现一个插件管理微信公众平台、今日头条、一点资讯、微博、知乎、网易媒体平台、搜狐开放平台、企鹅媒体平台、UC大鱼号、简书、百度百家等诸多新媒体账号的功能，它针对微信公众平台的十几项功能进行了优化，让编辑能够在微信公众号后台直接完成文章采集、搜图、修图、编辑等工作，实现了排版优化、样式内嵌等功能。新媒体管家可以一键生成永久链接，免除了修改文章后反复生成临时链接的烦恼，也巧妙规避了微信限制推送次数、修改次

[①] http://mp.weixin.qq.com/s/4lBVFj9sHU_3jyE-qZikXQ，段落格式有调整，2017-05-23。

数的不便——当然它并不等同于正式发布。如果当天已经推送了文章,但还需要分享,不妨就用永久链接功能来救急,而且即使有错误还可以不断修改。希望这个插件健康运转,能够长久地为编辑人员提供服务,更希望微信能够采取更加开放的思维,去掉不近人情的种种限制措施。

下面简要说一下公众号文章的编排要点。

(1)做一个有足够诱惑力的标题。

(2)找到吸引眼球的首图,它能有效影响打开率。

(3)亮点前置,开头处一定要呈现有吸引力的内容。

(4)迅速进入主题。

(5)每 300 个字就加一个小标题。

(6)结构要简单,可以使用并列结构,传统媒体的报道并不欢迎采用阿拉伯数字序号,公众号没有这样的约束,可以大胆地列 1、2、3,更加清晰地呈现信息。

(7)正文中融合图片、视频、音频,减缓用户的疲劳感。让不同的媒介元素交融在一起,成为一个融合产品。

(8)注重搜索引擎优化,将关键词嵌入文章中,不断强化关键词。

(9)注重社交媒体优化,呈现值得分享的内容。

(10)排版要简洁、清晰。

(11)有用、有趣很关键,不要像传统媒体那么严肃。

三、微信朋友圈发布

微信的朋友圈采用社交分享方式传播信息,订阅号消息采用编辑推送方式传播信息,但其广泛传播仍然需要朋友圈的社交分享。此外,微信的看一看、视频号也采用社交分享方式推送,微信的这些传播环节均需要社交媒体优化技术。

发朋友圈看似简单,但其实它对于融合新闻传播来讲是很重要的。我们在朋友圈转发融合新闻产品时,如果什么都不说,效果就会很差,如果认真写一写,则更有利于吸引用户关注和点击。发朋友圈恰恰体现了社交媒体优化理念,它鼓励在原来的新闻产品基础上进行混搭，促进了新闻流动。除在朋友圈转发订阅号新闻产品以外，人们也经常在朋友圈直接刊发原创内容。发朋友圈是最简便的新闻策展活动，我们在很小的篇幅里面完成文字表达、图片配置，筛选信息加以呈现，这些都是融合新闻从业人员应该掌握的技能。

（一）格式

朋友圈信息的完全格式是"【标题】+正文+#延展#"，正文是必备的结构成分，其他部分可以根据具体情况灵活删减。

（1）标题：标题概括了核心内容，用方括号括起来。标题通常放在正文首处，顶格书写，不用居中。朋友圈的标题通常比公众号的标题短。

（2）正文：为读者讲故事，提供有用的知识或者阐释新鲜的观点。如果正文过长，就使用数字序号分层次写作。

（3）延展：这部分的写作很简短，主要功能是画龙点睛。延展部分的写作要增加新的信息，并且可以考虑换一种表达方式。如果正文采用讲述的方式，那么延展部分就采用议论的方式，亮明观点。

延展部分也可以发送"指令"，如"请点赞""请转发到你的朋友圈"，写明指令会明显增强表达效果。还可以加注"附录"，重要内容加上微信号、联系方式，方便复制时不遗漏。如果没有必要，则可以省略"指令"和"附录"。

朋友圈的写作应该惜字如金，每个部分的写作都要开辟新的角度，呈现新的信息，不要重复表述。写作中使用"【】""# #"等符号是很有必要的，如果去掉这些符号，文字就连成了一片，读者容易厌倦，中途放弃阅读；而添加了这些符号，则会对文字段落进行有效切割，增强阅读的轻松感，更有利于全面阅读。

（二）配图片

图片要呈现不同的拍摄对象，同一个拍摄对象要采用不同的景别。可以发 1 张、3 张、6 张或 9 张照片，而不要发 5 张、7 张、8 张照片，否则每行照片会出现不相等状态，出现空缺。

（三）字数限制

朋友圈虽然没有字数限制，但超过 6 行 120 字时需要点击"全文"才能完全打开。若不想让对方费事，那就控制一下字数。

(四) 推介有诀窍

那种天天在朋友圈生硬推销产品、发小广告的行为很容易招致厌烦，甚至会被拉黑。推荐产品或文章其实是有诀窍的，诀窍就是不要急功近利，而要从读者需求出发，善于研究读者心理，巧妙地加以推介。

图书出版人李鲆发过这样一条朋友圈：

【你的能量，超过想象】小妖之前背英语单词，一天都背不下 20 个。去参加了一个英语培训班，10 天过去了，现在每天能背 500 个单词。其实人生并没有什么做不了的事，只要你对自己有信心，并有好的方法。

为了推介一个英语培训班，但却绝口不提这个培训班的名字及其联系方式，而是讲述自己女儿背单词的故事，调动读者的兴趣。"写产品体验时，有人会写上联系方式或购买网址，这种做法可能并不是特别好。因为一旦有了这两项，给人的感觉就像是广告。"[1]李鲆的做法是当许多人跟帖询问培训班联系方式时，再以回复的形式公布英语老师的电话。这样做显得自然得体，洗清了广告嫌疑，由推销变成了帮助，非常巧妙。

四、社交媒体里的新闻变化

(一) 从新闻生产到知识生产

新闻或者说传统意义上的新闻依然重要，但在社交媒体里新闻的重要性正在让位于知识。扩展对新闻的理解，将单一的新闻生产转变成知识生产很有必要。

知识也可以理解成资讯，它包括情感、养生、旅游、烹饪、管理、方法、理念等具体内容。知识产品的新闻性特征比较弱，但也正因为这一点而延长了自己的生命周期，使得此类信息可以在更长的时间内具有传播价值。

微信团队发布的数据提供了社交媒体里新闻重要性让位于知识的直观说明[2]，

---

[1] 肖森舟，李鲆. 微信营销108招[M]. 北京：人民日报出版社，2015：63.
[2] 腾讯科技，企鹅智酷，中国人民大学新闻学院新媒体研究所. 移动媒体趋势报告：中国网络媒体的未来（2014）[EB/OL]. （2014-11-12）. http://tech.qq.com/a/20141112/048252.htm#p=1.

无论是从公众号文章阅读人数排名，还是从分享人数排名来看，新闻的名次都已经被知识超越——具体而言，在这个排名中情感资讯、养生分别位居第一、第二，新闻类别中仅有政法新闻在阅读人数和分享人数排名中位居第三，财经新闻在阅读人数和分享人数排名中位居第六，其他靠前的名次全为知识所占领，如图 14.2 所示。

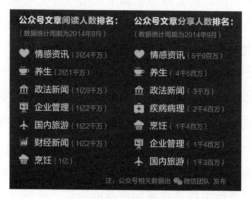

图 14.2　社交媒体文章阅读数和分享人数排名

在社交媒体中新闻有必要向知识转型，这种转型要求我们应该将理解新闻的关键点，由时新性转向真实性和新鲜性。真实性是底线，新鲜性是内容特征要求，对时新性的要求则退居其次。内容虽然不是新近发生的，但只要用户以前没有接触到，只要用户感到新鲜，而这些内容又是真实的，我们就可将这些内容纳入新闻范畴。

时间上新近对新闻仍然具有意义，但我们对新闻的理解却不能被时新性所束缚。弱化时新性也不是简单否定对传播速度的追求，而主要是指在一些产品中不再凸显文本表述的时间要素，将对新闻形式的追求转变为对产品持久效力的追求。

从社交分享的角度考虑，可以将新闻更加宽泛地理解成真实的、新鲜的知识，而不必刻意将新闻的内容局限于"新近或正在发生"的事实信息。在移动互联网时代，新闻业务运作必须扩展对新闻的理解，并高度重视用户分享问题，尊重用户的分享愿望，让新闻从易碎品升级为更加持久的知识产品，以延长这种产品的寿命。这种转换要求新闻工作者应该对叙事策略做出恰当的调整，弱化时间要素，软化叙述，增强产品的有用性、趣味性和相关性。

（二）对时间问题的处理

在新闻学领域谈论时新性问题尤其需要慎重，对时新性问题的理解不可偏颇。不能从一个迷信时新性的极端走向另一个彻底否定时新性的极端，而应该区别不同的情况，给予时新性以不同的对待。

总体上看，对时间问题的处理可根据下列两种情况采取不同的策略。

第一，突发性新闻、能成为话题的新闻可以强化时新性，产品以硬新闻面目出现，用最快的速度发布和分享。这种新闻往往具有重大性、争议性等特征，容易引起用户的关注，适宜在社交媒体中分享和扩散。

第二，一般的传统形式新闻、非突发新闻容易淹没在互联网信息海洋中，在社交媒体中不容易被分享。这类新闻宜弱化时间要素，注重知识创造，以延长产品寿命。

将时新性概念演化为时效性概念——时间上的有效性，除尊重时新性的价值和地位外，这里的时效性主要是指新闻产品或知识产品在很长一段时间内都有被知悉的效能或价值。

或者我们干脆也可以这样讲，新闻媒体在关注新闻生产的同时，还要关注知识的生产。媒体业务应该由单一的新闻传播转向知识的生产、传播与管理，通过延长产品价值链的方式来扩展信息产品的有效期，获取更大的影响力。

（三）转型发展的启示

再延展一点儿讲，传统新闻人的转型发展也可以从这里寻找启发。

2003年笔者在一家纸媒做记者时，传统媒体新闻人根本没把网络媒体放在眼里，心里满满的都是优越感。十年以后，传统媒体开始饱受新媒体的冲击，大家感到吃不消了。2015年9月份，《华商报》裁员百名记者的消息在朋友圈广泛传播，几个人拉起"无良华商报 无辜裁老员工"的横幅维权——这个横幅似乎有语病，后半句改为"裁无辜老员工"比较妥当——真是凄凉。而就在四年前的这个月28日，这家报纸曾创造了单日广告收入1500万元的记录。只是在四年后，它的百名员工却要丢失自己的饭碗。更有甚者，就在这个月好几家报纸陆续宣布了休刊，传统媒体经营的艰难困苦不可谓不大。

笔者觉得传统新闻人的一个出路是由新闻转向出版，由易碎品的生产者转型为持久产品的生产者和版权的掌控者。同样是传统行业，出版受到的冲击远远小于新闻行业，出版界的朋友们千万不要在新闻人面前叫苦。出版行业的产品效用更持久，即便是在互联网时代，人们也要读书，而书籍的生产却远非一般用户能轻易操作。用户可以轻易地参与甚至主宰新闻信息产品的生产与传播，但要迈过专业精深的知识生产门槛却并非易事。信息产品的知识性特征越明显，其竞争力就越强。相对于易碎品的新闻生产来讲，调查性报道、解释性报道等深度报道的竞争优势远远高于大量的普通消息；优秀图书的持续影响力和获取报偿的能力又远远高于单篇幅的深度报道。

新闻的生产和运营如果还延续老路子，它受新媒体的冲击就是致命性的。记者采写了那么多的新闻，几乎全都是一次性消费品，而且得不到著作权法的有效保护，无法在后续岁月里获取报偿。现在很多新闻机构及其新闻从业者实际上大都是在为互联网媒体义务打工，你辛辛苦苦采写的新闻都被网络新媒体免费拿走了。新闻人的工作就像是一头老黄牛，辛苦劳作了一辈子，最后发现自己却是两手空空地离开了。在新媒体的冲击下，传统新闻行业的这种易碎品生产模式已经无力延续。一次性消费品的生命力极其脆弱，这种生产损耗的成本很高，如果无法实现回馈，则很难持续健康发展。

对于媒体发展来讲，关键的问题是要解决知识产权问题。《湖南广播电视台建设新型主流媒体若干意见》在湖南广电内部又被称为"23条"，其中的第12条把IP（Intellectual Property，知识产权）提到了"建立知识产权新秩序"的高度，"围绕IP作为战略资源这一核心，突破管理与运营之间、主体与主体之间的壁垒，建立IP市场化、法律化、精细化的运行和管理机制，不断拓展媒体产业价值链，做到一个内容多个IP、一个IP多次开发、一次开发多个产品，实现一次销售多个渠道、一次投入多次产出、一次产出多次增值。"①传媒业竞争的核心是内容，湖南广电牢固把控内容版权，切实增强了核心竞争力。

我们必须牢牢掌握知识产权并能够变现，这才是可持续之道。新闻媒体必须掌控住新闻内容，不为其他平台免费供应内容，强化知识生产，做强做大自有平台，这才是正途。

---

① 吕焕斌. 媒体融合的芒果实践报告[M]. 北京：中信出版社，2019：18.

第十五章

融合新闻呈现

融合新闻呈现应该注意把最吸引人的内容放置在前面，注重利用超链接分层报道，采用模块化思想将不同媒介元素承载的内容信息高效地组合起来，善于从网络平台汇集和筛选信息，并赋予意义，将相关信息整合展示给用户。简而言之，融合新闻呈现的要点主要包括亮点前置、分层报道、板块组合和新闻策展。

一、亮点前置

亮点前置主要是指安排内容时把最精彩的内容放在最前面，一开始就要吸引住用户。融合新闻仍然需要突出最有新闻价值的事实材料，把最吸引人的内容放置在最前面。这就需要权衡比较所搜集到的事实材料，确定最容易博得用户青睐的亮点。亮点前置的内容主要包括最重要的事实、最新的事实变动、最有悬念的材料、最有冲击力的媒介元素等。

融合新闻通常以文字为先导媒介元素，概括总结出核心新闻事实，将最重要的、最具新闻价值的事实材料撰写成新闻标题，放置在融合新闻报道或专题页面的顶端，让用户首先了解新闻的核心内容，吸引用户的注意力，唤起他们的收受欲求。

新闻姓"新",用户关注的是最新的事实变动情况,融合新闻应该给予最新的事实变动状况以优待,迅速地向用户报告最新情况。对于新闻报道来讲,最新的往往就是最有价值的,尤其是对于一些仍处于连续报道状态的融合新闻来讲,这一点尤为重要。用户在了解了以往发生的重要事实以后,他们最为关注的通常就是新闻的最新变动状态了。融合新闻工作者应该注意将最新事实变动状况等相关信息前置,满足用户的求新需求。可以设置专门的滚动模块,及时将新闻事实的最新变动信息呈现出来。

华尔街日报网站专题报道《马航客机失联》就特别注意优先处理最新新闻,将其设置在页面前端。该专题设置了"最新新闻""纪念墙""图片报道""数读""技术分析""乘客特写""视频""观点博客""历次重大航空事故"等核心内容板块,"最新新闻"处于这些板块的最前端,占据了整个左侧一栏,而剩下的其他板块总共占了紧邻的右侧一栏,华尔街日报对最新新闻事实变动状态报道的重视程度可见一斑。

同时我们还要注意到,不同的时段人们对不同种类新闻的关注程度会有所区别,通常上午时段硬新闻比较受关注,而到了下午和晚上,软新闻则可能更受关注。依据亮点前置要求,就应该重新为融合新闻报道题目进行排序,在不同的时段将与该时段适应的新闻类别往前提,将其调整到页面的重要位置,而在另外的时段将其放在次要的位置。"真正按照用户的流量,重新设计页面,重新排序报道链接,以反映一天中不断变化的受众点击率。"[1]

融合新闻采用多种媒介元素报道新闻信息,应该将最有冲击力、最有趣味、最能吸引用户的视觉元素前置。

即便是对同一新闻信息的报道,不同的媒介元素也会给用户带来不一样的感觉。在以使用文字为主导的融合新闻中,及时将图片、视频、音频等媒介元素前置,有利于缓解用户收受新闻的疲劳感,带给他们新鲜的感觉和愉悦的体验。

山东大学微信公众号作品《视频 | 三面郁葱环碧海,一山高下尽红楼——山东大学青岛校区宣传片》(2015年9月12日),综合运用了文字、图片、视频等

---

[1] 弗兰德,查林杰,麦克亚当斯. 美国当代媒体编辑操作教程[M]. 展江,霍黎敏,译. 广州:南方日报出版社,2008:482.

多种媒介元素，点击量还比较高。对于该作品来讲，文字、图片都不如视频够劲儿，亮点当然是视频了。但它非但没有把这个亮点前置，反而把亮点放到了末端，等于埋葬了亮点。这种安排是非常不合理的，让人有些费解。对于大多数用户来讲，你的作品标题里本来就强调了它是宣传片，大家自然很想一睹为快，看一看青岛校区的影像到底是什么样子。可对于用户的这点儿正常的需求，运营者却根本没有顾及到，用户要不断地滑动屏幕，努力寻找视频，结果一直到了作品的最末端才找到，徒增一些懊恼。

有时候，光看点击量还不够。点击量可能说明作品的标题吸引了用户，但用户的体验到底怎么样，还要看具体的内容和内容的编排。内容材料是相同的，编排顺序不同，传播效果也会不同。对于这个案例来讲，如果把作为亮点的视频前置，运营效果就会好很多，带给用户的体验也会好很多。

新闻的竞争已经不再是单纯的信息竞争，同时也是多媒介素材的竞争。当我们用文字传播新闻信息的时候，当我们在转述新闻信息的时候，用户却可能更想看到新闻当事人的直接讲述，想看到新闻现场的原始画面。此时，音视频素材的采集就显得很重要了，谁最先采集或掌握了多媒介素材资源，谁就越有可能在新闻竞争中赢得用户的青睐。在安排融合新闻呈现结构的时候，但凡是采集到的新鲜的媒介素材，尤其是初次捕获的不同媒介类别的素材，都应该给予足够的重视，予以突出呈现。

二、分层报道

传统新闻报道以线性结构来传达信息，新闻报道是线性的或平面化的，融合新闻报道打破了新闻文本的线性结构，采用分层报道的结构方式，将新闻报道变成了立体的、多层面的呈现形式。分层报道的实现是以超链接技术的出现为前提的，超链接将不同的页面、图片、视频、音频、互动设置等联系起来，形成链接通路和层面关系，每个层面的内容都可以为上一个层面做注解、补充和延伸。利用超链接技术，融合新闻可以采用分层报道的方式，立体地展现新闻信息。

融合新闻借助超链接技术，将新闻报道分成多个层面，最关键的信息放置在第一个层面，具体报道、背景信息或其他相关信息放置在第二个层面或再下一个层面。融合新闻的呈现通过为信息关键点加超链接的形式，将多个层面的报道联结起来，形成一个多层面的立体结构，将选择权、主动权交给用户，由用户根据自身的具体情况来决定是否进入下一个层面收受目标所指的内容。

从单纯的网络技术角度看，超链接当然可以将无限多的层面联结起来，融合新闻报道的层次数量可以任意确定，但从实际运作效果考虑，融合新闻报道分层却仍然是有限制的。显而易见的是，每进入下一个层次都会额外增加用户注意力的消耗，分层越多，越低层面的内容就越不容易受到关注。第一个层次的信息被关注的概率最大，第二个层次的信息被关注的概率次之，依次类推，最低层次的信息被关注的概率最小。用户的耐心是有限度的，每深入下一个层次都会增加他们的费力程度。根据美国传播学者施拉姆的选择或然率公式，报偿的保证/费力的程度=选择或然率[①]，新闻页面的层次越低，用户选择收受的费力程度就会越高，在报偿的保证等其他条件不变的前提下，层次越低的页面的选择或然率自然也就越低。

融合新闻呈现的页面层次通常应该控制在三个层次以内。首页直接呈现内容者，首页为第一个层次，内容中信息关键点链接指向页面为第二个层次。首页以标题形式链接者，首页为第一个层次，链接指向的报道页面为第二个层次，报道页面中信息关键点链接指向页面为第三个层次。由此推而论之，报道的融合通常可以控制在两个层次，专题的融合通常可以控制在三个层次。

报道的融合主要集中呈现在一个页面里，在第一个层次的页面里用户就可以直接看到主体新闻报道的具体内容，如果这些内容对一些信息关键点做了链接，用户点击之后则可进入第二个层次收受相关信息。链接的内容通常包括：对新闻要素的详细描述、统计数据、背景资料、对论据的说明和解释、对缩略语和术语的解释、图表、音视频、互动设置、参考资料等。报道的融合页面除了主体新闻报道外，其他媒介元素可以直接呈现信息，也可以做超链接引导用户进入第二个层次页面。

[①] WILBUR SCHRAMM, WILLIAM E PORTER. Men, women, messages, and media: understanding human communication[M]. second edition. New Jersey: Pearson Educaton, Inc. 1982.

对于报道的融合来讲，通常在两个层次之内就可完成信息的呈现，这样可以最大程度上提高呈现的效率，让融合新闻更加简洁，同时又保证了新闻信息的丰富和深刻。

专题的融合通常体量庞大，其包含的信息内容要比报道的融合复杂。专题的融合更多是将大量的单条新闻报道集中起来，其页面上集中呈现了单条新闻报道的标题，相比来说，专题的融合通常就比报道的融合多了一个这样的标题层。简言之，报道的融合通常控制在两个层次，专题的融合则需要控制在三个层次。

三、板块组合

从媒介元素角度来看，板块是指不同的媒介元素所形成的功能意义区域，板块组合是指把这些功能意义区域组装联合起来，使之成为一个整体。在融合新闻报道过程中，文字、音频、视频、图片、互动设置等核心的媒介元素板块都有其比较鲜明的形式特征。新闻工作者综合运用多种手段，采集由不同媒介元素承载的原始素材，将其加工制作成新闻预制件，在后期编排时再把这些新闻预制件灵活地组合起来。

从内容类别角度来看，融合新闻的主要组成部分及其细分内容可以分成新闻板块（主体新闻报道、新闻增值内容、新闻延伸内容、制作信息）、推广板块（新闻推广和广告推广）和互动板块（直接互动设置和间接互动设置），融合新闻的呈现结构也就是对这些板块的组合。

从新闻写作叙事角度考虑，内容意义上的新闻结构固然有多种结构模式，如倒金字塔、华尔街日报体、沙漏型、并列式等结构类型，但形式意义上的结构在某种程度上都可以看成板块的组合。对于篇幅比较长的带有小标题的新闻稿来讲，一个小标题所统领的文字就是一个板块，新闻稿就是由这样一个个板块组成的整体。对于篇幅不长的没有小标题的新闻稿来讲，通常也是写完一层意思后再开始写另一层意思，每一层意思实际上就是一个信息板块，这样的新闻稿件也是由板块组合起来的。文字表达是这样，音频、视频等媒介元素的表达也具有同样的道理。

值得注意的是，对于融合新闻报道来讲，板块组合并不是简单地把信息板块放置在一个页面上就万事大吉了。不同的媒介元素板块应该有机融合在一起，做到协调、一致、合理、有效。否则，简单地将不同的媒介元素板块堆砌在一起，不但达不到融合的要求，反而会给人一种割裂的感觉，必然会伤害到用户的新闻收受体验，给用户带来烦恼和痛苦，最终影响新闻传播效果的优化。

四、新闻策展

策展是有关混合的创造——它是独一无二的汇流过程，将策展人发现的资讯、用户奉献的素材、自己创造的内容整合在一起，让你汇集的材料变为你独有的产品。[①]新闻策展从本质上讲是货架思维在新闻生产中的应用，它是有关新闻的融合创造活动。新闻策展需要完成两个任务，一是增加信息，为新闻主题增加支持信息、补充信息，丰富报道内涵；二是增加人，为新闻页面拓展消息来源、专家和用户。

"策展"从字面来看是"策划展览"的意思，它原本是属于展览行业的术语，新闻界将其借用到新闻传播学领域成为"新闻策展"，完美地解决了如何表述社群媒体信息处理的问题，并拓展了新闻学研究的视野，为新闻业务操作带来新的启发和思路。

台湾城邦媒体控股集团首席执行长、台湾数位出版联盟理事长何飞鹏为策展列了一个公式，即 curation = content + context + comment + conclusion，换言之，"把一个讯息，赋予关系、提出看法、并说出结论，就是策展"。[②]直观地讲，新闻策展就是通过策划选题，从网络平台汇集和筛选信息，并赋予意义，将相关新闻信息整合展示给用户的活动。

[①] STEVEN ROSENBAUM. Curation nation:how to win a world where consumers are creators[M]. New York: The McGraw Hill Companies, 2011.

[②] 何飞鹏. content+3C=CURATION——策展，是网路世界的新全民运动[M]//佐佐木俊尚. CURATION 策展的时代："串联"的信息革命已经开始！. 郭菀琪，译. 台北：经济新潮社，2012.

新闻策展是一项再创造的活动，策展人发挥着关键作用。策展人需要从网络资讯海洋中追踪和汇集信息，并从中筛选出有价值的内容，使原本芜杂的信息变得富有条理，脉络清晰。赋予意义是帮助用户理解新闻的重要手段，策展人经常通过直接评论的方式对筛选出来的信息赋予意义。直接评论应当符合客观事物自身规律，具有逻辑性，能够令人信服，否则评论就变成了谬论，是不能被用户认可和接受的。

在互联网平台开展新闻传播工作，必须高度重视对网民创造内容的策划与展示，梳理网友的留言，统计持不同观点者的数据，挑选有价值的内容，策划新的页面加以展示。"策展"（curation）听起来很深奥很专业，但其实它是人人皆可从事的活动。只要我们在社交媒体里分享信息，我们就已经开始了策展工作。朋友圈是网民策展的场所，在这里用户完成了从网络世界汇集信息、筛选信息、赋予意义和展览等活动，实施了各式各样的新闻策展。新闻策展真正重视与用户互动，对用户创造的内容再次开发，释放了互联网数字平台的内容生产力。

新闻策展有助于扩展媒体目标用户，增强新闻影响力，"经由新闻策展集结主题可以找到目标群众，更能产生影响力引起更多人关注"[①]。新闻媒体已经越来越重视社群媒体生产的力量，新闻策展已经成为媒体的新闻生产手段。新闻媒体经常从社群媒体中寻找报道素材，社群媒体的新闻功能也越来越明显，新闻媒体与社群媒体已经出现融合迹象。

研究发现，CNN、BBC、半岛电视台、《卫报》等媒体的社群网站都强调编辑的守门功能，设有专人管理社群网站内容，并与用户展开互动。半岛电视台的串流（The Stream）采用新闻策展方式运营社群网站内容，串流团队工作人员会从推特上面寻找较多人关注的有标签（#hashtag）的故事，进而通过编辑筛选、组织、排版，形成一个新闻策展主题。[②]

新闻策展是媒体机构实施融合新闻呈现的重要技术，并不仅仅限于社群媒体内容管理。对于媒体机构来讲，新闻策展的操作环节主要包括选题策划、素材搜集、筛选过滤、信息升华与内容汇聚等。

选题策划：综合运用大数据技术和新闻专业技能，策划选题。新闻策展的选

[①] 王乙涵. 新闻策展平台内容产制研究：以"关键评论网专题"为例[D]. 台北：世新大学，2017.
[②] 林照真. 新闻，在转捩点上：数位时代的新闻转型与聚合[M]. 台北：联经出版公司，2017.

题需要有足够的信息来源，运用大数据技术可以及时监测到新闻媒体、社交媒体等网络平台上的热点信息，为新闻策展选题的最终确立做准备。新闻策展选题的最终确立另外还需要遵循新闻专业规律和新闻传播伦理要求。

素材搜集：运用资讯汇集工具，围绕某一新闻主题，搜集相关新闻信息来源。在这个阶段，搜集的素材越多越好。

筛选过滤：并非所有的素材都值得展示，需要筛选出更有价值的新闻信息呈现给用户，过滤掉低值素材。

信息升华：萃取精华，以摘要形式放置在专题首页，凸显内容的价值，增强对用户的吸引力。

内容汇聚：将精挑细选出来的素材汇聚在网页之中，使之融汇成一个完整的新闻策展产品。

新闻策展需要运营者具备货架思维。货架是陈列产品的装置，新闻的货架是陈列新闻内容产品的页面，需要加强界面设计。澎湃新闻副总编辑孙鉴参与了东方早报整体转型创建澎湃新闻过程，体会到媒体融合成功的关键是构筑内容护城河。他认为，货架思维才是内容运营的本质，界面上布满着各种图片、标题、评论数、阅读数等，这些都是新闻产品的门面元素，需要运用彻底的货架思维，让这些元素与众不同，吸引用户点击和分享。[1]

---

[1] 孙鉴. 澎湃再创业：媒体融合的关键是构筑"内容护城河"[J]. 中国记者，2019（9）：29-33.

第十六章
报道的融合

融合新闻的最终呈现表现为页面集成,从规模上看,页面集成主要分为报道的融合和专题的融合。报道的融合是指页面集成的核心任务是为了完成某一新闻的报道,它具有鲜明的主体新闻报道形式,主体新闻报道居于统领地位,其他媒介元素则紧紧围绕主体新闻报道,承担补充、深化报道的作用。专题的融合则主要强调对同一主题众多多媒体新闻资源的整合,其呈现规模更加庞大,编辑组织更加复杂。

依据本书的理解和界定,报道的融合侧重于对单条新闻的报道,专题的融合侧重于对同一主题新闻资源的整合;报道的融合重在报道,专题的融合重在编辑;报道的融合是微观的整合,专题的报道是宏观的整合。报道的融合与专题的融合既有规模形式的区别,又有内在精神的联系,二者在一些具体操作技术和理念方面具有同一性。本章将主要对报道的融合问题加以探讨和研究。

一、新闻元素的组合

(一)媒介元素的组合

融合新闻的媒介元素包括文字、图片、音频、视频、互动设置等,在日常报道中融合新闻不一定全都具备这些元素，可以根据具体情况适当简化。融合新闻的组合模式中通常不能缺少文字、图片、互动设置，如果能有视频就再好不过了。

媒介元素的组合至少可以有以下三种模式。

（1）完全的组合模式。

文字+图片+音频+视频+互动设置

（2）理想的组合模式。

文字+图片+视频+互动设置

（3）简单的组合模式。

图片+音频+互动设置

文字+图片+互动设置

文字+音频+互动设置

文字+视频+互动设置

文字+图片+音频+互动设置

媒介元素的组合应当注意尽量将相关的元素做靠近处理，使之成为一个有机整体。不能仅仅满足于将多种媒介元素堆砌在网页上，而应该将不同的媒介元素完美结合在一起。

对链接的处理既不能过于突兀，又不能过于隐蔽，要让用户能够方便地找到链接，"如果某个元素可以点击，那么就让它看起来能够点击"。[①]应该在视觉效果上显示出链接的功能，但这种视觉效果又要温和、妥当。让链接尽量与周围的媒介元素相协调，当鼠标指针从链接上面划过时，予以凸显提示此处埋有链接，感兴趣的用户可以点击浏览。

音频的安排要注意考虑用户听力的适应情况，设置音量控制按钮，让用户可以方便地调节音量大小，可以灵活地开关声音。视频窗口的大小要恰当，过小会让用户看起来费力，过大又会与整体页面不协调。可以设置调节按钮，由用户来调节视频窗口的大小。页面文字大小也要顾及用户的视力情况，设置调控文字大小的按钮，方便用户选择使用。

---

① 瑟罗，缪齐卡. 网站搜索设计：兼顾 SEO 及可用性的网站设计心得[M]. 向怡宁，译. 北京：人民邮电出版社，2011：214.

（二）呈现形式的探索

除常规技术的应用外，还要探索运用新的技术手段、新的呈现形式，增强新闻呈现方式的融合性和冲击力。

央广两会报道 H5 作品《王小艺的朋友圈》，呈现形式就很新颖。这部作品采用了抠像技术，竖屏场景化浸入式报道，虚实结合，实现了模拟增强现实的效果。用户点击链接或扫描二维码，便进入了一个全屏模拟朋友圈的画面中。央广美女主播王小艺身着红衣，浮现在朋友圈的右下角，样式很独特，很有立体感。伴随着滑动朋友圈等肢体动作，王小艺口播解读着一条条朋友圈信息。播报结尾处王小艺跟大家说"拜拜"，然后往右转，走出画面，令人若有所失，如图 16.1 所示。

图 16.1　王小艺的朋友圈

据央广中国之声编辑夏文介绍，为了制作这个场景视频 H5 作品，制作组大约花了 800 块钱购买了抠像绿布和支架，主持人单独拍摄抠像视频，利用抠像技术去掉背景。制作人员提前做好朋友圈的视频，通过 Photoshop 软件 1 比 1 制作每一个界面元素，然后放到图形视频处理软件 AE（Adobe After Effects）里，叠上抠像视频，生成新视频，最后放到 H5 页面里完成制作。[①]

2013 年 11 月 1 日，英国卫报网站推出的融合新闻作品《解密美国国安局档案》（*NSA Files: Decoded*）在运用新技术呈现信息方面拥有不俗的表现。这部作品突出运用了抠像技术，将视频与文字完美融合在一起。网页上端的视频运用抠像技术处理后，背景除文字外全为空白，当人物头像开始讲话或活动时，背景文字相应浮动，颇具魔幻色彩，如图 16.2 所示。

作品的主体部分将 30 个高清头像视频置入文字报道中，这些头像全都经过抠像处理，就像一张张嵌入报纸的照片一样，与文字元素背景一致，浑然一体。当滚动页面，单个头像完全呈现在屏幕上时，原本静止的头像却突然开口讲话，

[①] http://media.people.com.cn/n1/2017/0321/c120837-29157982.html，2017-03-21。

充分调动了用户的好奇心,吸引了用户的注意力,如图 16.3 所示。当浏览完文字,滚动到下一个头像时,上一个头像视频自动停止播放,下一个原本静止的头像视频开始自动播放,给用户带来新鲜的新闻收受体验。

《解密美国国安局档案》二维码

图 16.2　当人物头像开始讲话或活动时,背景文字相应浮动

《解密美国国安局档案》在互动设置方面也有巧妙的安排,它在文字报道中植入了一个自动计算器,用以计算自用户打开这部作品页面后的时段里,美国国安局监控的数据量。如图 16.4 所示的截图表明,自笔者打开这个网站页面开始的较短时间里,美国国安局监控的数据量就达到了 557.1TB,数据量相当于 142 612 部两小时长的高清电影。

这个互动设置里面的阿拉伯数字随着时间的推移一直处于快速滚动状态,为了方便用户理解 TB 数值,这个互动设置还为用户做了换算,将其换算成多少部两小时长高清电影,这样一来,就直观形象多了。

卫报网站的这个互动设置本身就以静态文字和动态数字相结合,与所嵌入的文字报道主体浑然天成,成为一个有机整体,真正做到了互动设置与文字元素的深度融合。

互动还可以成为一种呈现形式——通过互动将所有新闻内容结合起来呈现给用户,互动贯穿新闻报道的整个过程,互动的过程就是新闻呈现的过程。网易团队在互动呈现方面做了有益的探索,值得学习。

切尔诺贝利核事故 30 周年之际,网易团队探访世界顶级核事故隔离区,进入核辐射禁区,带回第一手报道素材,推出了融合新闻作品《核辐射的回声》,如图 16.5 所示。这部融合新闻作品提供了两种阅读模式:"阅读完整特稿",属于正统的呈现形式；"用聊天的方式看"，则是一种新颖的互动呈现形式，如图 16.6 所示。

图 16.3　原本静止的头像开口讲话，视频自动播放　　图 16.4　数据监控自动计算器

图 16.5　《核辐射的回声》开始页

图 16.6　阅读模式选择

"用聊天的方式看"采用了一种"对话"形式来报道,其显著特点就是全程依赖互动推进报道的呈现,整个报道过程就是用户与报道者"聊天"的过程——用户无须打字,只要点击对话按钮即可完成互动,就能收受所有相关内容,如图16.7和图16.8所示。

图 16.7　点击按钮完成聊天:文字与视频　　图 16.8　点击按钮完成聊天:图片与文字

这部作品互动呈现的文字段落比较短小,文字、图片、视频交替出现,适时给出选择按钮,让用户得以方便地参与到报道中来。选择按钮的表达也很生动,读者可以"将时间拨回30年前看看""哎,陪谢尔盖抽根烟",也可以"和谢尔盖拥抱,然后离开"。

《核辐射的回声》打破了传统新闻线性、单向的叙事方式,新闻结构处于变动状态,用户决定了叙事结构的最终样式。它是一种新鲜的呈现样式,提升了报道的交互性和可视化,全面、立体地展现了新闻信息,增强了用户的控制感和主动性。

(三)与评论的组合

新闻与评论是两种不同的体裁,新闻是对事实的报道,强调客观原则的遵循,倡导叙述、直接引语、细节描写、环境描写等手法的运用，通常反对议论的表达方式；评论是对新闻事实展开评价和议论，主要采用议论的表达方式。遵循客观原则，新闻报道自然不能与评论掺杂。

本书所讲的新闻报道与评论的组合并没有违背基本的新闻操作规范，组合并不是把新闻报道与评论混杂在同一篇稿件里，而是将独立的新闻报道和新闻评论相互配合呈放在同一个新闻页面之中。

同时我们还应该注意到，新闻报道与新闻评论并不是截然对立的两种新闻体裁，它们各有独特的功能。融合新闻呈现不排斥评论，反而要借评论的力量帮助用户认识新闻事实。

评论应该基于事实展开，评论员的一个很重要的素质能力就是对事实的采集调查，假若没有采集调查的基础，只是坐而论道，这样的评论就很有可能偏离正确的认识，从而误导用户。

用户不仅仅需要基于客观事实的调查报道，用户同样需要新闻评论的指引。对于这个复杂的事实世界，新闻评论同样是帮助用户正确、高效认识事实的有力工具。新闻报道与评论的组合是融合新闻操作的必要手段，这种组合提高了新闻传播的效率，有利于用户高效、准确地认识和理解新闻事实。

此外，还要注重研究评论的互动问题。仅仅追求新闻评论的阅读量是不够的，还应该采取积极措施引导用户广泛参与讨论，只有这样，新闻评论才能发挥最大的效能。不妨采取以下措施引导用户参与评论的互动。

（1）在新闻评论的正文下方设置调查问题，用户投票表达自己的意见。调查问题紧密围绕新闻评论的核心内容展开，具有争议性，用户投票后就能看到持不同意见的占比情况。

（2）设置"向编辑提问"按钮，鼓励用户与编辑互动，编辑也要积极给予反馈。

（3）文后设置评论区，用户可以直接发表自己的观点。

（4）策划与展示。梳理网友们的言论，统计持不同观点者的数据，挑选有价值的观点，策划新的页面加以展示。

二、基本的操作措施

融合新闻呈现的基本操作措施是添加，即以主体新闻报道为核心，恰当添加新闻增值内容、新闻延伸内容、制作信息、推广设置和互动内容。

（一）内容类别与添加方式

主体新闻报道是指占据核心位置或地位、以某种具体媒介元素呈现的新闻报道，主体新闻报道可以是单一的文字报道、视频报道、音频报道或图片报道，但通常以文字报道和视频报道为主。主体新闻报道的添加通常以手动添加方式进行。

新闻增值内容是指围绕主体新闻报道而添加的以其他媒介元素呈现的新闻信息，如在主体新闻报道为文字报道时增加图片、音频、视频等新闻报道素材。新闻增值内容与主体新闻报道的内容具有同一性，它是对主体新闻报道进行的多媒介元素呈现的补充。新闻增值内容的添加通常以手动添加方式进行。新闻增值内容与主体新闻报道具有紧密的关联性，其内容主题通常与主体报道具有一致性。

新闻延伸内容主要是指"相关专题、相关新闻、关键词超链接、热词超链接"[1]等内容，它虽然也与新闻主题相关，但与新闻增值内容相比关联性要差一些。新闻延伸内容本身通常并不是本次新闻报道的对象内容，它是与本次报道对象内容相关的其他新闻信息，它延伸了用户收受新闻的触角，满足了用户扩展收受类似或相关新闻信息的需要。新闻延伸内容的添加通常以手动添加方式进行。

制作信息是指对本次融合新闻报道的编辑人员、报道来源、报道时间等内容的具体描述，其功能类似于新闻头，用以标明新闻产品的生产情况。制作信息的添加通常以手动或自动添加方式进行。

推广设置主要包括新闻推广和广告推广的设置。新闻推广通常是对本媒体以前的新闻报道的链接推广，如新闻排行榜等内容；广告推广主要呈放媒体自身的形象广告、付费商业广告或搜索联盟广告、电子商务广告等。推广内容的添加通常以自动添加方式进行。

---

[1] 詹新惠. 新媒体编辑[M]. 北京：中国人民大学出版社，2013：57.

互动内容包括直接互动设置和间接互动设置，直接互动设置主要是指满足用户对新闻报道直接发表意见的评论区（留言板或论坛）、投票区或在线调查，间接互动设置主要是指一键分享、打印、复制按钮。互动内容的添加通常以自动添加方式进行，如表16.1所示。

表16.1 添加内容与方式

内容类别	具体内容	添加方式
新闻	主体新闻报道	手动
	新闻增值内容	
	新闻延伸内容	
	制作信息	自动或手动
推广	新闻推广设置	自动
	广告推广设置	
互动	直接互动设置	
	间接互动设置	

（二）案例解析

华盛顿邮报网站《中国船只听到脉冲信号 疑似马航失联客机黑匣子》是一则典型的融合报道，从这则报道中可以比较清晰地看出添加的具体内容类别。

如图16.9所示，Simon Denyer从北京发回的文字稿篇幅较长，内容充实，占据核心位置，属于主体新闻报道；页面上端的视频内容来自中国中央电视台，它对以文字元素呈现的主体新闻报道做了有益的补充，为用户的内容收受提供了新的体验选择，属于新闻增值内容。另外，页面上端有间接互动设置（分享按钮），右侧为广告推广和新闻推广设置。

文字稿中间嵌入的图片集累积了47张新闻照片，但这些照片并不限于主体新闻报道的日期，而主要是向前和向后做了延展，时间跨度为3月30日至4月12日。文字稿下半部分中间还嵌入了一个互动式图表，点击这个图表，会弹出一个新的页面"What happened to Flight 370?"（见图16.10），新页面对MH370客机失联新闻做了图解。本次报道中的图片集和互动式图表都属于新闻延伸内容。新闻延伸内容与主体新闻报道虽然有关联，但与新闻增值内容相比其相关性要弱一些，在主题内容上不一定具有严密的同一性，例如，本次报道的主题是"中国船只听到脉冲信号疑似马航失联客机黑匣子"，但新闻延伸内容并不局限于此。

↘ 第十六章
报道的融合

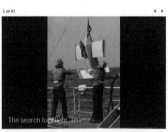

图 16.9 主体报道、增值内容、延伸内容与推广设置

图 16.10 新闻延伸内容（互动式图表）

主体新闻报道的末端说明了对本次报道有贡献者，并简介了记者情况，这些内容属于制作信息；分享到脸书和推特的按钮属于间接互动设置，如图 16.11 所示。页面末端的网友评论区属于直接互动设置，如图 16.12 所示。

图 16.11 制作信息与间接互动设置

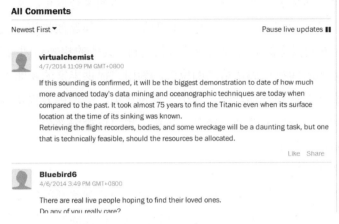

图 16.12　直接互动设置（网友评论）

三、报道融合的操作

　　报道的融合要注重可操作性，这里面具有规律可循。报道融合的操作应该遵循以下基本思路和常规策略：一是采集并占有足够的新闻素材，确立合适的主体报道形式；二是增添内容，注重互动；三是要注意适度与合理。

　　首先，采集并占有足够的新闻素材，确立合适的主体报道形式。

　　在决定进行融合新闻报道后，就要迅速出击，采集并占有足够的新闻素材，获取以不同媒介元素呈现的新闻原材料。除了媒体记者采集的素材，还要密切关注网络平台上其他新闻源的动向，不排斥"拿来主义"，大力发掘与本次报道相关的文字、图片、视频、音频等材料。

　　在此基础上，统筹考虑并确立主体新闻报道形式——选择以哪种媒介元素作为主打形式。无论以何种媒介元素作为主体报道形式，都要注意新闻报道的视觉冲击力问题，要善于形成画面感，用形象的方式而不是抽象的方式呈现新闻信息。若以文字为主体报道形式，也应该注意为其配置大幅图片，增强主体新闻报道的吸引力。将视频、图片与文字相互贴近，相得益彰，增强融合报道的易受性。

　　其次，增添内容，注重互动。

添加新闻增值内容和新闻延伸内容，使得报道的融合厚重起来。

融合新闻是强调富关联的新闻样式，要努力为主体新闻报道寻找增值内容和延伸内容，为本次报道的融合找到新闻背景资料、其他的相关新闻与评论等资源，将其添加到主体新闻报道周边恰当的位置，为用户提供丰富的新闻大餐。

同时还要注意增强互动功能，为用户发表意见、创造内容提供渠道和平台，添加评论、留言、网络调查和一键分享按钮。也可以摘编部分用户精彩的评论，将其呈放在新闻页面上。

最后，要注意适度与合理。

融合使得原本单一的报道立体起来，它给了用户观察新闻的多个维度，其中的妙处自不必说。但一个事物的发展总是存在度的把握问题，过度与不足都是不好的，所谓"过犹不及"就是这个道理。孔子说："君子中庸，小人反中庸。"亚里士多德说："过度与不及都属于恶，中庸才是德性。"融合新闻的操作也应该注重"中庸"思想的运用。

做得不足达不到融合的要求，新闻报道显得单薄，无法满足用户的信息需求；做得过度则会使页面臃肿繁杂，让用户心生厌烦。

不能为了融合而融合，把一些没有关联性的东西一股脑儿塞到新闻页面里，让用户不堪其扰。融合新闻工作者仍然需要帮助用户做好挑选工作，而不是把最多的材料推给用户，将挑选的重任压在用户的肩头。报道的融合必须尊重新闻材料的关联性，实施合乎逻辑的新闻资源整合，注重融合的合理性，恰到好处地配置相关资源。

第十七章
专题的融合

专题的融合是指围绕特定主题而对众多多媒体新闻资源加以整合的新闻呈现形式,专题的融合强调运用融合新闻思维与方法,采取多媒介元素呈现方式。如果新闻资源的整合并未贯彻融合理念,并不以多媒体形式出现,即便聚拢了很多新闻资源,也很难说是做到了专题的融合。

有的新闻页面只设置几个专栏,每个专栏下面聚集了3至5条新闻报道,但这些新闻报道都是仅仅以图文形式出现的,整个页面明显缺乏音频、视频等多样的媒介元素,同时在互动、分享和用户体验等方面做得也不完美,达不到媒介融合的要求高度,这样的呈现形式称不上是专题的融合,它至多只是普通意义上的新闻专题。

一、专题融合的特征

专题融合具有三个典型特征,即大容量、汇聚态、富关联。特征即要求,不具备这样的特征就无法实现真正的融合操作,在专题融合操作过程中应该注意这些特征要求。

首先，大容量。专题融合的首要特征是容量巨大。与传统的报道及报道的融合相比，专题的融合是新闻报道的航空母舰，它将最为广泛的相关新闻资源集纳在一起，首先形成一种量的优势。这种量的优势是专题融合的基础，使得专题融合可以在最大程度上覆盖新闻的变动信息。简言之，必须有足够数量的新闻报道，才能撑得起专题的融合。

其次，汇聚态。专题融合将大量的新闻报道汇聚在一起，呈现出一种更加凝练、紧凑的状态，让原本庞杂的新闻报道得以秩序化。专题的融合是一种再加工、再创造的过程，它必须以更加清晰的脉络呈现新闻信息，否则专题将变成稿件的大杂烩，徒增用户的烦忧，让用户难以适从。

大容量是专题融合的首要特征，但大容量同时埋下了凌乱的隐患。庞杂的信息如果得不到有效的归拢处理，会让用户产生一团麻的感觉，大容量的优势就有可能变成劣势。专题的融合必须解决散乱问题，否则就会弄巧成拙，让用户失去耐心。汇聚态意指大容量信息的凝聚与条理化，它是专题的融合应该达到的理想状态。

最后，富关联。专题的融合汇聚了与新闻主题相关联的最广泛的新闻信息资源，与其他形式的新闻报道相比，专题融合包含的相关报道是最为丰富的。专题页面容纳的关联新闻报道链接也是最多的，凡是与新闻主题相关的新闻报道都应尽量予以关注、收录和处理。从提供的内容信息角度看，专题融合具有内容全面、丰富和多样的特征，专题融合在空间上多侧面、多视角、多层次地报道，在时间上持续、连贯地报道，具有明显的富关联特征。专题融合的富关联还体现在手段运用方面，专题融合汇聚运用了最为丰富的网络技术、新闻体裁、互动形式，为用户提供了丰盛的新闻大餐。

二、选题判断与策划

（一）选题判断

选题判断位于融合新闻生产流程的前端，很大程度上决定了专题融合样式和成败。拥有一个好的选题，专题的融合也就成功了一半。融合新闻选题需要将选题智慧与技术关照深度结合，选题需要"信息逻辑"与"流量逻辑"的对接。[①]编辑应当基于专题融合的特征和规律，确立与之相匹配的新闻选题。专题的融合需要寻找具有重大社会价值的选题，抓住社会痛点，善于使用新技术加强选题工作。

并非所有的新闻都适合以专题融合的形式加以呈现，这一方面受到新闻报道对象内容性质的限制，另一方面也是基于对可操作性、传播效率、经济成本以及用户关注等现实因素的考量而不得不有所节制。具备下列特征的新闻可考虑做专题融合处理。

（1）题材重大：重大的事情才值得耗费那么多精力进行专题报道，题材不重大就没有必要兴师动众采用专题融合的形式加以呈现。

（2）影响力：新闻事实影响广泛，牵涉更多人群、阶层的利益，具有普遍性。

（3）关注度高：新闻内容饱受社会各界人士关注，用户数量足够多，用户密切关注这一新闻事实的发展变化，有比较强烈的信息需求。

（4）报道量大：操作者有足够的把握，在进行专题融合过程中能够获得大量的相关新闻报道，这些新闻报道能够从各个角度、各个侧面迅速及时地反映新闻事实的最新进展状况。新闻报道的介质形式要丰富，文字、图片、音频、视频等新闻素材要完备。

（二）整体策划

前期策划工作做得越细致越周密，后期实施就越容易成功。策划是行动的纲领，应该从整体上把握住对主题确定、框架结构、栏目设置、媒介元素、互动设计、页面风格、网页技术、美术编辑、信息资源、媒介渠道整合、人员分工等关键环节的筹划与安排。专题的策划尤其需要注意贯彻以下专业理念或操作原则。

1. 深度报道理念

专题的融合不同于普通的新闻报道，专题融合汇聚了庞大的报道资料，必须在报道的深入方面凸显优势。这就要求专题融合的策划必须站在一个较高的高度，以深度报道理念做指导，策划和设置具有个性特色的栏目，深入地表现新闻报道主题，在全面剖析新闻要素、有力扩展新闻报道对象、深入挖掘和揭示新闻事实

---

① 刘涛. 融合新闻选题："信息逻辑"与"流量逻辑"的对接[J]. 教育传媒研究，2020（1）：20-24.

真相等方面有所突破。

2. 周到服务意识

媒介融合时代新闻工作者必须注意角色的转换，由原先定位的单纯的新闻采制者转换为新闻信息服务提供者，专题策划时就要特别注重服务问题。

服务是新闻工作的价值所在，专题策划时要站在用户需求的角度考虑问题，要有换位思考意识，尽量满足用户的需求。

新浪网《韩亚航空波音777旧金山失事》[①]专题页面中提供了救助联系方式、确认安全中国公民名单、专题内搜索服务和往日专题回顾、空难逃生术，这些实用内容都是站在方便用户的角度而设置的，可谓想用户之所想，一切都在为用户考虑，很好地体现了专题融合的服务精神。

专题融合策划时还要注意以往实用资料的链接利用，新浪网专题中的"空难逃生术"介绍了包括"别与家人分开""学会解安全带""距离逃生口近""背朝飞行方向""带上防烟头罩""听乘务员讲解"等内容，实际上新浪网早在2006年11月2日就做过这些逃生术报道，这次网站重新做了链接，并做了提炼和美化处理，用户如果想了解详细信息，可以点击进入原来的链接页面。

3. 媒介融合操作

专题融合策划必须注重发挥多媒介传播的优势，充分释放文字、图片、音频、视频、互动设置的媒介能量，还要注意多种媒介元素在新闻呈现过程中的协调问题，使不同的媒介元素融为一个整体，而不是互相割裂，生硬地堆砌在一个页面上。

4. 清晰简洁呈现

专题汇聚了庞杂的新闻资料，其优势是信息丰富，但专题信息丰富的优势也容易变成呈现杂乱的劣势。

专题策划与制作必须注意这个问题，无论有多么庞杂的内容，都要做清晰简洁的呈现，不要让用户看了之后产生一头雾水的感觉，理不出头绪。

混乱的专题让用户烦躁不安，容易让用户逃离。清晰简洁的专题能够给用户带来愉悦的收受体验，紧紧抓住用户的注意力。

[①] 韩亚航空波音777旧金山失事[EB/OL]．（2013-12-11）．http://news.sina.com.cn/z/BY777/.

三、专题融合的实施

（一）确定名称

虽然在策划阶段就初步考虑甚至确定过专题的名称，但在实施阶段还需再做斟酌，最终确定专题的名称。

专题名称即专题的标题，放置在页面顶端，要凸显新闻价值，要有看点。专题名称应当简洁有力，能够概括专题的核心内容，字数最好控制在 10 个字以内。

专题名称通常以主谓句、省略句或短语等形式出现，如新浪网的《韩亚航空波音 777 旧金山失事》是一个主谓句，网易的《起底王林》可看成省略句，新浪的《互联网 20 年演变史》是一个名词性偏正短语。专题名称是专题的统帅和灵魂，应该字斟句酌，精心制作。

（二）架构设计

梳理采集到的信息，形成清晰的认识，列出专题页面的逻辑主线，设计相关内容所处的位置，分列板块并以标题形式统领每个板块。

文字放在显著位置，但考虑到电子媒体收受过程中用户注意力的易分散性，所以还要注意文字量的控制，文字通常不应占满一屏，否则容易让用户产生畏难情绪，放弃专题内容的继续收受。

图片和视频放在显著位置，并给予足够大的版面空间。多幅图片采取幻灯展示形式，多个视频采用视频集形式。

文字、图片、视频、音频、互动设置等的位置相对固定，设置成几种不同的页面模板，日常组织融合专题时从这几种模板中选择，逐步培养用户的浏览习惯。

专题的融合通常包括首页、栏目和文本页等三层架构，这三层架构应当有共同的色调风格，以保证整体的平衡协调。

设计的重中之重是专题首页，专题首页集中了内容精华，鲜明地体现着编辑思想，在最大程度上决定了专题的融合能否成功。而从 SEO 角度考虑，融合新闻专题首页的重要性也是显而易见的，其重要性仅次于网站首页，网站首页只有一个,而融合新闻专题首页却可以有很多。不断地推出高质量的融合新闻专题页面,满足了新闻报道的需要,同时也有利于搜索引擎优化,有助于网站搜索排名的提升,吸引更多的用户,增加网站的访问量。首页的设计应当根据专题报道的内容材料恰当设置栏目,对首页页面进行分区规划并界定分区功能,画出页面架构图示,交由美术设计和网络技术人员完成具体的设计制作。

栏目的设计非常重要。栏目的作用是将散落的内容加以归类,使之有序化,便于用户选择收受,提高新闻传播的效率。栏目可分为基本栏目与个性化栏目。基本栏目是一些通用栏目,一般可以设置"全部或最新新闻""图片报道""视频新闻""评论""互动"等。个性化栏目则需根据专题报道的内容性质单独设置,这类栏目不好一概而论,只能结合具体的内容材料进行具体的设计,例如,网易的《南方多地遭遇强降雨》[①],除了基本栏目,还设置了"气象灾害预警""全国今日天气查询""图解中国八大内涝城市""出行指南"等栏目。

专题首页设置栏目。当栏目下辖新闻条目过多,不便在专题首页罗列所有内容时,应设置栏目页。专题首页栏目链接到栏目页,栏目下辖所有内容集纳于此。专题首页栏目及栏目页集纳的新闻条目(标题)均链接到文本页,供用户点击查阅。

(三)添加与维护

媒体日常信息的采集基础非常重要,要有足够多的报道资料、不断更新的页面。如果没有平时扎实的信息采集基础,媒体就很难做出内容充实的专题报道。在日常新闻工作中要注意浏览和搜集相关信息,注重采集多种媒介形式的信息,及时发布,夯实日常的报道基础,专题链接来源才有可能依赖自家媒体完成。

可以为专题撰写一个导语,概括核心新闻事实,给用户一个整体认识,让用户在最短的时间内迅速了解事实梗概。导语要简短,凸显新闻价值,吸引用户的目光。导语还可做链接扩展阅读内容,链接的页面语言也要凝练,不可过于复杂烦琐。

专题融合需要新闻编辑、美术设计与网络技术人员的通力合作,美术设计与技术人员根据架构设计图示制作完成专题页面,但此时的专题尚没有填充内容材

---

① 南方多地遭遇强降雨[EB/OL]. (2014-06-24). http://news.163.com/special/baoyu2014/.

料，只是一个半成品框架，还需要新闻编辑人员添加相关内容。从内容性质的角度来说，添加的内容主要包括新闻报道、新闻评论、背景资料等；从媒介介质的角度来说，也就是要添加文字、图片、音频、视频等内容。

  在这些基本内容都添加完成以后，专题页面方可择机推出。但这并不表示专题融合已经完成，万事大吉了。很多专题仍然需要根据事态的发展，不断补充更新报道，这就进入专题的维护阶段了。专题维护要注重及时更新新闻报道，同时还要根据具体情况对栏目设置做增删等微调，并注意互动设置的运作效果，将用户创造的有价值的内容凸显出来，对用户创造的内容加以集纳、整理和归类，适时予以推荐展示。

四、编辑含量的提升

  编辑含量原是编辑出版学领域的一个概念，主要用以论述出版物生产业务环节编辑投入的劳动量问题，"编辑含量是指出版物在生产过程中，编辑劳动量之多少及其对出版物质量、价值之影响"[①]。融合新闻编辑含量可以做广义和狭义的界定，狭义的编辑含量仅指融合新闻编辑加工环节所体现出的编辑劳动，而广义的编辑含量则包含了选题策划、素材采集指挥调度、多媒介素材加工、产品分发与运营等一系列融合新闻业务环节中编辑所投入的工作量。

  专题的融合属于编辑主导型的融合新闻生产，编辑含量体现在融合新闻生产工作流程的各个环节，既包括较为宏观的确定和执行编辑方针，设计内容结构、版面形象和风格特色，设计专题版面及专栏，组织实施重大新闻报道等，又包括微观具体的稿件分析、多媒介素材选择与加工、标题制作、稿件配置、版面编排与呈现等工序。

  编辑含量贯穿于专题融合生产过程中，"它不是一种可以独立存在的客观事物

[①] 郑一奇. 锲而不舍 力争完美：从一本书的出版历程看编辑工作的动态管理与编辑含量的提升[J]. 中国编辑, 2011 (6)：51.

或现象，而是必须融入编辑过程各个环节之中的内在劳动"①。专题融合生产中编辑含量具有全流程的特点，前期的选题策划、后期的反馈互动等环节同样举足轻重，哪个环节都不能降低编辑含量，否则就很难达到理想的传播效果。

新闻工作具有很强的政治性，在中国从事新闻工作要有政治安全意识，提升编辑含量需要遵循导向优先原则。导向优先原则要求新闻工作者在融合新闻生产过程中，必须坚持正确的政治导向，坚持正确的价值导向，以正确的思想、积极的态度影响和引导用户。编辑要以社会主流价值观为参照，分析、选择稿件。

提升编辑含量，需要编辑在融合新闻生产过程中凸显新闻价值，把用户最期待的内容，通过精密加工，呈现给用户。技术的使用可以帮助编辑更好地实现新闻价值，有利于在专题融合过程中提升编辑含量。编辑含量的提升应当善于使用大数据、云计算、人工智能、虚拟现实等技术来凸显新闻价值，编辑要根据新闻事实的特性选择最适宜的呈现方式，帮助用户更好地认识新闻事实。

五、专题融合案例

新型冠状病毒肺炎是近百年来人类遭遇的影响范围最广的全球性大流行病②，"疫情地图"数据显示，截至2020年6月17日15时58分，全球累计确诊8 152 204人，累计死亡443 762人。

"疫情是新闻舆论工作的大考，也是媒体生产方式变革的契机。"③人民网接受大考，实施专题的融合，推出《全力做好新冠肺炎疫情防控工作》④。该专题设置"原创""武汉日记""评论""各方动态""求真辟谣""人民战疫""群英谱""党媒关注""依法防疫""返程复工"等栏目，对有关新冠疫情的内容实施聚合，有效策展。

---

① 何军民. 关于图书编辑含量提升的三个基本问题[J]. 中国出版，2019（23）：14.
② 《抗击新冠肺炎疫情的中国行动》白皮书[EB/OL]. （2020-06-07）. http://politics.people.com.cn/n1/2020/0607/c1001-31737896.html.
③ 曾祥敏. 创新传播，放大主流声音[N]. 人民日报，2020-03-31.
④ 全力做好新冠肺炎疫情防控工作[EB/OL]. （2020-06-17）. http://society.people.com.cn/GB/369130/431577/index.html.

第十七章 专题的融合

人民网在进行专题融合时,突出了图片的可视化作用,在专题标题及栏目文字下方,优先设置了图片集,里面的图片均做了链接处理,用户点击图片即可阅读更加详细的报道。图片集右侧是"报道""解读"栏,用户滑动鼠标,可以看到更多的标题信息并点击阅读,如图17.1所示。

图 17.1 人民网专题融合页面

这个专题聚合了大量稿件,体现了专题的融合具有大容量、汇聚态和富关联特征。

页面主体部分设置了很多文字栏目,包括"重要新闻""重要评论""实况武汉""武汉日记""求真辟谣""各地动态""一线抗疫群英谱""这是我们的战'疫'""八方支援""'疫'线守护""权威解读""返程复工""依法防控""国际动态"等14个文字栏目,栏目里呈现的均是文字标题,并做了链接处理,信息量很大。该专题很重视宣传功能,《中国抗疫斗争充分彰显了中国治理能力和综合国力》字样在首页上非常醒目,直接表达观点。此外,人民网专题融合页面还设置了"疫情快讯""国内病例""国外病例""实时播报",及时通报疫情数据,如图 17.2 和

图 17.3 所示。

国务院新闻办公室
湖北组织开展疫情防控和医疗救治工作情况

李克强主持召开中央应对新冠肺炎疫情工作领导小组会议

6月4日，中共中央政治局常委、国务院总理、中央应对新冠肺炎疫情工作领导小组组长李克强主持召开领导小组会议。会议指出，要认真贯彻习近平总书记重要讲话精神，按照中央应对疫情工作领导小组部署，继续抓实抓细内防反弹各项措施，根据境外疫情变化做好外防输入工作，提升防控和救治能力，加快健全公共卫生体系，持续巩固疫情防控成果，加大复商复市复学推进力度，全面恢复经济社会秩序。

疫情快讯
· 辽宁省13日新增2例新冠肺炎确诊病例
· 国家卫健委：13日新增确诊病例57例 本土3…
· 北京13日新增确诊病例36例 无症状感染者1例
· 国家卫健委：1日新增确诊病例5例 均为境外输…
· 国家卫健委：5月7日新增确诊病例1例 为本土…

截至6月17日14时35分 数据统计
全国：确诊 84868 例 疑似 7 例 治愈 79927 例 死亡 4645 例
◆ 病毒传染源：新型冠状病毒 COVID-19
◆ 传播途径：存在人传人

重要新闻
· 检查指导湖北文旅业疫情防控复工复产
· 发热门诊就诊患者须核酸检测
· 国家卫健委：全国连续13天无新增死亡病例
· 人社部推出陕甘青宁新等特色专场招聘
· 全国多省份公布高校开学时间
· 最高法：严禁歧视湖北籍劳动者
· 司法部发布指导案例 聚焦涉疫情矛盾纠纷
· 公安部公布打击制假售假犯罪十大典型案例

重要评论
· 人民网评：莫让“新发”恐慌影响“两手赢”大局
· 人民网评：按下湖北、武汉经济复苏的“快进键”
· 人民财评：拉动线下消费，巩固战“疫”成果至关重要
· 人民网评：央地联动，下好深改一盘棋
· 人民网评：“五一”景区服务要念好“四字诀”
· 人民网评：“五一”出游 每个人都是防疫第一责任人
· 人民网评：“口罩擦鞋”要一查到底
· 人民网评：关于“中国人出去”的调查请尽快出来

国内病例

省份	确诊	治愈	死亡
湖北	68135	63623	4512
广东	1628	1593	8
河南	1276	1254	22
浙江	1269	1267	1
香港	1112	1069	4
湖南	1019	1015	4
安徽	991	985	6
黑龙江	947	934	13

m.cn/GB/369130/431577/431800/index.html

武汉日记

图 17.2　聚合了大量的报道

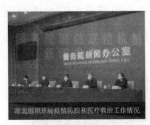

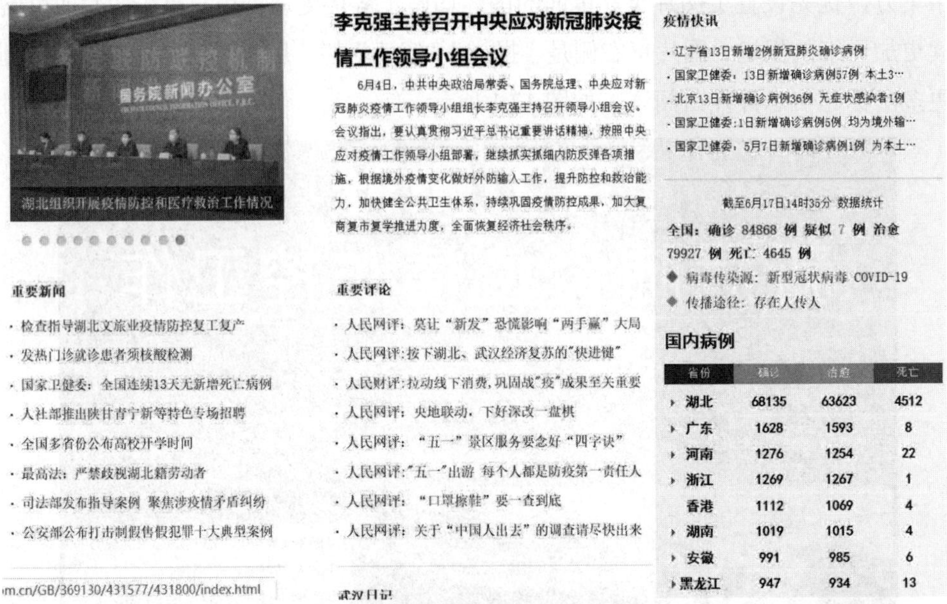

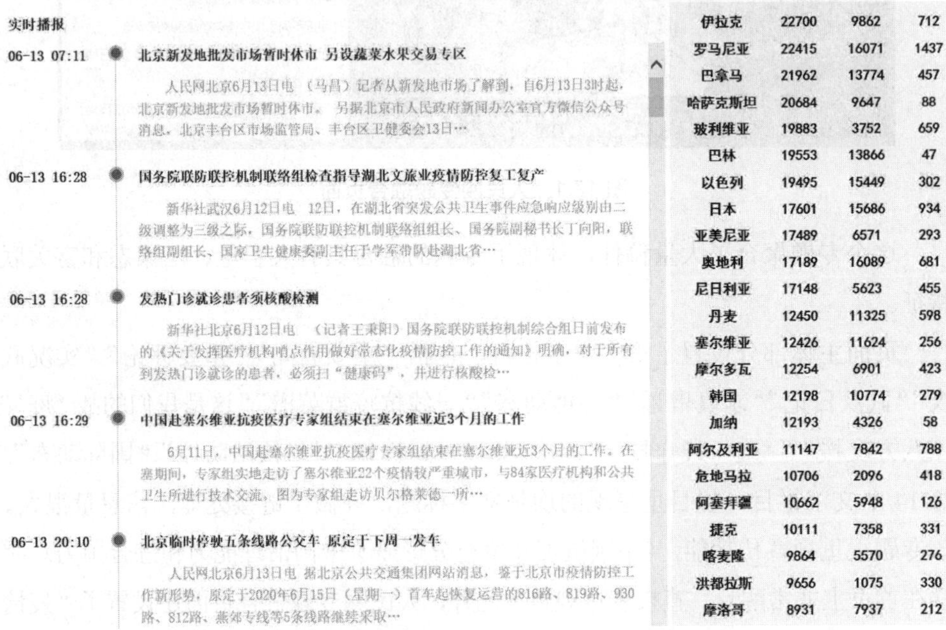
实时播报

06-13 07:11 北京新发地批发市场暂时休市 另设蔬菜水果交易专区

人民网北京6月13日电 （马昌）记者从新发地市场了解到，自6月13日3时起，北京新发地批发市场暂时休市。另据北京市人民政府新闻办公室官方微信公众号消息，北京丰台区市场监管局、丰台区卫健委会13日…

06-13 16:28 国务院联防联控机制联络组检查指导湖北文旅业疫情防控复工复产

新华社武汉6月12日电 12日，在湖北省突发公共卫生事件应急响应级别由二级调整为三级之际，国务院联防联控机制联络组组长、国务院副秘书长丁向阳，联络组副组长、国家卫生健康委副主任于学军带队赴湖北省…

06-13 16:28 发热门诊就诊患者须核酸检测

新华社北京6月12日电 （记者王秉阳）国务院联防联控机制综合组日前发布的《关于发挥医疗机构哨点作用做好常态化疫情防控工作的通知》明确，对于所有到发热门诊就诊的患者，必须扫“健康码”，并进行核酸检…

06-13 16:29 中国赴塞尔维亚抗疫医疗专家组结束在塞尔维亚近3个月的工作

6月11日，中国赴塞尔维亚抗疫医疗专家组结束在塞尔维亚近3个月的工作。在塞期间，专家组实地走访了塞尔维亚22个疫情较严重城市，与84家医疗机构和公共卫生所进行技术交流。图为专家组走访贝尔格莱德一所…

06-13 20:10 北京临时停驶五条线路公交车 原定于下周一发车

人民网北京6月13日电 据北京公共交通集团网站消息，鉴于北京市疫情防控工作新形势，原定于2020年6月15日（星期一）首车起恢复运营的816路、819路、930路、812路、燕郊专线等5条线路继续采取…

伊拉克	22700	9862	712
罗马尼亚	22415	16071	1437
巴拿马	21962	13774	457
哈萨克斯坦	20684	9647	88
玻利维亚	19883	3752	659
巴林	19553	13866	47
以色列	19495	15449	302
日本	17601	15686	934
亚美尼亚	17489	6571	293
奥地利	17189	16089	681
尼日利亚	17148	5623	455
丹麦	12450	11325	598
塞尔维亚	12426	11624	256
摩尔多瓦	12254	6901	423
韩国	12198	10774	279
加纳	12193	4326	58
阿尔及利亚	11147	7842	788
危地马拉	10706	2096	418
阿塞拜疆	10662	5948	126
捷克	10111	7358	331
喀麦隆	9864	5570	276
洪都拉斯	9656	1075	330
摩洛哥	8931	7937	212

图 17.3　实时通报

该融合专题靠近下方位置设置了"直播武汉"视频栏目，让新闻呈现更加鲜活。视频《武汉日记 Vlog.23："你是天使，也是战士"》，讲述了核酸检测采样小分队的故事。2020年2月7日，武汉市武昌区疾控中心紧急组建了隔离点核酸检测采样小分队，对武昌区所有隔离点和养老院采样。小分队成员都是自愿报名的志愿者，三分之二的成员是女生。妇女节前夕，记者见到了这群可爱的姑娘，用镜头记录下她们的工作和生活，如图17.4所示。

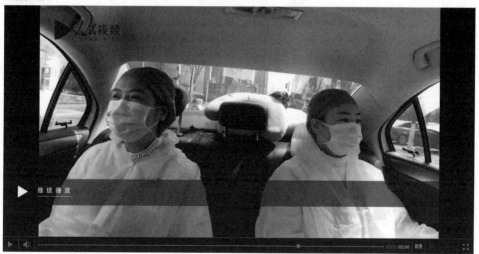

图17.4　"直播武汉"栏目视频

该专题的融合还出现了专题嵌套现象，首页下方设置了多个专题推广，如"防疫指南""'智斗'疫情""疫情防控，各地在行动""疫情防控，部委在行动""疫情防控，企业在行动"，足见其容纳的信息量之大。点击页面中间《这是我们的战"疫"》[①]，则会弹出另一个聚合了多个人物报道的页面，其中采用了沙画艺术、视频、图片、文字等多种呈现形式，内容也很丰富，如图17.5所示。

---

① http://society.people.com.cn/GB/369130/431577/431800/index.html，2020-06-17.

图 17.5 《这是我们的战"疫"》特别报道

加强和创新互联网内容建设,推动媒体融合发展,是巩固宣传思想文化阵地、壮大主流思想舆论的战略举措。人民网推出的这个疫情防控专题,在传递主流声音、凝聚共识方面表现突出。它体量巨大,内容严肃,彰显了专题融合的力量。

第十八章
融合新闻教育

　　融合新闻教育应该适应数字新媒体及传统媒体数字化转型发展的需要，整合新闻学、计算机科学与技术、数字媒体艺术等多个学科专业的力量，跨学科培养新型新闻人才。应当注重新闻实践能力与理论研究能力的综合培养，培养学生掌握新媒体报道、融合新闻采集、编辑加工与融合呈现等业务技能，同时重视理论研究能力的培养。

　　传统媒体受到数字新媒体和互联网发展的冲击，人人都有麦克风，人人都能当记者，但这并不意味着新闻学教育的重要性在降低。实际上，新闻学专业教育的价值反而有所提升。传统媒体时代，美国报业对新招聘的新闻工作者的要求是"40%的新闻素质，60%的非新闻素质"，而到了新媒体时代，这个要求却颠倒过来，成了"60%的新闻素质，40%的非新闻素质"。[1]从中可以看出，新媒体时代业界对新闻学专业素质的要求有了很大提升，新闻学教育的重要性也同时有了提升。我们有理由相信，新闻学教育对融合新闻人才的培养将发挥必要而又重大的作用。

---

[1] 潘祥辉，孙志刚. 务实创新：媒介融合时代的美国新闻教育及其启示：访美国密苏里大学新闻学院高级社会研究中心主任孙志刚博士（下）[J]. 浙江传媒学院学报，2012（3）：43-49.

一、专业设置及跨学科培养

（一）专业设置

原有新闻学专业是依据传统媒体对人才的需求而设置的，不能很好地顾及数字新媒体的个性特征及要求。传统上新闻类专业主要包括新闻学和广播电视新闻学两个专业，新闻学专业的人才培养目标定位是为平面媒体输送人才，广播电视新闻学专业的人才培养目标定位则是为广播电台、电视台培养专业人才。

进入媒介融合时代，上述专业的人才培养目标定位逐渐显露出弊端，已经不能完全适应数字新媒体及传统媒体数字化转型发展的需要，新闻类专业的革新与发展成为摆在新闻教育工作者面前的重大课题。

国内外新闻院系在"媒介融合""融合新闻"专业或专业方向设置上均有探索，相关课程体系的开发也有一定的突破。

2005年，美国密苏里大学新闻学院增设"媒介融合"专业，开发了比较完整的媒介融合专业课程体系。密苏里大学新闻学院的院长、副院长"每天都在思考如何调整课程设置"，该院还编写出版了一套满足"媒介融合""融合新闻"教学需要的教程。[1]

2007年，南京大学金陵学院传媒学院参考密苏里大学新闻学院课程体系[2]，在国内率先设置"媒介融合"专业方向，自主研发建设了媒体融合未来实验室。新媒体和媒介融合成为南京大学金陵学院传媒学院的特色，该院还相继建设了微博实验室、微电影与云创意实验室、裸眼3D实验室、传媒情报分析与策略研究中心等实验与研究机构。2007年，中国人民大学新闻学院在新闻学专业中增设"数字新闻传播"专业方向，目标是培养掌握全媒体技能的新闻专业人才。

笔者的看法是应该保留新闻学专业的称谓，但要在此基础上强化融合新闻教

---

[1] 潘祥辉，孙志刚. 务实创新：媒介融合时代的美国新闻教育及其启示：访美国密苏里大学新闻学院高级社会研究中心主任孙志刚博士（下）[J]. 浙江传媒学院学报，2012（3）：43-49.

[2] 陈奕. 美国密苏里新闻学院"融合新闻"专业探析[J]. 东南传播，2011（6）：118-120.

育，开设融合新闻专业方向。设置融合新闻专业方向的一个关键是重新修订教学大纲，开发新的课程体系。融合新闻专业方向的建设不可能一蹴而就，它需要在摸索中前进。

传统纸媒、广播电视的报道技术可以迁移到融合新闻的报道与传播中，融合新闻专业方向的课程体系可以在新闻学原有课程体系的基础上加以改造，重点增加和建设"融合新闻报道""融合新闻编辑""融合新闻实践（个人独立或团队合作完成融合新闻的报道与传播）""社交媒体研究""大数据与精确新闻"等课程，其次可增加"新媒体传播""新技术新设备运用"等课程，再次可增加计算机科学与技术、数字媒体艺术专业的课程或选修课程，满足学生深入学习某种类型课程的兴趣需要。

有人担忧融合新闻专业方向开设的课程过杂，学生样样通，但样样都不精通——学生既要掌握平面媒体需要的文字、摄影报道与编辑技术，还要掌握广播电视媒体需要的音视频报道与编辑技术，之后还需要在互联网平台上将这些分类报道与编辑技术融会贯通，完美贡献于融合新闻产品的生产。他们认为，这样的要求过高，让学生无法真正精通，从而有可能降低新闻报道的专业水准，让自己变得肤浅。

笔者认为这种担忧虽然看似有一定的道理，但其实是言重了，终究是站不住脚的，至少新闻学专业的学生掌握多种媒体的报道技术并没有那么困难。

传统媒体时代新闻报道技术往往令行外人颇觉神圣，很多文字记者甚至连照相机都不敢碰，更不要说什么音视频设备应用了。如今却不一样了，时代社会已经改变了模样，有多少公民记者没日没夜在那里生产文字作品、音视频节目，他们没有受过专业教育，却早已成为新媒体报道的行家里手。

如果新闻学专业的学生还担忧学不好、学不精这几样传媒报道技术，这就夸大了掌握跨媒体技术手段的难度，不得不说这是对专业教育的一种反讽。一个新闻学专业的学生本来就应该掌握新闻采访与写作、摄影与摄像、音视频编辑等技术，在新媒体时代学习这几样技术都叫苦连天，实在是一种矫情，太不应该了。

融合新闻教育不会让一个学习新闻学的学生变得肤浅和粗糙，只有对自己不负责任、不思进取的人才会让自己变得肤浅和粗糙，只有不勤奋、不刻苦的学生才有可能掌握不了或不能精通专业技术。

(二) 跨学科培养

融合新闻人才的培养需要整合新闻学、计算机科学与技术、数字媒体艺术等多个学科专业的力量，或者更进一步讲，需要将新闻学教育的视野扩展到数字媒体技术与数字媒体艺术的领域，有意识地跨学科培养新型新闻人才。

融合新闻是互联网时代的产物，计算机技术、网络技术的发展是融合新闻产生和发展的技术前提，融合新闻报道业务离不开计算机技术、网络技术的支持，融合新闻人才的知识结构也必然需要计算机科学与技术、网络技术知识的支撑。

对于新闻人才的培养来讲，计算机科学与技术更直接地表现为数字媒体技术。数字媒体技术隶属于工学门类，侧重于研究数字信息处理与通信、程序设计、数据库设计、人机交互、图形图像处理等计算机科学工程技术。

数字媒体艺术则属于艺术类专业，强调运用数字媒体创作工具和技术手段完成平面设计、动漫制作、数码视频编辑、游戏与虚拟现实等艺术呈现任务。数字媒体艺术将艺术技能与计算机技术手段相结合，主要表现为艺术人才对计算机技术的具体应用，与新闻学专业侧重于技术应用而不是技术开发的属性更为接近，数字媒体艺术学科专业的很多技能也是融合新闻人才应该借鉴、学习和掌握的。

新闻学专业的学生虽然也可以学习计算机技术知识和数字媒体艺术知识，但这种学习很容易受到专业门槛的限制，有时很难真正深入下去。可以考虑招收计算机科学与技术专业的学生、数字媒体艺术专业的学生跨专业学习新闻学课程，培养融合新闻人才。

招收这部分学生的主要条件有两个：一是要有比较扎实的计算机科学与技术专业或数字媒体艺术专业功底，保持继续学习原有专业知识的热情；二是要有学习新闻学的兴趣，愿意将原有专业与新闻学专业嫁接，对于融合新闻采集与呈现业务具有强烈的探索欲望。

这部分学生主要从大学二年级学生中选拔，新闻学课程的开设不必求多，可考虑开设下列核心课程："新闻伦理与法规""新闻理论""新闻采写""融合新闻报道""融合新闻编辑""新闻评论""新闻摄影与摄像"。这些学生在学习新闻学课程的同时，还要继续学习数字媒体技术与艺术知识，着力培养他们跨学科解决融合新闻报道问题的能力。另外，从大三第一学期开始，期末设置专业设计环节，由学生申报、导师签字确认设计题目，设计的内容主要是解决融合新闻报道中的技术难题,通过这种训练来提高学生的跨学科研究能力、解决实际问题的能力。

跨学科培养当然也包括对新闻学专业的学生实施专业培养的拓展,即为新闻学专业的学生开设够用的计算机科学与技术、数字媒体艺术专业课程,但这需要贯彻因材施教的教育理念,注重学生的实际情况,灵活高效地培养跨学科新闻人才。

(三)因材施教

融合新闻人才的培养应该注意因材施教。一方面,新闻学的课程体系要注意增设数字媒体技术与数字媒体艺术类课程,确保将必要的、处于基础层面的计算机知识、网络技术知识和数字媒体艺术知识传授给学生;另一方面,我们还要力争有所突破,实现更高层次的复合型人才培养,善于寻找、引导和培养融合新闻高手。

真正能够打通新闻学、计算机科学、数字媒体艺术等多个学科专业的高手非常难得,我们可以提倡,但不能也没有必要要求每一个新闻学专业的学生都必须成为这样的人才。融合新闻教育必须顾及学生的个性、兴趣和自身情况,因材施教。

总会有一些学生具备跨学科培养的潜质,他们对新闻学、计算机科学或数字媒体艺术有着浓厚的兴趣,并具备坚韧不拔的学习意志。新闻学教育工作者应该善于发现和培养这样的学生,为他们提供及时的引导和服务,将他们培养成融合新闻高端人才。

新闻教育的革新与发展是一个循序渐进的过程,需要我们不断探索,不断调整,不断适应。开始的时候可以在新闻学课程体系中增加诸如"大数据与精确新闻""社交媒体研究""新技术新设备运用"等新闻学特征较为明显的技术运用类课程,之后再适当增加"动画与游戏设计""虚拟技术与艺术""计算机编程"等艺术类或计算机类课程,或者让学生根据自身的具体情况来选修这些课程,这种课程体系的调整本身就是一个探索的过程,不能急于求成,而应循序渐进,注重实效。在前进的过程中把新闻学、计算机技术、数字媒体艺术相互融合的思维植入学生的头脑之中,这才是更为要紧的事情,这将有助于融合新闻教育取得真正的成功。

(四) 以我为主

互联网深刻影响和改变了人类生活，对传统媒体造成了冲击，也深切影响着新闻教育的发展。但不管新媒体时代如何发展，新闻业以及新闻学教育的独特价值都是毋庸置疑的，我们切不可在新媒体时代发展的大潮中迷失了自我，错乱了发展的方向。

融合新闻教育必须以我为主，以我为主是指融合新闻教育的立足点是新闻学，以新闻学为主，而不是把新闻学教育转变成了彻底的技术教育和艺术教育。要将其他学科的成果、人才拿来为新闻学的发展服务，而不是在跨学科培养过程中削弱甚至断送了新闻学专业。融合新闻教育的革新与发展需要树立专业自信，不要在眼花缭乱之中迷失方向，不要自我削弱。

在"人人都是新闻记者，人人都有麦克风"的时代，更需要将新闻学专业知识扩展到广阔的社会层面。网络言论无底线的现实表现，恰恰反映了网民新闻素养的缺失状况非常严重，新闻学教育还有更为深切的社会需求。从这个意义上讲，新闻学教育的社会需求不是缩减了，而是增加了。

新闻学的价值是独特的，无论新媒体技术如何发展，新闻业和新闻学都是人类社会所必需的。在时代发展的过程中，新闻业、新闻学以及新闻学教育都会不断向前发展，所以我们不必悲观和迷茫，我们应该看到机遇和希望，更有信心地面向未来。融合新闻教育也必须立足于新闻学专业，以我为主，不断吸取其他学科专业的知识技能，为我所用，使新闻学教育永葆青春活力。

二、新闻伦理培养与教育

在新媒体迅速发展的岁月里，新闻传播研究同时呈现出火热的场景，但不得不承认的是，新闻传播专业领域对新媒体的所谓研究大多是步网络技术工作者的后尘。换言之，不断推陈出新的新媒体样式（如博客、微博、微信、客户端等）无一不是计算机、网络技术人才的发明和创造，他们找到了新的传播模式，开发了新的程序，并在用户中间推广应用，继而形成风尚。之后才是新闻传播领域研究人员开始所谓研究，发表相关论文，保持密切跟随的态势。

每一个学科专业都有其长项和优势，新闻传播研究的长项不在于网络工程人员擅长的媒体科技，而在于如何利用新的媒体技术改进新闻传播业务，让新的媒体手段更好地为新闻传播服务，如何研究和解决新技术环境下的传播伦理问题。新媒体时代新闻传播伦理出现了新的问题，亟待我们研究、梳理、总结和传授，应该引起专业人士的高度重视。

（一）将伦理教育扩展到非职业群体

传统新闻教育通常将伦理教育界定为职业伦理教育，伦理教育的主体假设及相关内容都是针对从事新闻传播工作的职业人群，并不考虑参与新闻传播的其他人群。

传统新闻学并不平等地看待新闻收受者，这从传统新闻学界定其为"受众"这一概念上就能看出来——言下之意，"受众"是被动接受的人，不能与新闻传播工作者相提并论。这种观念已经明显不能适应融合新闻生产与传播的时代要求了，过去的"受众"已经从被动接受者变成了内容创造者，其主体地位也与新闻传播者相并列。

主体是参与新闻传播活动的所有人，从这个意义上讲，无论是发出信息的一方，还是接收信息的一方，都是传播活动的主体。所以，新闻工作者是新闻传播主体，"受众"则也变成了"新闻收受主体"。

现在的情况是，这个"新闻收受主体"在融合新闻传播过程中还极其容易转变成"新闻传播主体"，当用户创造内容的时候他们就变成了"新闻传播主体"。而职业新闻工作者在网上浏览信息时，他们便由"新闻传播主体"变成了"新闻收受主体"。新媒体时代，在新闻传播活动过程中，人们的身份可谓瞬息万变。

新闻传播伦理教育的内容往往侧重于职业规范，这当然是有道理的。新闻传播教育设定的主要目标是培养职业新闻工作者，所以面向职业人群的职业伦理规范就是必不可少的内容。但是如今媒体环境已经发生了变化，除职业新闻工作者外，在融合新闻传播过程中，非职业新闻工作者的地位作用已是今非昔比。那些作为非职业新闻工作者的用户提供了信息，参与了新闻生产，他们也同样应该提升新闻传播伦理素养。

伦理研究和教育应当扩展到非职业群体，凡是参与新闻传播活动的人都应该具有伦理意识，接受伦理约束。应该达成这样的一个社会共识——伦理是对所有参与传播活动者的要求，并不仅仅是对职业新闻工作者的要求。一个普通用户在网上参与话题讨论、新闻跟帖、转发信息时，必须顾及新闻传播伦理的规范和要求，而不可无所顾忌，不负责任。新闻传播教育工作者应当充分研究新媒体传播过程中遇到的新问题，重新梳理新闻传播伦理授课内容，将新闻传播伦理研究和授课内容扩展开来，针对的主体既要包括职业新闻工作者，又要考虑到作为非职业新闻工作者的用户，更加全面、系统、专业地传授融媒时代的新闻传播伦理知识。

（二）注重新闻传播伦理的普适性

道德相对主义以文化相对主义为依据，反对道德的普遍性。文化相对主义认为不同的文化模式都有其存在的价值与合理性，不同的文化模式并不存在好坏优劣、高低贵贱的区别。文化相对主义是与文化中心主义相对的，文化中心主义是指一个民族或国家容易将自己的文化作为最好的文化，并将自己的文化模式作为衡量其他文化的标杆，习惯于歧视、怀疑、仇视和排斥其他的文化。

与文化中心主义这种极端偏执的做法相比，文化相对主义有其包容不同文化的优点，但"它否认了事物的绝对的一面，因而发生了明显的错误"，[1]"逐渐演变为一种僵化的体系，它向所有的普遍主义的形式发出挑战。"[2]具体到道德领域，文化相对主义僵化、教条地推崇和包容道德实践的多样性，无视道德的普适性。道德相对主义容易被人操纵，甚至成为他们开脱的借口和理论依据。

反对新闻传播道德相对主义，注重新闻传播伦理的普适性，就是要在立足中国根基土壤的前提下，以世界眼光审视新闻传播伦理规范，用新闻传播职业思维而非宣传纪律思维来对待伦理问题，在新闻传播伦理培养教育的过程中，增强伦理规范的专业性和说服力。

1991年中国记者协会制定的《中国新闻工作者职业道德准则》共有八条：① 全心全意为人民服务；② 以社会效益为最高准则；③ 遵守法律和纪律；④ 维护新

---

[1] 郑杭生. 社会学概论新修[M]. 北京：中国人民大学出版社，2003：73.
[2] 黄瑚. 新闻传播法规与职业道德教程[M]. 上海：复旦大学出版社，2010：284.

闻的真实性；⑤ 坚持客观公正的原则；⑥ 保持廉洁奉公的作风；⑦ 发扬团结协作的精神；⑧ 增进同各国新闻界的友谊与合作。陈力丹教授批评说："从这样的行文看，其思维不是职业的，语言是党建的，也没有可操作性，不具备行业自律的特征。"①后来，中国记者协会又做了几次修订，条款虽有变化，但核心思路及条款并没有改变，"看来，必须从职业化角度去改，否则，以非职业化的思维方式和语言来编织一种社会行业的自律，无论如何都不像自律，也难以真正落实到操作层面。"②用宣传纪律条款来代替新闻传播伦理规范，就会伤害新闻传播伦理规范的学术性和专业性，这也是一种"新闻无学"化的做法。

应当注重新闻传播伦理的普适性，用职业思维来研究融媒时代的新闻传播伦理问题，并将研究成果推广和应用到融合新闻教育活动中。

三、作为职业教育的新闻教育

（一）如何看待转型职业教育

融合新闻教育的革新与发展必须深度契合新闻教育的本质特征和要求。新闻教育工作者应该深入研究新闻教育作为职业教育的内在规律，以务实的姿态推进融合新闻教育的改革与发展，只有如此，融合新闻教育才能真正在专业人才的培养方面有所贡献。

新闻学是应用文科专业，新闻教育说到底还是一种职业教育，它既注重专业实践能力的培养，同时又不放弃对专业学术品质的追求。职业教育并不是忽视甚至看轻理论教育，如果不注重理论教育，新闻学的学术性就有可能受到伤害。

新闻理论是新闻业务实践经验的总结与升华，对新闻实践发挥有效的指导作用，没有理论指导的新闻实践很可能就是盲目的。反过来，新闻实践又为新闻理论研究提供了现实基础，若离开了新闻实践，新闻理论研究也很可能就变成了纸上谈兵、闭门造车。新闻业务研究也正是对新闻实践进行经验总结、方法提炼与

---

① 陈力丹. 新闻理论十讲[M]. 上海：复旦大学出版社，2008：240.
② 陈力丹. 新闻理论十讲[M]. 上海：复旦大学出版社，2008：240.

理论提升的过程，新闻业务研究本身也必须含有理论成分和理论洞见。

2014年"600所本科高校转型职业教育"的说法引起了人们的热议，6月28日国务院新闻办举办的职业教育改革与发展情况新闻发布会上，教育部副部长鲁昕表示，教育部将引导和支持部分有意愿、有条件的本科高校转型。教育部职业教育与成人教育司司长葛道凯表示，鼓励2000年以后升本的高校转型为应用技术型学校。

虽然教育部在新闻发布会上强调"转型学校可以是新建学校，也可以是历史悠久的学校"，但客观地讲，转型职业教育、技术应用型教育的主要号召对象仍然是地方新建本科院校，而非重点大学。

转型职业教育是有其实用主义价值的，它也是一种解决高校教育与生产实践脱节、提升学生就业能力的有效举措，但这种转型发展里面却仍然有许多问题值得探讨。

重点大学多为研究型大学，科研实力强；新建本科院校多为教学型大学，科研实力弱。转型职业教育内含一个假设：科研实力弱的新建本科院校适宜发展技术应用型教育或职业教育。表面上看，好像职业教育层次低，新建本科院校更容易实施职业教育。实际上，职业教育对教师的要求却并不低，甚至会更高。

职业教育要求教师是双师型，既要熟识理论，又要具备优异的业务操作技能。那些多数冠以"某某学院"的新建本科院校虽然不乏优秀师资，但师资实力整体上明显逊于重点大学，教师的实践能力也未必就能达到职业教育的要求。

并不是教师的科研实力弱，实践操作能力就一定强，现实情况更多的是教师的科研实力弱，实践操作能力也弱。

从新闻传播教育情况来看，教师具有新闻从业经历，熟悉媒体一线情况，熟练掌握新闻业务生产技能，是胜任新闻职业化教育的基本要求。这样的要求新建本科院校未必就比重点大学更有优势。依据笔者的观察，新建本科院校的教师在新闻从业经历方面的表现并不令人乐观。相反，重点大学新闻传播院系具有新闻从业经历的教师往往数量更多，从业时间更长，所在媒体级别更高，媒体影响力更大，担任的新闻职务更高。新闻传播理论研究能力强，同时专业操作能力也强，这样的教师在新闻学职业教育中发挥的作用会更大，重点大学新闻传播类专业的师资在这两方面的表现都相对更加出色。

（二）务实的教育观：重视业务课程

职业化教育实际上与高校是否为新建本科院校、是否为重点大学并无直接联系，职业化教育主要与学科专业属性相关联。学科专业本身的理论特性就很明显，如数学、物理、化学、哲学等基础学科专业，就不能刻意搞职业教育转型；学科专业本身就具有显要的职业应用性特征，就要考虑职业化教育问题了。

新闻学是一门应用性文科专业，走职业教育之路有其天然合理性，唯有如此方能顺应办学规律，真正满足社会对新闻传播人才的需求。

从中外新闻学专业办学历史来看，新闻学教育主要走的也是职业教育路线。例如，美国哥伦比亚大学新闻学院只设研究生教育，不设本科教育，完全以新闻职业能力培养为核心。"我们不希望招收学习新闻理论的学生，也不教新闻理论。"主管教学工作的副院长 David A. Klatell 说，"这个学院是为那些希望成为职业记者的学生设立的。"[①]哥伦比亚大学新闻学院硕士教育只有一年时间，课程设置以新闻业务为主，理论课程极少。

蔡雯教授于 2005 年去哥伦比亚大学新闻学院访问时发现，该院的教学手册上对全部课程的介绍中有点儿理论色彩的必修课只有一门，即"新闻、法律和社会"（2 学分，必修）；此外，有些理论属性特征的两门选修课是"美国政治和媒体""媒体和现代社会"。[②]哥伦比亚大学新闻学院的很多课程都在实验室上，老师和学生共同埋头操作，专注于实践能力的培养和提高。

新闻学职业教育转型并非仅仅是新建本科院校的事情，重点大学办新闻学专业也不能背离新闻学专业实践性强的特点，走玄虚路线。

（三）实践能力与理论能力的融合培养

职业教育并不是不要学习理论，不要理论研究，那种将理论研究和实践能力培养隔离对立的观点实在是一种短见。

一些大学生在外边实习两个星期后就回来大呼小叫，说在学校学的理论根本就用不上！大学生的这种抱怨虽然也能反映一些问题，但终究难掩肤浅和浮躁，

[①] 蔡雯，周欣枫. 美国新闻教育改革的经典个案（上）：对美国哥伦比亚大学新闻学院的调研报告[J]. 国际新闻界，2005（10）：61-66.

[②] 蔡雯. 媒体融合与融合新闻[M]. 北京：人民出版社，2012：124.

令人担忧。

如果没有理论的支撑，新闻学的职业教育就会丧失学术品质，也不可能培养出有后劲儿和负责任的学生。新闻学的职业教育既要强调培养学生的实践能力，同时还要注重培养学生的理论研究能力。实践能力与理论研究能力的培养应该融合在一起，让学生在新闻实践过程中遇到新问题时能够独立思考研究，找到解决问题的办法。

新闻研究不能走玄而又玄的路线，那种云山雾罩式的研究和论文写作又有什么价值呢？学术研究如果总以唬人的文字吓跑读者，以为晦涩难懂就是具有理论深度，并以此为价值取向，这种价值观就很值得怀疑。

理论具有揭示本质规律的价值，理论同样能够对改造世界产生作用。反过来讲，实务研究也需要提升理论高度，使之具有学术创新价值。但不论从事什么样的研究，故作深奥的理论表述却实在不值得提倡，讲得通透浅白才算高水平。研究者不应该故弄玄虚，应该说人话、说真话，不要说鬼话。

如果新闻实务研究并不追寻研究的实际价值和意义，只是寻求披上一件深奥的外衣，那么我们的所谓学术研究就已经走进了误区。这样的研究成果出来以后可以增加图书馆的馆藏量，却并不能够对我们的新闻实践产生积极的促进作用。这种思维的可怕之处是它容易树立一种标杆，让虚伪的研究占据权力中心位置。它的直接表现就是使得一个学术机构沦为研究论文生产的工厂，使得一个国家沦为论文生产大国，而论文生产者以及由此衍生出来的利益链条就是以此谋利，并且生存发展、繁荣昌盛起来的。

四、需要强调的研究方法

研究融合新闻除要关心网络科技的发展外，更为关键的是要研究人们应该如何应用这些科学技术去采集和呈现新闻，应该如何来组织新闻的生产和互动。融合新闻的创新主要体现为一种社会应用的创新，而不是自然科学技术的创新。

融合新闻研究应该注重将新闻实践与学术研究紧密结合起来，着力增强研究成果对融合新闻实践的指导意义。既要注重已有成果的梳理，夯实理论基础，提高研究效率，更要注重新思想、新方法的探索。争取在前人研究的基础上更进一步，有所创建，从理论层面和操作层面来探索和解决融合新闻采集与呈现的一系列问题。

研究成果要特别注重可操作性，能够为新闻媒体提供切实可行的融合新闻操作技能和方法，能够为融合新闻实践提供专业指导，对新闻业界有所启迪，为融合新闻学的建设做出一定的学术贡献。

融合新闻研究可以综合运用实践体验、文献研究、案例研究、问卷调查等诸多方法开展，本书不再详解研究方法，但有以下三种方法确实值得强调。

（一）实践体验

美国哲学家约翰·杜威认为，真理最好是在使用和经验的过程中去感知和达成，真理不是预先存在的思想和分析。[①]具体到新闻传播领域，实践体验正是从事新闻实务研究的最好方法，融合新闻研究更是不能例外。

美国媒介理论家保罗·莱文森在《新新媒介》一书中介绍自己的研究方法时就特别强调了实践，他称其是"首要的学习方法：在实践中学习"，"本书很多信息的主要源头是我在许多领域里的漫游，我以作家、生产者和宣传人的身份工作。"[②]中国互联网行业先行者、奇虎360掌门人周鸿祎也坦承，他正是通过观察周围的人怎样使用手机来学习和掌握移动互联网相关知识和规律的。[③]周鸿祎所说的这种观察，也可以看成一种从实践体验中学习和研究的方法。

融合新闻也比较容易通过实践体验展开研究，融合新闻是在以网络为代表的数字新媒体平台上开展的新闻业务，每一个用户都能方便地切入和应用这种服务，从事融合新闻实践也比在传统媒体环境下的新闻实践更加容易。实践体验的途径很多，博客、微博、微信、网站、即时通信工具、手机、笔记本电脑、平板电脑，那么多的媒体渠道或工具都是可以实践体验的对象。

在研究融合新闻的过程中，还要尽量与网络媒体企业保持联系，多参与网络

[①] 莱文森. 新新媒介[M]. 何道宽，译. 上海：复旦大学出版社，2012：96.
[②] 莱文森. 新新媒介[M]. 何道宽，译. 上海：复旦大学出版社，2012：8-9.
[③] 周鸿祎. 周鸿祎自述：我的互联网方法论[M]. 北京：中信出版社，2014：224.

新闻采编工作。在不间断的网络新闻实践过程中，体验、感知和获得融合新闻采集与呈现的技能，总结、提升和检验融合新闻理论。

在研究融合新闻问题的过程中，每当产生了新的想法，都要尽可能去做一下试验，如关键词的确立和使用、融合新闻信息采集、新闻写作与文字呈现、视频拍摄与编辑、信息分享和对话等，在理论研究过程中都应尽量做实践验证。

（二）文献研读

媒介融合研究、融合新闻研究是当下新闻学界的研究热点，虽然研究的时间还不长，但相关文献的增长速度很快。前人的成果不乏真知灼见，值得我们尊重和借鉴。

对已有文献的阅读和学习，可以让我们的研究少走弯路，我们必须采取谦恭和积极的态度对待文献的研读。那种在文献综述中把别人的成果说得一无是处，以此来提升和标榜自己的做法，失去了学术研究起码的客观公正精神，低劣而又粗俗，应该摒弃。

笔者搜集和阅读了大量有关媒介融合与融合新闻的文献著作，以求切实了解融合新闻实践和研究的发展脉络和现实状况，全面、准确、系统地掌握所要研究的问题。

文献研读是非常重要的一个研究方法，其作用突出地表现在以下几个方面。

（1）了解融合新闻研究的历史和现状，掌握融合新闻实践和研究的概貌。

（2）梳理并形成融合新闻研究的相关知识体系。

（3）得到启发，发现融合新闻研究的空白。

（4）反思现有文献的观点，逐步形成自己有关融合新闻理论与实务研究的学术观点。

（三）案例研究

应该根据融合新闻研究的目的，观察和体验融合新闻报道个案，扩大感性认识，启发研究思维，实现有关融合新闻采集与呈现的新发现。

笔者在本书写作过程中就关注了华尔街日报、BBC、纽约时报、华盛顿邮报、洛杉矶时报等国际媒体，以及网易、腾讯、新浪、人民网、解放日报、烟台日报等国内媒体的互联网报道，重点研究了融合新闻报道的成功案例，探寻了融合新闻采集与呈现运作技术要点和有益经验，并从鲜活的融合新闻实践中提炼了理论成果。

例如，华尔街日报网站的"纪念墙"、华盛顿邮报网站马航失联客机的融合报道、卫报网站融合作品中抠像技术的运用、网易世界杯专题报道中互动式复合图表技术的运用、搜狐网的新闻表情反馈等，均为笔者带来了有益的启发和灵感。

还要善于敏锐捕捉生活中的一些案例信息。例如，我在书中论述的一个小团队运作案例就得益于一次电话聊天。

我的一个学生毕业后在一家媒体公司做主管，她打电话问候我的近况，我则询问他们公司现在投放广告都选择什么媒体。她说他们为房地产项目做推广时已经不选报纸、电视等传统媒体了，甚至连曾经很有名气的房地产网站都不选了，他们喜欢与微信公众号合作。

放下电话后，我立即搜寻并添加了她说的那个公众号，仔细研究了这个公众号发表的一些文章。之后，我又通过当地媒体的朋友找到了这个公众号的创始人，与她相互添加了好友。我通过微信对这个创始人做了访谈，最终整理出了一份有关新媒体项目小团队运作的案例。

此外，还可研究一些反面案例，研究在线新闻报道中存在的问题，总结教训，提醒日后的融合新闻报道规避类似的不良做法。

参考文献 references

一、外文译著

1. 彼得斯．对空言说：传播的观念史[M]．邓建国，译．上海：上海译文出版社，2017.

2. 斯丹迪奇．从莎草纸到互联网：社交媒体2000年[M]．林华，译．北京：中信出版社，2015.

3. 莱文森．软利器：信息革命的自然历史与未来[M]．何道宽，译．上海：复旦大学出版社，2011.

4. 克劳利，海尔．传播的历史：技术、文化和社会[M]．董璐，何道宽，王树国，译．北京：北京大学出版社，2018.

5. 詹金斯．融合文化：新媒体和旧媒体的冲突地带[M]．杜永明，译．北京：商务印书馆，2012.

6. 洛根．理解新媒介：延伸麦克卢汉[M]．何道宽，译．上海：复旦大学出版社，2012.

7. 柯罗茨．融合新闻学实务[M]．嵇美云，译．北京：清华大学出版社，2016.

8. 奎恩．融合新闻报道[M]．张龙，侯娟，曾嵘，译．北京：北京大学出版社，2015.

9. 威尔克森，格兰特，费舍尔．融合新闻学原理[M]．郭媛媛，贺心颖，译．北京：中国时代经济出版社，2011.

10. 奎恩，费拉克．媒介融合：跨媒体的写作和制作[M]．任锦鸾，译，北京：人民邮电出版社，2009.

11. 克雷格．网络新闻学：新媒体的报道、写作与编辑[M]．刘勇，译．北京：中国时代经济出版社，2010.

12. 延森．媒介融合：网络传播、大众传播和人际传播的三重维度[M]．刘君，译，上海：复旦大学出版社，2012.

13. 莱文森. 新新媒介[M]. 何道宽, 译. 上海: 复旦大学出版社, 2012.

14. 迈尔-舍恩伯格, 库克耶. 大数据时代: 生活、工作与思维的变革[M]. 盛杨燕, 周涛, 译. 杭州: 浙江大学出版社, 2013.

15. 舍基. 人人时代: 无组织的组织力量[M]. 胡泳, 沈满琳, 译. 北京: 中国人民大学出版社, 2012.

16. 舍基. 认知盈余[M]. 胡泳, 哈丽丝, 译. 北京: 中国人民大学出版社, 2012.

17. 科瓦齐, 罗森斯蒂尔. 新闻的十大基本原则[M]. 刘海龙, 连晓东, 译. 北京: 北京大学出版社, 2011.

18. 塔奇曼. 做新闻[M]. 麻争旗, 等, 译. 北京: 华夏出版社, 2008.

19. 伯顿. 媒体与社会: 批判的视角[M]. 史安斌, 译. 北京: 清华大学出版社, 2007.

20. 麦奎尔. 受众分析[M]. 刘燕南, 李颖, 杨振荣, 译. 北京: 中国人民大学出版社, 2006.

21. 埃默里. 美国新闻史: 大众传播媒介解释史[M]. 展江, 译. 北京: 新华出版社, 2000.

22. 博伊德, 斯图尔特, 亚历山大. 广播电视新闻报道[M]. 嵇美云, 译. 北京: 清华大学出版社, 2012.

23. 杜奇尼. 电视与场面调度[M]. 杨添天, 译. 北京: 中国电影出版社, 2006.

24. 兰福特. 摄影向导[M]. 陆柱国, 译. 北京: 人民美术出版社, 1996.

25. 弗兰德, 查林杰, 麦克亚当斯. 美国当代媒体编辑操作教程[M]. 展江, 霍黎敏, 译. 广州: 南方日报出版社, 2008.

26. 托夫勒. 权力的转移[M]. 吴迎春, 等, 译. 北京: 中信出版社, 2006.

27. 托马斯瓦米, 高哈特. 众包2: 群体创造的力量[M]. 王虎, 译. 北京: 中信出版社, 2011.

28. 泰普斯科特, 威廉姆斯. 维基经济学: 大规模协作如何改变一切[M]. 何帆, 林季红, 译. 北京: 中国青年出版社, 2012.

29. 安德森. 创客: 新工业革命[M]. 萧潇, 译. 北京: 中信出版社, 2012.

30. 伊文恩. 社会化媒体营销技巧与策略[M]. 王正林, 王权, 肖静, 等, 译. 北京: 电子工业出版社, 2012.

31. 奥登. 优化: 高效的 SEO、社交媒体和内容整合营销实践及案例[M]. 史鹏举, 译. 北京: 电子工业出版社, 2012.

32. 瑟罗, 缪齐卡. 网站搜索设计: 兼顾 SEO 及可用性的网站设计心得[M]. 向怡宁, 译. 北京: 人民邮电出版社, 2011.

33. 史密斯. SEO 和 AdWords 营销的 59 个实用技巧[M]. 高采平, 史鹏举, 译. 北京: 电子工业出版社, 2011.

34. GRAPPONE J, COUZIN G. 搜索引擎优化[M]. 赵利通, 译. 北京: 清华大学出版社, 2009.

35. 鹫尾贤也. 编辑力: 从创意、策划到人际关系[M]. 北京: 北京联合出版公司, 2017.

二、中文著作

1. 吴晓波. 腾讯传: 1998—2016: 中国互联网公司进化论[M]. 杭州: 浙江大学出版社, 2017.

2. 余效诚. 数字读物论: 论公众学习效率反馈模式的变革[M]. 北京: 中国社会科学出版社, 2013.

3. 周鸿祎. 周鸿祎自述: 我的互联网方法论[M]. 北京: 中信出版社, 2014.

4. 黎万强. 参与感: 小米口碑营销内部手册[M]. 北京: 中信出版社, 2014.

5. 徐志斌. 社交红利[M]. 北京: 北京联合出版公司, 2013.

6. 郭晓科. 大数据[M]. 北京: 清华大学出版社, 2013.

7. 杨艾祥. 下一站: 用户体验[M]. 北京: 中国发展出版社, 2012.

8. 昝辉. SEO 实战密码: 60 天网站提高流量 20 倍[M]. 北京: 电子工业出版社, 2012.

9. 欧朝晖. SEO 智慧: 搜索引擎优化与网站营销革命[M]. 北京: 电子工业出版社, 2009.

10. 吴泽欣. SEO 教程: 搜索引擎优化入门与进阶[M]. 北京: 人民邮电出版社, 2008.

11. 肖森舟, 李鲆. 微信营销 108 招[M]. 北京: 人民日报出版社, 2015.

12. 蔡雯. 媒体融合与融合新闻[M]. 北京: 人民出版社, 2012.

13. 王菲. 媒介大融合: 数字新媒体时代下的媒介融合论[M]. 广州: 南方日报出版社, 2007.

14．刘强．融合媒体受众采纳行为研究[M]．上海：上海交通大学出版社，2012．

15．何威．网众传播：一种关于数字媒体、网络化用户和中国社会的新范式[M]．北京：清华大学出版社，2011．

16．麦尚文．全媒体融合模式研究：中国报业转型的理论逻辑与现实选择[M]．北京：中国人民大学出版社，2012．

17．许颖．媒介融合的轨迹[M]．北京：中国人民大学出版社，2011．

18．邵鹏．媒介融合语境下的新闻生产[M]．杭州：浙江工商大学出版社，2013．

19．匡文波．新媒体概论[M]．北京：中国人民大学出版社，2012．

20．雷蔚真．跨媒体新闻传播理论与实务[M]．北京：中国人民大学出版社，2012．

21．詹新惠．新媒体编辑[M]．北京：中国人民大学出版社，2013．

22．杨溟．媒介融合导论[M]．北京：北京大学出版社，2013．

23．彭兰．社会化媒体：理论与实践解析[M]．北京：中国人民大学出版社，2015．

24．彭兰，高钢．中国互联网新闻传播结构、功能、效果研究[M]．北京：高等教育出版社，2011．

25．高钢．新闻采访写作[M]．北京：高等教育出版社，2012．

26．张立伟．传媒竞争法则与工具[M]．北京：清华大学出版社，2011．

27．陈国权．新媒体拯救报业？[M]．广州：南方日报出版社，2012．

28．秦露．互联网时代如何执政与为官[M]．北京：党建读物出版社，2012．

29．徐沁．媒介融合论：信息化时代的存续之道[M]．北京：中国传媒大学出版社，2009．

30．甘险峰．新闻图片与报纸编辑[M]．福州：福建人民出版社，2008．

31．甘险峰．中国新闻摄影史[M]．北京：中国摄影出版社，2008．

32．张向春．新闻仿真制图[M]．北京：清华大学出版社，2008．

33．任悦．视觉传播概论[M]．北京：中国人民大学出版社，2008．

34．黄文．步步为影：数字化语境中的图像传播[M]．北京：中国文联出版社，2008．

35．董天策．问题与学理：新闻传播论稿[M]．北京：中国传媒大学出版社，2012．

36. 陈卫星. 传播的观念[M]. 北京：人民出版社，2008.

37. 陈力丹. 世界新闻传播史[M]. 上海：上海交通大学出版社，2007.

38. 陈力丹. 新闻理论十讲[M]. 上海：复旦大学出版社，2008.

39. 陈力丹，周俊，陈俊妮，等. 中国新闻职业规范蓝本[M]. 北京：人民日报出版社，2012.

40. 杨保军. 新闻本体论[M]. 北京：中国人民大学出版社，2008.

41. 杨保军. 新闻活动论[M]. 北京：中国人民大学出版社，2006.

42. 李希光. 新闻学核心[M]. 广州：南方日报出版社，2002.

43. 蔡尚伟. 广播电视新闻学[M]. 上海：复旦大学出版社，2006.

44. 刘冰. 新闻报道写作：理论、方法与技术[M]. 广州：南方日报出版社，2011.

45. 夏丏尊，叶圣陶. 阅读与写作[M]. 长沙：岳麓书社，2012.

46. 泓峻. 文艺缀思录[M]. 合肥：安徽文艺出版社，2015.

47. 刘伟. 追问人工智能：从剑桥到北京[M]. 北京：科学出版社，2019.

48. 姚远. 让思想晒晒太阳：芒果融合发展的思考与实践[M]. 北京：中国广播影视出版社，2019.

49. 吕焕斌. 媒体融合的芒果实践报告[M]. 北京：中信出版社，2019.

50. 吴晨光. 自媒体之道[M]. 北京：中国人民大学出版社，2018.

三、中文期刊论文

1. 靳戈. 谁主融合：媒体融合的话语博弈[J]. 新闻爱好者，2016（12）：28-31.

2. 陈昌凤. 媒体融合中的全员转型与生产流程再造：从澎湃新闻的实践看传统媒体的创新[J]. 新闻与写作，2015（9）：48-50.

3. 钱进，尹谜眉. 社会化媒介时代的新闻编辑部转型：对话英国汤姆森基金数字新闻和社会化媒体特别顾问 Dan Manson[J]. 新闻记者，2014（5）：10-17.

4. 闵大洪. 从边缘媒体到主流媒体：中国网络媒体20年发展回顾[J]. 新闻与写作，2014（3）：5-9.

5. 陈昌凤. 融合式报道与程序化新闻：信息改变思维[J]. 新闻与写作，2013（12）：84-86.

6. 高钢. 中国新闻教育改革的三个方向性融合[J]. 中国记者，2009（2）：1-2.

7．高钢．媒介融合趋势下新闻教育四大基础元素的构建[J]．国际新闻界，2007（7）：29-34．

8．高钢，陈绚．关于媒体融合的几点思索[J]．国际新闻界，2006（9）：51-56．

9．高钢．媒体融合：追求信息传播理想境界的过程[J]．国际新闻界，2007（3）：54-59．

10．彭兰．再论新媒体基因[J]．新闻与写作，2014（2）：4-8．

11．彭兰．"信息是美的"：大数据时代信息图表的价值及运用[J]．新闻记者，2013（6）：14-21．

12．彭兰．如何从全媒体化走向媒介融合：对全媒体化业务四个关键问题的思考[J]．新闻与写作，2009（7）：18-21．

13．彭兰．从新一代电子报刊看媒介融合走向[J]．国际新闻界，2006（7）：12-17．

14．姚永强．纸媒转型语境下的新闻摄影生态[J]．传媒观察，2014（8）：53-54．

15．孙旭．融合新闻的报道流程研究[D]．武汉：华中科技大学，2013．

16．陈力丹，李熠祺，娜佳．大数据与新闻报道[J]．新闻记者，2015（2）：49-55．

17．胡泳．报纸已死，报纸万岁：报纸转型的关键策略[J]．新闻记者，2011（11）：16-17．

18．郑强．从传统报业到全媒体的探索之路[J]．传媒，2008（10）：37-39．

19．庄捷，邓炘炘．体验式特稿传播 Snow Fall[J]．新闻战线，2013（8）：112-114．

20．方洁．美国融合新闻的内容与形态特征研究[J]．国际新闻界，2011（5）：28-34．

21．方洁．如何报道融合新闻：从四个美国报道案例谈起[J]．新闻与写作，2009（8）：83-85．

22．许颖．多媒体报道的组织与整合：以"马航客机失联事件"中的一则消息为例[J]．新闻与写作，2014（5）：67-70．

23．陈雅惠．探索网路新闻叙事新方向[J]．新闻学研究，2014（121）：127-165．

24. 刘蕙苓. 汇流下的变貌：网路素材使用对电视新闻常规的影响[J]. 新闻学研究, 2014（121）：41-87.

25. 房宏婷. 媒介融合时代新闻报道的变化[J]. 新闻战线, 2008（12）：51-52.

26. 胡翼青. 自媒体力量的想象：基于新闻专业主义的质疑[J]. 新闻记者, 2013（3）：6-11.

27. 周庆祥. 如何融合：数字多媒体新闻叙事策略分析：以台湾媒体融合实践为基础的讨论[J]. 新闻记者, 2013（10）：49-58.

28. 刘国铮. 刘思扬：新闻探索永不停[J]. 青年记者, 2015（7）：36-38.

29. 吴海民. 媒体变局：谁动了报业的蛋糕：关于报业未来走势的若干预测[J]. 中国报业, 2005（11）：23-32.

30. 崔保国. 技术创新与媒介变革[J]. 当代传播, 1999（6）：23-25.

31. 庞亮. 关于我国网络媒体与传统媒体融合发展的几点思考[J]. 中国广播电视学刊, 2002（3）：37-38.

32. 潘祥辉, 孙志刚. 务实创新：媒介融合时代的美国新闻教育及其启示：访美国密苏里大学新闻学院高级社会研究中心主任孙志刚博士（下）[J]. 浙江传媒学院学报, 2012（3）：43-49.

33. 陈奕. 美国密苏里新闻学院"融合新闻"专业探析[J]. 东南传播, 2011（6）：118-120.

34. 杜梅萍. 网络新闻对新闻价值的消解与延伸[J]. 新闻与写作, 2011（5）：35-37.

35. 张超. 数据新闻的发展特点：以网易、新浪、搜狐的数据新闻为例[J]. 青年记者, 2014（4）：10-11.

36. 何欣. 记者转型，"改造更靠谱"[J]. 青年记者, 2015（31）：32-33.

37. 徐沁. 国际媒介融合发展的瓶颈[J]. 中国广播电视学刊, 2008（7）：44-45.

38. 秦瑜明, 舒权斌. 媒介融合视野中的广播电视学科体系建设：中国广播电视学研究分会 2009 年会暨媒介融合与广播电视学学科体系建设学术研讨会综述[J]. 现代传播, 2009（4）：129-131.

39. 魏光兴, 余乐安, 汪寿阳, 等. 基于协同效应的团队合作激励因素研究[J]. 系统工程理论与实践, 2007（1）：1-9.

40．魏光兴，张茜．内在心理偏好、外在文化规范与团队合作[J]．企业经济，2013（7）：40-43．

41．刘冰．融媒时代新闻价值新思考[J]．编辑之友，2015（1）：60-63．

42．刘冰．融合新闻叙事与呈现[J]．中国出版，2015（4）：33-35．

43．刘冰．坚守与发展：融合新闻报道原则[J]．中国出版，2014（18）：3-6．

44．刘冰．融合新闻编辑中超链接的价值及其运用[J]．编辑之友，2014（4）：83-85．

45．刘冰．融合新闻关键词确立与运用[J]．中国出版，2013（24）：8-13．

46．刘冰．新闻记者使用新媒体规范调查[J]．青年记者，2014（13）：24-25．

47．刘冰．融合报道用户意见解析[J]．青年记者，2014（5）：30-31．

48．刘冰．融合新闻报道中的职业主体配备[J]．中国出版，2015（24）：41-44．

49．刘冰．基于社交媒体的新闻应用[J]．中国出版，2016（14）：34-36．

50．刘涛．融合新闻选题："信息逻辑"与"流量逻辑"的对接[J]．教育传媒研究，2020（1）：20-24．

51．刘冰，张利然．新冠肺炎疫情期间媒体表现新观察[J]．中国出版，2020（10）：24-29．

52．李鲤，吴瑾．"四全媒体"：2019主流媒体的创新实践[J]．中国记者，2020（1）：62-66．

53．方提，尹韵公．习近平的"四全媒体"论探析[J]．马克思主义研究，2019（10）：116-121．

54．韦路．媒体融合的定义、层面与研究议题[J]．新闻记者，2019（3）：32-38．

55．刘冰．融媒时代新闻教育变革与实践[J]．中国出版，2018，6（下）：14-19．

四、外文著作、论文

1．WILBUR SCHRAMM, WILLIAM E PORTER. Men, women, messages, and media: understanding human communication[M]. second edition. New Jersey: Pearson Educaton, Inc, 1982.

2．STEPHEN QUINN, VINCENT F FILAK. Convergent journalism: an introduction[M]. Singapore: Elsevier (Singapore) Pte Ltd, 2009.

3．HENRY JENKINS. Convergence culture: where old and new media collide[M].

New York: New York University Press, 2006.

4. KOLODZY J. Convergence journalism: writing and reporting across the news media[M]. New York: Maryland: the Rowman & Littlefield, 2006.

5. FUYUAN SHEN, LEE AHERN, MICHELLE BAKER. Stories that count: influence of news narratives on issue attitudes[J]. Journalism & communication quarterly, 2014(91).

6. RICHARD VAN DER WURFF, KLAUS SCHOENBACH. Civic and citizen demands of news media and journalists: what does the audience expect from good journalism?[J]. Journalism & communication quarterly, 2014(91).

7. HARRISON J. User-generated content and gatekeeping at the BBC hub[J]. Journalism studies, 2010, 11(2).

8. JAKOB NIELSEN. How little do users read?[EB/OL]. [2008-05-06]. www.useit.com.

9. MINDY MCADAMS. Buy an audio recorder and learn to use it[EB/OL]. [2009-02-09]. mindymcadams.com.

10. JANE STEVENS. Backpack journalism is here to stay[EB/OL]. [2015-04-06]. http://www.ojr.org/ojr/workplace/1017771575.php.

11. BALLINGS MICHEL, VAN DEN POEL DIRK, BOGAERT MATTHIAS. Social media optimization: Identifying an optimal strategy for increasing network size on Facebook[J]. Omega, Vol.59, 2016.

12. DORALYN ROSSMANN, SCOTT W.H. YOUNG. Social media optimization: making library content shareable and engaging[J]. Library Hi Tech, Vol. 33 No. 4, 2015.

13. RICH GORDON. Convergence defined[EB/OL]. [2003-11-13]. www.ojr.org/ojr/business/1068686368.php.

14. Data Journalism Handbook[EB/OL]. [2014-10-16]. datajournalismhandbook.org/1.0/en/index.html.

15. JANE STEVENS. Tutorial: multimedia storytelling: learn the secrets from experts[EB/OL]. [2015-04-06]. http://multimedia.journalism.berkeley.edu/tutorials/starttofinish/.

后记 postscript

这本书自首次出版以来，三年多的时间里七次印刷。本书还获过几个奖项，并通过了英国一家出版社的匿名评审，英文版有望在英美国家出版发行。匿名评审专家提出了很多宝贵意见，这对本书的完善起到了积极的作用。

这次再版，删去了个别老旧章节及材料，增加或拓展了国家领导人指示、媒介元素研究、搜索引擎优化、社交媒体优化、新闻策展、编辑含量提升等内容，更新了部分案例，修改完善了一些章节的表述，同时保留了原书的大致框架。

融合新闻研究是媒介融合时代提出的新闻学研究新课题，有关融合新闻的专业理论与操作方法为社会所急需，亟待系统研究。一方面，融合新闻研究具有理论价值，它能够推动新闻研究进一步发展，有利于新闻学理论知识架构的丰富和创新；另一方面，融合新闻研究也具有很强的现实意义和应用价值。

相对内容繁杂的"媒介融合"来讲，融合新闻的实践探索与理论研究脉络更为清晰，研究成果的实际应用价值很大，操作性也很强，研究成果可以直接应用于新闻媒体的内容生产，提高媒体的融合新闻业务水平。

融合新闻研究切合了时代的需求，有助于满足社会各方对融合新闻知识体系的需求。无论是对于新闻学界，还是对于业界，这种创新性知识体系的贡献都具有积极的现实意义。对于新闻教育界来讲，相关成果还有利于新闻学专业知识的更替和传承，有助于消除有关融合新闻理解的困惑，对新闻教育内容的革新亦具有实际贡献价值。

清华大学出版社的编辑建议增强书稿的可读性。我本身也不喜欢故作高深的写作风格，我们希望可以让更多的人读一读这本书。

感谢我的博导甘险峰教授。甘老师在我人生发展的关键时刻给予了我诸多帮助，感谢老师收我为徒，也感谢老师的培养与呵护。

感谢我的硕导高钢教授。高老师在我开始研究融合新闻课题时给予我诸多指点，让我坚定了信念。

感谢复旦大学李良荣教授，他在百忙之中审阅拙作，给予了我很大的鼓励，同时他也提出了具体的修改意见。我仔细斟酌和思考李老师的意见，暗自佩服他的学术功底和专业见解，同时感恩他对晚辈的提携与指点。

感谢北京师范大学王长潇教授。王老师对我的融合新闻研究给予了很多鼓励和帮助，他为拙著撰写了推荐语，十分给力。

武斌兄曾在新疆人民广播电台从事职业新闻工作十余年，后来在江浙一带从事新闻学教学与研究工作。他是一位资深新闻人，富有真知灼见，发言常具批判性。《融合新闻》第一版出版后，他认真阅读并提出了修改意见。我在收到他勾画过的图书后，认真阅读思考，修订再版时逐步做了完善。武斌兄还在《传媒》《青年记者》杂志发表了两篇很重要的书评，为我加油鼓劲，感谢他在这本书上如此费心。

我是从读博士时开始系统研究融合新闻的，读博期间我在 CSSCI 期刊发表了 7 篇论文，获得了提前一年毕业的资格，并得以在山东大学任教。山东大学一校三地，在济南和威海开办新闻学专业教育，共建共享。近年山东大学新闻学专业发展很快，成功入选成为国家级一流本科专业建设点。我在山东大学工作期间，常与年轻学子一起钻研问题，教学相长，这对本书的完善也多有助益。2013 级新闻学专业学生卢可对复合图表制作颇有兴趣和心得，他在小组研讨中总结并分享了实践经验和操作方法。我的研究生陆茜在研究社交媒体优化过程中，提供了很有价值的资料，并且帮我校对了部分增补文字。在此，对我的学生们一并表示感谢。

感谢读者朋友！这本书能够多次印刷并且出版第二版，全赖读者的厚爱。正是因为有了众多读者朋友的鼎力支持，这本书的价值才能得以最终实现。我非常愿意与读者朋友交流，欢迎读者在各类社交平台分享阅读体验，做出点评，说不定某天我们就会在网络上相遇。

作　者